*Le roman de Venise*

Agnès Michaux

# *Le Roman de Venise*

Un voyage à travers
les plus beaux textes
de la littérature

Albin Michel

22, rue Huyghens, 75014 Paris

ISBN 2-226-08511-4

*À Solange et Gérard Gaussen.*

*À Fanny, Marco, Niki et Diego.*

*À John Ruskin enfin.*

Je plains les savants qui lisent les livres et ne voient pas les lieux ; mais je plains encore bien plus les voyageurs mondains qui voient les lieux et qui ne lisent pas les livres.

SAINT-MARC GIRARDIN.

# *Prologue*

> La vie et la physionomie d'une ville, avez-vous jamais songé à cela ? Épouser une ville comme on épouse une femme, s'en emparer longuement en jouissant de son propre trouble à soi, être l'éveilleur averti de ses propres voluptés, et de chaque analyse faire un pas vers la sublime synthèse, qui est la joie quand on sait vivre.
>
> Jean LORRAIN, *Monsieur de Phocas.*

Ça n'aurait jamais dû être Venise, cette fiancée trop généreuse de ses charmes qui nous oblige à partager avec des millions de touristes, trop vite arrivés et vite repartis, notre amour, notre passion, notre bégaiement admiratif. Venise qui se donne à tous, écrivains, voyageurs, Venise qui sent l'encre et la lune de miel évidente. Il y a là un bien grand troupeau... et pourtant. Les « séquestrés de Venise » ne cherchent pas d'antidote à cette très consensuelle « conspiration de l'enthousiasme ».

Venise, rêve de ville, avec en elle un passé plus grand que notre futur. Venise enracinée dans la force brutale des mythologies. Lieu unique, lieu hybride, où la pierre et l'eau s'affrontent depuis les origines. Car là commence le miracle vénitien, dans cette victoire sur la boue et sur l'eau, dans l'harmonie consacrée entre l'homme et la nature, dans cette alchimie de l'ombre à la lumière. Venise est née du néant de la lagune, de ce monde hostile de marécages malsains, de ce royaume des moustiques et de la malaria, par le travail de mains acharnées et de cœurs patients qui ont mené la résistance, se sont battus contre l'engloutissement, contre la vase, avec la fureur de ceux qui croient, et ont jeté dans ce rien leur amour et leur âme.

> Tu as comme ennemis les fleuves, la mer et les hommes. Dompte les fleuves, retiens la mer et freine les envies démesurées des hommes.
>
> Christoforo SABBADINO,
> *hydraulicien vénitien du XVIe siècle.*

Et la ville s'éleva, cœur flamboyant de ce monde minéral et aquatique, belle comme un fragment resurgi d'Atlantide. Flottante. Dans l'anneau nuptial de ses eaux miraculeuses. Venise, rêve abouti des hommes, dont le seul nom suffit à ouvrir les portes de notre imagination.

Comment ce passé-là ne forcerait-il pas à la méditation ? Dans Venise, dans ses fractures, ses écaillements, ses orgueils, ses frémissements, nous reconnaissons la carte de notre destinée, de notre vie humaine. Venise, fragment d'humanité à la dérive. Venise qui nous parle. Indécente et farouche, et finalement offerte à la contemplation et au déchiffrement. Sa topographie nous renvoie à notre espace intime. Venise force notre esprit et le rend disponible.

> A Venise, je pense ma vie, mieux qu'ailleurs.
>
> Paul MORAND, *Venises.*

Tout commence quand vient le temps de la traversée. Le passage sur les eaux de la lagune, passage métaphorique de l'autre côté du miroir, attache le voyageur-écrivain de façon définitive. C'est sur la page blanche de ses eaux que Venise tisse la toile de son indispensabilité. Venise est « à atteindre », loin de toute *terra firma*. A-t-on eu peur, à cause du chemin de fer, de l'automobile, de l'avion, de voir Venise vidée de son mythe dans ce traître rattachement au continent !... et pourtant, les transports modernes ne sont pas venus à bout de la magie de cette traversée... Toujours, le voyageur laisse un peu de sa vie d'avant sur le continent. Venise reste un rêve au loin, qui nous donne le désir d'autre chose, nous demande d'abandonner nos vieilles certitudes, nos idées préconçues sur le seuil de ce monde surnaturel, oscillant entre réalité et fiction.

Il émane des Portes de Venise un relent de sacré. La lagune, baptistère symbolique, nous ouvre les portes d'un espace inconnu. Nouvelle frontière mystérieuse et fluide, elle annihile le précédent espace des sentiments communs. Et Styx et Léthé, la lagune offre, dans son silence, un peu de mort, un peu d'oubli. Elle isole le passage vers Venise de tout ce qui faisait notre vie d'avant. Page blanche... une angoisse à tenir pour embrasser Venise, pour atteindre ce parfait objet de beauté, ce monde de couleurs et de lumières. Au loin, une promesse, ce rêve de ville, parfaitement circonscrit, Venise, « un monde en elle-même », une étrange cité surgissant de la nuit liquide de notre inconscient, espace privilégié d'une initiation à une intériorité bafouée — celle du désir et de l'imagination.

Et soudain, face à elle, nous vient ce désir d'être, pour elle, et poète et géomètre, et de composer, dans une précision de nerfs, son Cantique des Cantiques...

Est-ce encore la lagune qui porte ce beau vaisseau frémissant ? ou ne serait-ce pas plutôt les milliers de pages que la littérature lui a consacrés ?

Difficile en vérité d'arriver à Venise sans « bagages » et d'appréhender la ville sans son escorte de références littéraires. Venise ne s'offre pas vierge aux sens et à l'esprit. Venise, ville du Texte. Métamorphosée, esthétisée par le désir artistique des hommes, portée par un océan de livres, Venise nourrit son âme, se densifie, s'enrichit. Peut-être parce qu'elle montre mieux que toute autre ville la relation intime entre l'art et la vie, Venise devient un phantasme d'écrivain. Dans cette continuité littéraire jamais démentie, Venise apparaît comme le lieu privilégié d'une quête éternelle, cristallisée dans ses pierres et ses miroirs d'eaux mortes. Et la littérature ne cessera de lui offrir une âme renouvelée.

Très tôt dans son histoire, il suffira de le dire, de l'écrire, pour que Venise ouvre le chemin d'un pèlerinage dans notre imaginaire collectif. Source inépuisable d'inspiration, vision changeante au fil des siècles...

Venise et ses textes... Venise, possible « cauchemar de la littérature » comme le redoutait Henry James. Littérature trop pâmée, trop prolixe, car peu nombreux furent ceux qui résistèrent au désir de raconter « leur » Venise. On vient pourtant après tant de livres... La littérature ne se lasse pas de sa « Jolie Fiancée de l'Adriatique », recherchant toujours des coïncidences avec cet espace offert à l'esprit. Venise s'est prêtée à tous les scénarios. A trop de sentimentalisme aussi. Les écrivains n'ont pas toujours été de bons amants. Écrivains-amants, écrivains-violeurs... mais qu'en serait-il de cette éternelle légende de Venise sans eux ? Malgré trop de livres, elle est toujours cette inébranlable messe de pierre et d'or posée sur le frisson de la lagune.

Venise n'a pas eu le choix. Elle est devenue objet littéraire. Parce qu'elle offrait au monde de l'esprit et de l'imagination une densité peu commune.

Un est le chiffre de l'illusion.
*Rigveda.*

Et l'illusion est le sang de Venise. Sang d'eaux troubles où la cité s'offre une seconde vie. Jeux de miroirs incessants qui brouillent les pistes, les repères. Miroirs jusqu'à l'obsession. Les voies, pédestres et aquatiques, semblent se multiplier à l'infini. La ville s'éparpille, se déroule et s'enroule, épanouie soudain, puis rétractée, resserrée. Jusqu'à l'étouffement. Chemins incertains, chemins improbables où l'esprit doit se rendre à un sentiment profond de désorientation. L'espace est dense, complexe — allées étroites, résonnement confus des pas et des conversations, maisons hautes, confusion des volets, des balcons, des cheminées, des arches, des fenêtres —, inextricable... et tout au-dessus, la respiration du petit serpent de ciel bleu. Mais est-ce vraiment le ciel d'en haut ou celui reflété par les eaux ? Venise résiste aux sens comme une transparence. Vitre contre laquelle on se heurte mais qui laisse entrevoir. Voilée et dévoilée, Venise est double et sa dualité promet les mystères de l'ombre. Et plus on croit regarder et sentir, plus la vision et l'émotion s'éclatent en se multipliant.

Ainsi va Venise, de métamorphose en métamorphose, de complication en complication. Venise vertueuse et licencieuse, patrie des vilains et des hommes honorables, de Shylock et d'Antonio. Venise rigoureuse, incarnation d'un gouvernement stable, d'une administration publique efficace, offrant en modèle une constitution sophistiquée. Venise pervertie, cédant au plaisir coupable de la dénonciation. Venise européenne, Venise byzantine. Venise aux deux Orients — l'Orient biblique des pierres de Saint-Marc, celui d'un passé fondateur, d'une foi pure et primitive, et l'Orient des *Mille et Une Nuits*, sensuel, magique, prompt à infléchir la rigueur morale du voyageur. Venise glorieuse et Venise déchue. Venise, sœur de Tyr et sœur de Gomorrhe. Venise, somptueuse et pourrissante...

Entre grimace et sourire, richesse et pauvreté, transparence et putréfaction, Venise juxtapose les images contradictoires sans jamais les concilier. Il naît un vertige de ces métamorphoses. Passée, visible, présente, invisible, maternelle ou assassine, Venise s'acharne contre le déchiffrement. Et, dans cette profusion des signes, l'esprit trouve un propice abandon. Dans le mélange, l'enchevêtrement, le glissement, Venise devient matière créatrice et poétique. Venise, seule métaphore à contempler dans le réel. Le reste est histoire de papier et d'encre.

> Pour les âmes, mourir, c'est se changer en eau ; pour l'eau, mourir, c'est se changer en terre ; mais de la terre vient l'eau et de l'eau vient l'âme.
>
> HÉRACLITE.

Médium des métamorphoses de Venise, l'eau en est la plus belle contradiction. C'est par l'eau que l'ambivalence de la cité est consacrée. L'eau, image de mort, image d'éternité. Eau de vie, lumineuse, cristalline — l'eau de Gentile Bellini dans son *Miracle de la Vraie Croix*, celle des ferveurs renouvelées. Eau noire aussi, féroce, convulsée, tourmentée comme la palette du Tintoret — l'eau comme un enlisement, une force patiente d'épuisement de toute chose. Dans l'eau, la vie de Venise tient tout entière ; la mort s'y dissimule et attend.

Cependant, si l'Apocalypse promet la disparition dans les eaux de la mer, c'est bien sur l'eau que continue de chanter Orphée après sa mort. Les poètes ne redoutent pas l'eau chargée d'ombres de Venise. *Ombra di Venezia*... un abîme pour écouter les musiques de l'âme. Là où Wagner puisera le philtre de son Isolde.

Mais, dans l'infinie capillarité des canaux de Venise, la méditation cède parfois la place au désespoir. Cette Venise labyrinthique ne nous conduit plus quelque part mais nous perd, se perdant elle-même. Angoisse d'écrivain réalisée dans l'espace. Peur de la dissipation. Espace qui pourtant nous ressemble. Se sauver en étant, à Venise, et Dédale et Thésée, forcé de rechercher dans les marbres ou le porphyre le fil salvateur d'une Ariane vénitienne ? Et s'il devenait impossible de retrouver l'équilibre d'un espace organisé ? C'est ainsi que Venise accroche les cœurs sombres et les esprits torturés.

Dans la chute de Venise,<br>Vois ta propre chute...

Lord Byron.

L'eau frôlante répète contre les fondations de la cité le désir fatal de précipiter Venise dans un abîme crépusculaire, et, en cela, fait écho aux obsessions morbides des esprits fin-de-siècle.

Des Romantiques aux Décadents, Venise ne cessera plus, à de trop rares exceptions près, d'être un jardin détruit, une beauté avilie et vieillissante. Le mal du siècle s'y exaspère, le sentiment de dégénérescence de la race s'y déploie. Venise devient la représentation parfaite de ce que l'on a appelé la beauté de l'horreur. Image si forte d'érotisme et de mort mêlés.

Le piège s'est peu à peu resserré autour de Venise : mélancolie facile, noirceur exacerbée, désespoir échevelé. Une vague de sentimentalisme médiocre finit par jeter un voile sombre sur la réalité de la cité. Trop de complaisance morbide de la part d'esprits résolument figés sur un passé fantasmé plus que connu — et compris.

Venise n'est en ruine que dans la littérature.
Jules LECOMTE,
*L'Italie des gens du monde.*

La « mort à Venise » fut alors, d'une certaine façon, la mort de Venise, de son histoire et de son âme véritables. Mais, ne soyons pas injustes : de cette Venise mortifère sont nés de grands et beaux textes. Qui, dans leur obscurité, éclairent avec force la compréhension de la cité.

De l'enthousiasme au désespoir, de la fête des sens aux tourments de l'esprit, de la force à la fragilité, Venise donne à la littérature toute l'étendue possible des émotions, des archétypes. Et la littérature mondiale en fera plutôt bon usage.

Venise, *alma mater*, Vénus des villes, muse des poètes, autrefois la cathédrale d'une foi pure, aujourd'hui maîtresse incertaine du progrès. Venise qui accueille les solitudes et les enthousiasmes, les tourments, les folies et l'amour...

Entre ces pierres émouvantes, pendant ces promenades sans but, ces moments de bonheur et d'oubli, Venise nous pose cette ultime question : qu'adviendra-t-il de nous ? Et puis qu'importe puisque nous sommes ici. On porte si joliment son existence sur cette terre au cœur de lagune.

Les écrivains savent, de Venise, cet élan de la volupté, ce frisson venu des profondeurs. Ils savent encore la magie, la lumière, la maturité belle et énigmatique de Venise.

> Full fathom five thy father lies ;
> Of his bones are coral made ;
> Those are pearls that were his eyes ;
> Nothing of him that doth fade
> But doth suffer a sea-change
> Into something rich and strange...[1]
>
> SHAKESPEARE, *La Tempête.*

Une prophétie d'écrivain. Une prophétie pour Venise...

Avant de laisser le lecteur entreprendre le voyage de Venise, je ressens l'envie, un peu gênée et un peu ridicule, de m'excuser. Comme s'il me restait une réticence à avouer si largement une passion si peu originale. Venise... qu'aurait-on l'impudence d'ajouter après tant de livres ? et moi qui n'ai pas su m'en empêcher... Mais on a beau trouver en soi l'ironie et la pitié amusée que fait naître la constatation d'une passion si banale... on a beau essayer... l'émotion ne cherche décidément pas à être originale.

Il aurait été d'un goût plus sûr de se taire, sans doute, de garder ça pour soi, comme on garde un secret. Mais on s'emporte, on s'étale, on bafoue une certaine exigence de son cœur et de son esprit. On ne sait pas être raisonnable... « parce que Venise est belle » — à moins que ce ne soit autre chose. Alors, on parle d'elle, sans satisfaire vraiment sa douleur de n'être pas là-bas.

Là-bas, à Cannaregio, il y a Roberto, son fauteuil roulant et sa lingerie de contrebande. Et les habitants du quartier qui font semblant de croire à cette histoire de jambes hors d'usage. Il y a aussi le fils du fromager qui rougit quand il sert les dames. Alors les dames s'amusent, en font beaucoup et attendent l'accident. Il y a encore, calle Cristo, les voisins et leur rétroviseur au balcon qui dit, sans que l'on ait à sortir de chez soi, si l'eau est « haute ». L'*acqua alta* n'amuse que les touristes. Je m'en souviendrai...

---

1. Par cinq brasses sous les eaux/Ton père englouti sommeille :/De ses os naît le corail,/De ses yeux naissent les perles./Rien chez lui de corruptible/Dont la mer ne vienne à faire/Quelque trésor insolite...

Et toute cette joyeuse vie-là, parmi la lèpre des façades, la pourriture qui monte des fondations... La décrépitude n'arrive cependant pas à infiltrer le soupçon de la laideur. Oui, tout cela est beau. Beau, vraiment. Rien à faire, on a rejoint le troupeau des « toujours-en-extase ». Et dire que l'on prétend ne pas mettre les pieds à San Marco par hygiène touristique... Dire qu'un jour, il faudra traîner à nouveau sa valise — dans l'autre sens. On y pense chaque jour. Et une fois à Paris, on ne pensera qu'à elle. Alors, on se laisse aller à toutes les sensations. Bien et mal et dans tous les sens.

Je n'ai jamais eu envie de cultiver avec maîtrise un snobisme à l'envers. Jamais eu envie d'occulter Venise des brumes au profit de la Venise des marchands de la Pescheria. De l'agonie romantique à la vie belle des Vénitiens, tout est mêlé et tout est contradictoire. D'un côté, on cherche Venise, de l'autre, on la reçoit. Veut-on se racheter de ses divagations en invoquant la « vraie » Venise ? on finira vite par comprendre qu'il faut se résoudre à être toujours *in-between*. De ces ambiguïtés, il reste une chose : Venise a ce don de rendre l'esprit disponible. Qui critiquerait cela ?

Il me reste une angoisse légère à l'heure d'achever ce livre. Je pense à ce texte d'Italo Calvino qui n'a cessé de m'accompagner pendant la longue préparation de cette anthologie. Un texte des *Villes invisibles* où Marco Polo dit au Khan :

> Les images de la mémoire, une fois fixées par les paroles, s'effacent (...). Peut-être, Venise, ai-je peur de la perdre toute en une fois, si j'en parle. Ou peut-être, parlant d'autres villes, l'ai-je déjà perdue, peu à peu.

A avoir épuisé les livres pendant toutes ces années, aurais-je pris le risque d'épuiser en moi la passion de Venise ? et si j'allais cesser désormais de la désirer ?

Je ne me sens pas soulagée. J'ai peur de devoir fixer une fois pour toutes le temps de la recherche et de l'enthousiasme. Je ne me suis pas penchée sur Venise pour « mettre un terme »... Cependant, il faut accepter de s'arrêter, tout en sachant que ce genre d'entreprise n'a pas de fin.

Et mettre sa passion à l'épreuve, en y retournant. Encore encore encore.

Pour le véritable amoureux de Venise,
Venise ne cesse d'être à l'ordre du jour.
Henry JAMES.

Voici donc des pages qui ne parlent que d'elle. Une anthologie forcément subjective, faite d'incontournables et d'oubliés. Une anthologie organisée autour de sept chapitres qui tentent d'ouvrir sept portes d'un voyage initiatique à travers Venise et son mythe. Tentative de tracer une carte qui retrouve, texte après texte, l'essence de ce lieu unique, essence éparpillée de siècle en siècle. Pas de chronologie donc, mais des auteurs qui, à des centaines d'années d'écart, se répondent, s'opposent, s'enrichissent. Font sensation commune. Car il s'agit bien là de sensation plus que de précision d'historien de la littérature. Sensations qui dépassent les obsessions propres à des époques particulières.

Écrivains majeurs, auteurs moins reconnus, voyageurs de quelque talent, nos guides dans la Cité de marbre et d'eau ont eu, ont, ce désir commun : écrire Venise...

C'est donc à un voyage de mille ans que nous convie la littérature, un voyage du déchiffrement et de l'initiation qui célèbre Venise et lui offre son Cantique des Cantiques.

*Première partie*

# LES PORTES DE VENISE

*En partance*
*Venise, enfin...*
*Voies d'eau*
*Chemins de fer*
*Topographie vénitienne*

## *En partance*

Venise ! Est-il un nom dans les langues humaines qui ait fait rêver plus que celui-là ? Il est joli, d'ailleurs, sonore et doux : il évoque d'un seul coup dans l'esprit un éclatant défilé de souvenirs magnifiques et tout un horizon de songes enchanteurs.

Venise ! Ce seul mot semble faire éclater dans l'âme une exaltation, il excite tout ce qu'il y a de poétique en nous, il provoque toutes nos facultés d'admiration. Et quand nous arrivons dans cette ville singulière, nous la contemplons infailliblement avec des yeux prévenus et ravis, nous la regardons avec nos rêves.

Guy de MAUPASSANT
*Venise*, 5 mai 1885.

J'entendis mon père me dire : « Il doit faire encore froid sur le Grand Canal, tu ferais bien de mettre à tout hasard dans ta malle ton pardessus d'hiver et ton gros veston. » A ces mots je m'élevai à une sorte d'extase ; ce que j'avais cru jusque-là impossible, je me sentis vraiment pénétrer entre ces « rochers d'améthyste pareils à un récif de la mer des Indes » ; par une gymnastique suprême et au-dessus de mes forces, me dévêtant comme d'une carapace sans objet de l'air de ma chambre qui m'entourait, je le remplaçai par des parties égales d'air vénitien, cette atmosphère marine, indicible et particulière comme celle des rêves, que mon imagination avait enfermée dans le nom de Venise ; je sentis opérer en moi une miraculeuse désincarnation ; elle se doubla aussitôt de la vague envie de vomir qu'on éprouve quand on vient de prendre un gros mal de gorge, et on dut me mettre au lit avec une fièvre si tenace que le docteur déclara qu'il fallait renoncer non seulement à me laisser partir maintenant à Florence et à Venise mais, même quand je serais entièrement rétabli, m'éviter, d'ici au moins un an, tout projet de voyage et toute cause d'agitation.

Marcel PROUST
*Du côté de chez Swann*, 1913.

Je ne veux plus voir cet homme. Si je partais pour Venise, Venise et le calme apaisant de ses lagunes, le charme de mort et de passé grandiose de ses allées de palais et d'eau ?... Oh ! la fuite glissée des gondoles sur l'huile lourde et plombée des canaux, le *e poppe* jeté dans le silence, au coin désert des rues et, le matin, aux premières rougeurs de l'aube, mes longues heures de rêve et de contemplation ravie, avant le réveil de la cité, aux fenêtres du palais Dario, seul devant la solitude du grand canal et les dômes de la Salute apparus de satin dans une Venise de perle !

Oui, Venise me guérirait. J'y échapperais à la tyrannique obsession d'Ethal ; je m'y referais une âme, une âme de jadis, une âme somptueuse et de beauté devant les Tiepolo du palais Labia et les Tintoret de l'Académie ; j'y cultiverais, non, j'y ranimerais peut-être une candeur perdue devant les divines figures de Carpaccio. Folie pour folie, ne vaudrait-il pas mieux m'éprendre du saint Georges des Schiavoni ou de la sainte Ursule de l'Académie, que de rêver vilainement devant une cire morbide de cet affreux Ethal ?

Oui, il faut partir. D'ailleurs, Orbin n'ordonne-t-il pas Venise aux neurasthéniques ? Le climat y est d'une douceur amollissante, et il y a comme un baume endormeur dans le silence de cette cité de l'eau. Venise me sauvera d'Ethal, et puis j'y revivrai un peu de ma vie. Venise, quels souvenirs !

Jean LORRAIN
*Monsieur de Phocas,* 1901.

— Vous allez voir Venise, Madame, pour la première fois ?

— Oui.

— Vous dites cela comme si vous alliez au-devant d'un malheur.

— Je n'y cherche pas non plus la joie. Je ne m'imagine pas Venise comme les petites couturières : en chromo, avec des mandolinistes.

— Alors, qu'y cherchez-vous ?

— Une ville sans bruit ni poussière, qui vous apprenne à bien mourir et qui par ailleurs donne un fond de réalité à tout ce qu'une âme douloureuse de femme a pu vivre en ivresse, en abandons et en désenchantements.

— Une ville enfin, compléta le voyageur, où l'on peut, « dans la langueur des promenades sans but, cultiver *sa douleur d'être*, perdre au fond d'une gondole la notion de la pesanteur des corps et voir défiler un à un des spectres somptueux dans une atmosphère morbide et quasi invraisemblable... ». C'est cela que, victime d'une trop abondante littérature, vous cherchez à Venise, n'est-ce pas ?

Ferdinand BAC
*Le Mystère vénitien*, 1909.

Peut-être Marceline ne résisterait-elle pas complètement au charme de la ville incomparable ? Peut-être y ressentirait-elle un peu de cette émotion que j'éprouvais en songeant au moment où j'apercevrais, au-dessus de la lagune, les dômes et les campaniles de la cité marine ? Je ne lui demandais pas beaucoup à ma pauvre

Marceline, car j'avais renoncé à en faire jamais une compagne de mes rêves et à l'entraîner dans les régions vers lesquelles je me sentais de plus en plus attiré et où je désespérais de la faire pénétrer ; ma seule ambition était de fléchir en elle l'hostilité qu'elle leur témoignait en ma personne. Peut-être que Venise l'inclinerait à quelque indulgence pour mes chimériques et inoffensives rêveries et qu'elle ne resterait pas tout à fait insensible au miraculeux prestige dont la merveilleuse réalité la rapprocherait peut-être un instant du monde imaginaire où se plaisaient les jeux de mon esprit. Cette dernière expérience, j'étais bien résolu à la tenter et Marceline consentit, d'assez mauvaise grâce d'ailleurs, à pousser notre voyage jusqu'à Venise.

Henri de RÉGNIER
« Marceline ou la punition fantastique »,
*Histoires incertaines*, 1919.

L'aviez-vous assez méditée, cette vision première de la lagune, édifiée du fond extrême des brumes de Paris. Vous vous étiez acharnée à l'apercevoir très claire, précisément, et apothéotique, en une manière de berceau languide, énamouré de musiques célestes et de fêtes.

Et voici que son image allait, d'un coup, beaucoup plus loin que vos rêves. Elle était plus lumineuse encore, sous les irradiations de l'aube, mais elle n'avait point cette allégresse que vous lui prêtiez. Elle était silencieuse, elle était belle comme la Mort.

Et alors, comme vous me sembliez un animal joli cabré devant un précipice, incapable de bouger, ni de parler, je vous pris par le bras et nous partîmes en gondole.

Je crois bien que vous avez vécu, durant ce premier voyage, une fébrilité d'âme extraordinaire.

Je la voyais s'intensifier d'instant en instant dans tout votre être, alors que sous vos sens extasiés, une harmonie faite de mille silences accordait et multipliait ses appels. J'en étais moi-même si impressionné que sans ma visite de l'an passé dans ces lieux, j'eusse été privé de l'ivresse de vous savourer. Ah ! quelle singulière lutte je vous vis entamer, comme à regret, n'est-ce pas ? contre cette ville qui osait comme cela, du premier bond, vous placer en face de son silence — et de vous-même ! (...)

Pendant le trajet, je vous voyais bien un peu déconcertée par l'idée que vous alliez aborder dans cette Venise fameuse dont votre cosmopolitisme avait recueilli chez tant de gens la fascination ; déconcertée et troublée, puisqu'à l'angoisse de l'inconnu proche s'ajoutait la crainte de n'être pas de taille à lui résister.

Louis de ROMEUF
« Venise », *L'Âme des villes*, 1910.

## *Venise, enfin...*

— Vous êtes à Venise pour la première fois, monsieur ? demanda-t-il en mauvais français ; et comme je m'efforçais de répondre en anglais, il reprit dans un allemand pur de tout dialecte, d'une voix basse et enrouée qu'il s'évertuait à éclaircir en toussotant :

— Vous voyez tout ceci pour la première fois ? Cela correspond à votre attente ? Et la dépasse même, peut-être ? Ah ? Vous ne l'imaginiez pas plus beau ? C'est vrai ? Vous ne parlez pas ainsi pour feindre le bonheur et susciter l'envie ? Ah ! Il se rencoigna sur sa chaise avec un rapide clignement des yeux et une expression tout à fait inexplicable.

Thomas Mann
« Déception », *Déception et autres nouvelles*, 1896.

Le voyage a été très, très long. Mais vers le soir, alors que nous étions silencieux et à peine conscients de l'endroit où nous étions, plongés dans le calme méditatif qui suit si souvent une conversation orageuse, quelqu'un a crié :

— Venise !

Et en effet, flottant sur la mer paisible, à une lieue, s'étendait une grande ville, avec ses tours, ses dômes et ses clochers somnolant dans la brume dorée du couchant.

Mark TWAIN
*Le Voyage des innocents*, 1869.

Rien n'égala l'étonnement d'Emilie, quand elle découvrit Venise, ses îlots, ses palais, ses tours, qui s'élevaient de la mer, réfléchissant leur masse confuse sur les flots agités. Le soleil couchant jetait ses teintes pourprées sur le haut des portiques de marbre et des colonnes de Saint-Marc, déjà à demi enseveli dans l'ombre.

Ann RADCLIFFE
*Les Mystères du château d'Udolphe*, 1794.

Venise est une ville si extraordinaire, qu'il n'est pas possible de s'en former une juste idée sans l'avoir vue. Les cartes, les plans, les modèles, les descriptions ne suffisent pas, il faut la voir. Toutes les villes du monde se ressemblent plus ou moins : celle-ci ne ressemble à aucune ; chaque fois que je l'ai revue, après de longues absences, c'était une nouvelle surprise pour moi ; à mesure que mon âge avançait, que mes connaissances augmentaient, et que j'avais des comparaisons à faire, j'y découvrais des singularités nouvelles et de nouvelles beautés.

Carlo GOLDONI
*Mémoires*, 1761-1768.

Ainsi il était écrit dans le livre de la Destinée, à ma page, qu'en 1786, le 28 septembre à cinq heures du soir, heure de chez nous, j'apercevrais pour la première fois Venise, en débouchant de la Brenta dans les lagunes, et que peu après je débarquerais dans cette merveilleuse ville insulaire, dans cette république de castors, et que je la visiterais. Ainsi, Dieu soit loué, Venise aussi n'est plus pour moi un simple mot, un nom vide de sens, qui m'a si souvent tourmenté, moi l'ennemi mortel de toutes les paroles qui ne sont que de vains sons.

GOETHE
*Voyage en Italie*, 1816-1817.

C'est une drôle de ville, retorse, et y aller d'un point à n'importe quel autre vaut tous les mots croisés du monde. C'est une des rares choses à notre honneur que de ne pas l'avoir bousillée et à leur honneur qu'ils l'aient respectée.

Bon Dieu, se dit-il, ce que je l'aime, et ce que je peux être heureux de m'être battu pour elle, du temps que je n'étais qu'un petit merdeux qui se débrouillait tout juste dans la langue du pays ; et dire que je ne l'avais même pas encore vue avant ce beau jour d'hiver où je suis allé faire panser cette blessure légère, et qu'elle a surgi devant moi de la mer. *Merde*[1], pensa-t-il, nous avions fait un rude boulot, cet hiver-là, là-haut, à la jonction.

Ernest HEMINGWAY
*Au-delà du fleuve et sous les arbres*, 1950.

Le 29 août, dans l'après-midi, j'arrivai à Venise. Durant le parcours du Grand Canal jusqu'à la Piazzetta, impression de grande mélancolie : grandeur, beauté et décadence, tout cela voisin l'un de l'autre. J'étais ravi, cependant, de songer qu'ici il n'y avait point de prospérité moderne, partant pas de turbulente trivialité. La place Saint-Marc me fit une impression féerique. Un monde lointain, une époque vécue. Cette impression satisfait

1. En français dans le texte.

pleinement le désir de la solitude. Rien ne donne ici la sensation de la vie réelle : tout agit objectivement, comme une œuvre d'art. Je veux rester ici — et cette volonté s'accomplira.

Richard WAGNER
*Journal* — *Venise*, 3 septembre 1858.

# *Voies d'eau*

A mesure que le bateau dépasse les dernières îles couronnées de leurs églises, cependant qu'un avion à réaction, jailli du soleil, jette son éclatante clameur, la lumière rose se met à trembler, à la fois de vieillesse, d'orgueil, de tristesse et de ravissement.

Le navigateur range ses cartes marines et se coiffe allègrement d'un chapeau de paille ; il vient d'aborder à cette terre entre toutes enchantée : Venise.

James MORRIS
*Visa pour Venise*, 1964.

La route jusqu'à Venise déroule ses multiples lacets à travers la plaine sans fin que j'avais observée des hauteurs de Mosolente. Après avoir dîné à Trévise nous avons roulé continuellement entre des jardins et des villas peuplés de statues. En deux heures et demie nous avons atteint Mestre. Après y avoir embarqué nos bagages, nous avons pris une gondole ; son balancement régulier nous parut délicieux après les rudes cahots de la chaise. Etendu sous une tente je goûtai à mon aise la fraîcheur des brises et le spectacle des flots. Bientôt nous quittâmes le canal de Mestre ; il se termine par une île où s'élève une chapelle dédiée à la Sainte Vierge. L'édifice émerge d'un petit bois que dominent de grands cyprès ; ses cloches tintaient au moment de notre passage. Nous avons jeté quelques paolis dans un filet fixé tout exprès au bout d'une perche pointée vers le large. Aussitôt après avoir doublé la pointe de l'îlot, nous avons aperçu un vaste bras de mer d'où surgissaient les dômes et les tours de Venise. Nous distinguions Murano, S. Michele, S. Giorgio in Alga et d'autres îles se détachant de l'archipel principal. Je les saluai comme de vieilles connaissances : de nombreuses gravures, des dessins, me les avaient depuis longtemps rendues familières. Poursuivant sa course le soleil caressait les flots de ses derniers rayons, colorant au loin de pourpre les tours de la ville.

William BECKFORD
*Voyage d'un rêveur éveillé*, 1783.

Nous partîmes de Padoue le vingtième du mois passé, et nous arrivâmes le même soir ici de fort bonne heure. Il y a plusieurs beaux villages sur la route, et quantité de maisons de plaisance, qui appartiennent à des nobles vénitiens, et qui sont de l'architecture du Palladio. Notre messager d'Ausbourg nous amena jusqu'à Mestre, qui est une petite ville sur le bord du golfe, à cinq milles de Venise. J'ai lu quelque part dans l'histoire de Mezeray, que la mer adriatique gela l'an 860 et qu'on allait en carrosse, de terre ferme à Venise. Pour nous, il nous fallut prendre des gondoles à Mestre, et nous fûmes environ une heure et demie sur l'eau.

Henry VAN BULDEREN
*Nouveau Voyage d'Italie, avec un mémoire contenant des avis utiles à ceux qui voudront faire le même voyage*, 1698.

On arrive à Venise comme, après tous les méandres de l'insomnie, on finit par descendre sur la plage d'un songe.

On vole vers Venise comme à un rendez-vous d'amour. La hâte du désir fait compter les minutes lentes. On désespère de toucher au bonheur. La ville ne paraît pas. Rien ne l'annonce. On la cherche au Levant. On s'attend à en voir quelque signe, et sur le ciel flotter les pavillons de la chimère. L'horizon, où elle se dérobe, est un infini muet, miroitant et désert. Parfois, on a cru découvrir une tour, un clocher sur la plaine marine ; mais on doute du mirage salin. Est-ce la mer ? est-ce la terre ferme ? ou plutôt quel mélange fluide, quel transparent accord des deux pâtes sur la palette ?

Tout est ciel. C'est le ciel immense des salines, une vasque de rose et d'azur tendre, un océan de nacre, qu'irise çà et là, quelque perle de nuage. On appelle la mer, et on l'a au-dessus de soi, ce firmament tranquille. Puis, le crépuscule rougit. Une tache de sang coule sur la voûte et s'étend vers la terre. Venise n'apparaît toujours pas. Elle est là-bas, pourtant, dans l'ombre lucide, d'un violet si délicat et si languissant qu'on pense au sourire de la volupté douloureuse.

Je ne voyais encore ni ville, ni village, ni voitures, ni bateaux. Mais le ciel portait des voiles, et les nefs y volaient à présent, dorées à l'étrave.

Il me semble que tout bruit a cessé. Je glisse sur un lac, comme sur un bassin le martin-pêcheur. Et voici la mer, la mer, la mer ! Je la sens, je la devine. Je suis enivré, dès lors !

J'ai connu la sirène, pour la première fois, au jour du plus long crépuscule.

Je trempais dans un prisme liquide, toutes les couleurs et toutes les nuances, depuis la pourpre jusqu'au reflet de la soie verte la plus pâle, quand elle est comme l'ambre ou comme la liqueur d'absinthe, à peine battue d'eau. L'œillet rouge du ciel s'éparpillait en pétales sans nombre. Une caresse de l'air me touchait tendrement au front et aux tempes. L'odeur enivrante de la mer me vint aux narines, le souffle suave et salé qui lève des flots. Enfin, des clochers pointus sortirent de la lagune, comme les épines d'une rose ; et ils étaient safran, du bout.

J'arrivais. On rêve de Venise, avant d'y être. Et sans le savoir, on y est en rêve. Ce fut ainsi, à la fin du jour, que j'entrai chez la Reine des Sirènes.

André SUARÈS
*Voyage du Condottiere — Vers Venise*, 1910.

On s'embarque sur la Brenta pour arriver à Venise, et des deux côtés du canal on voit les palais des Vénitiens, grands et un peu délabrés comme la magnificence italienne. Ils sont ornés d'une manière bizarre et qui ne rappelle en rien le goût antique. L'architecture vénitienne se ressent du commerce avec l'Orient ; c'est un mélange du goût moresque et gothique qui attire la curiosité sans plaire à l'imagination. Le peuplier, cet arbre régulier comme l'architecture, borde le canal presque par-tout. Le ciel est d'un bleu vif qui contraste avec le vert éclatant de la campagne ; ce vert est entretenu par l'abondance excessive des eaux : le ciel et la terre sont ainsi de deux couleurs si fortement tranchées, que cette nature elle-même a l'air d'être arrangée avec une sorte d'apprêt ; et l'on n'y trouve point le vague mystérieux qui fait aimer le midi de l'Italie. L'aspect de Venise est plus étonnant qu'agréable ; on croit d'abord voir une ville submergée ; et la réflexion est nécessaire pour admirer le génie des mortels qui ont conquis cette demeure sur les eaux. Naples est bâtie en amphithéâtre au bord de la mer ; mais Venise étant sur un terrain tout-à-fait plat, les clochers ressemblent aux mâts d'un vaisseau qui resterait immobile au milieu des ondes. Un sentiment de tristesse s'empare de l'imagination en entrant dans Venise. On prend congé de la végétation : on ne voit pas même une mouche en ce séjour ; tous les animaux en sont bannis ; et l'homme seul est là pour lutter contre la mer.

Madame de STAËL
*Corinne ou l'Italie*, 1807.

Cette Brenta coule dans une vaste plaine coupée de canaux et fort bien cultivée. De belles maisons s'élèvent au bord de la rivière, accompagnées de jardins où l'on voit des statues et des portiques, mais bientôt ces fécondes cultures et ces riantes villas font place à un sol marécageux où ne poussent que des joncs et des algues. La terre se perd dans l'eau et ne consiste plus qu'en une sorte de boue. On atteint ainsi ce que l'on nomme la Lagune de Venise et qui est bien, en ce point, le plus misérable spectacle que l'on puisse voir.

Ce fut sur cette eau boueuse que nous nous embarquâmes dans une de ces barques baroques à fond plat qu'ils nomment « gondoles » et que l'on mène le plus souvent avec une seule grande rame. Je dois reconnaître que les bateliers de ce pays excellent à cette manœuvre et y accomplissent des prodiges d'adresse et d'équilibre, et, dans ce bizarre équipage nautique, nous fîmes notre entrée dans la ville ducale. Son aspect, je dois l'avouer, me causa plus de surprise que de plaisir.

Henri de RÉGNIER
*Le Voyage d'amour*
*ou l'initiation vénitienne*, 1930.

Pendant le trajet de Padoue à Venise, sur la Brenta, on sent aisément que l'on approche d'une grande ville. Les palais magnifiques des nobles qui s'élèvent sur les deux rives, le parfum qui s'exhale des orangers de leurs jardins, les jolis villages et les maisons de campagne élégantes que l'on rencontre tour-à-tour, les nombreuses barques qui montent et descendent, chargées de marchandises et de passagers... Tout vous prépare à l'étonnant aspect que présente cette cité superbe qui, depuis quelques minutes, vous a paru sortir du sein de la mer avec ses temples et ses palais. On l'aperçoit enfin tout à coup à l'endroit où le canal se décharge dans les lagunes ; et la vue ne peut s'en détacher. Quel voyageur n'a pas célébré, dans ses récits, ce coup-d'œil imposant et unique dans son genre ? (...)

Le charme de cette arrivée n'est troublé que par la visite des véritables corsaires vénitiens, les commis de la douane avec leurs suppôts. On s'en débarrasse d'abord avec de l'argent : car c'est là ce qu'ils demandent, et ils se soucient peu de visiter vos effets : mais on n'en est pas sitôt quitte ; après s'être un peu éloignés, ils reviennent, et plusieurs fois de suite, toujours sous le plus frivole prétexte. C'est surtout aux barques des étrangers qu'ils s'adressent ; et chaque fois il faut se racheter de leurs griffes. Cette escroquerie pourrait encore être supportée ; mais leur babil, leurs excuses, leurs remerciements, leurs recommandations pour telle ou telle hôtellerie... Voilà ce qui est vraiment insupportable, surtout dans ces premiers moments où l'on ne voudrait que *voir.*

Frédéric-Jean-Laurent MEYER
*Voyage en Italie*, 1803.

Je ne sais si je vous ai conté comment nous partîmes de Padoue, le 28 du mois dernier. Ce fut en nous embarquant sur le canal de la Brenta, avec un vent contraire ; c'est la règle. Mais pour le coup le diable en fut la dupe, car nous avions de bons chevaux qui nous remorquaient le long du bord, moyennant quoi nous *ingannions* le sortilège qui nous poursuit. Le bâtiment que nous montions se nomme le *Bucentaure.* Vous pouvez bien penser que ce n'est qu'un fort petit enfant du vrai *Bucentaure* ; mais aussi c'était le plus joli enfant du monde, ressemblant fort en beau à nos diligences d'eau, et infiniment plus propre, composé d'une petite antichambre pour les valets, suivie d'une chambre tapissée de brocatelle de Venise, avec une table et deux estrades garnies de maroquin, et ouverte de huit croisées effectives et de deux portes vitrées. Nous trouvions notre domicile si agréable et si commode, que, contre notre ordinaire, nous n'avions nulle impatience d'arriver, d'autant mieux que nous nous étions munis de force vivres, vin des Canaries, etc., et que les rivages sont bordés de quantité de belles maisons de nobles Vénitiens. Celle de Pisani, maintenant doge, mérite en vérité une description particulière, surtout par un portail de jardin au bord de l'eau, accompagné de deux colonnes qui ont des escaliers tournants de fer en dehors, montant sur une terrasse charmante qui fait le comble du péristyle. Cela est imaginé à merveille, et l'on m'a dit depuis que le cardinal de Rohan en avait fait prendre le dessin pour l'exécuter à Saverne. Nous voulions d'abord descendre pour voir ces maisons ; le nombre nous en rebuta : ç'aurait été l'affaire de quelques années. Cependant nous ne résistâmes pas à la tentation de voir la dernière, qui est sur la route, appartenant aux Foscarini ; elle a beaucoup de bonnes fresques, et surtout une *Chute des Titans*, d'une excellente expression, de la main de Zelotti. (Notez cependant que ceci est encore inférieur aux abords de Gênes.) Au bout de quelques milles nous eûmes l'honneur d'entrer dans la mer Adriatique, et peu après celui d'apercevoir Venise.

A vous dire vrai, l'abord de cette ville ne me surprit pas autant que je m'y attendais. Cela ne me fit pas un autre effet que la vue d'une place située au bord de la mer, et l'entrée par le Grand Canal fut, à mon gré, celle de Lyon ou de Paris, par la rivière. Mais aussi quand on y est une fois, qu'on voit sortir de l'eau de tous côtés des palais, des églises, des rues, des villes entières, car il n'y en a pas pour une ; enfin de ne pouvoir faire un pas dans une ville sans avoir le pied dans la mer, c'est une chose, à mon gré, si surprenante, qu'aujourd'hui j'y suis moins fait que le premier jour, aussi bien qu'à voir cette ville ouverte de tous côtés, sans portes, sans fortifications et sans un seul soldat de garnison, imprenable par mer ainsi que par terre ; car les vaisseaux de guerre n'en peuvent nullement approcher, à cause des lagunes trop basses pour les porter. En un mot, cette ville-ci est si singulière par sa disposition, ses façons, ses manières de vivre à faire crever de rire, la liberté qui y règne et la tranquillité qu'on y goûte, que je n'hésite pas à la regarder comme la seconde ville de l'Europe, et je doute que Rome me fasse revenir de ce sentiment.

Charles de BROSSES
*Lettres familières écrites d'Italie*
*en 1739 et 1740.*

Enveloppé dans son manteau, le voyageur reposait, un livre sur ses genoux, et les heures passaient sans qu'il s'en aperçût. La pluie avait cessé ; on enleva la tente. L'horizon était parfaitement net. Alentour, sous la coupe grise du ciel, rien que la mer immense et déserte. Mais dans le vide, dans l'espace indivisé, nous perdons aussi la notion de durée et notre esprit se noie dans la démesure. Ainsi allongé, Aschenbach voyait passer dans un rêve le vieux beau, l'homme au bouc de tout à l'heure, d'étranges silhouettes dont il n'arrivait à saisir ni les gestes ni les paroles ; il finit par s'endormir.

A midi, on le pria de passer pour le déjeuner dans la salle à manger en boyau sur laquelle s'ouvraient les cabines ; au bout opposé de la longue table il retrouva les commis et leur sénile compagnon attablés là depuis dix heures et buvant avec le joyeux capitaine. La chère était maigre et il expédia son repas. Il avait besoin de sortir, de regarder le ciel, de voir s'il n'y aurait pas une éclaircie sur Venise.

Il ne lui semblait pas qu'il pût en être autrement, car la ville l'avait toujours accueilli dans un nimbe de lumière, mais ciel et mer restaient chargés et livides, par instants il bruinait ; il se résigna à l'idée d'aborder du côté de la mer une Venise autre que celle qu'il découvrait autrefois en venant par la terre. Il s'adossa au mât de misaine, laissant errer au loin son regard qui cherchait la terre. Il songeait à son enthousiaste et mélancolique jeunesse qui avait jadis vu surgir de ces flots les coupoles et les campaniles dont il avait tant rêvé ; dans sa mémoire chantaient des vers, de ceux dont vénération, bonheur, mélancolie lui avaient en ce temps-là inspiré l'harmonieuse cadence, et bercé par des sentiments qui avaient une fois déjà trouvé expression, il interrogeait son cœur grave et las, se demandant s'il serait donné au touriste venu pour flâner de retrouver l'enthousiasme ancien, et si ne l'attendait pas peut-être quelque tardive aventure sentimentale.

A sa droite, la côte se dessina toute plate. Des bateaux de pêche donnaient de l'animation à la mer. On vit paraître l'île aux Bains, que le vapeur laissa à sa gauche pour traverser au ralenti l'étroite passe du même nom, et finalement s'arrêter sur la lagune, en face de misérables maisons bariolées, en attendant le canot du service de santé.

Il fallut attendre une heure. On était arrivé sans l'être. Rien ne pressait, et l'on s'impatientait pourtant.

(...)

C'était donc elle, il allait une fois encore y atterrir à cette place qui confond l'imagination et dont l'éblouissante, la fantastique architecture emplissait d'émerveillement et de respect les navigateurs abordant autrefois le territoire de la république : l'antique magnificence du Palais et le pont aux Soupirs, sur la rive, les colonnes, le lion, le saint, la fastueuse aile en saillie du temple fabuleux, la vue sur la Porte et la Grande Horloge ; et à ce spectacle il se prenait à penser qu'arriver à Venise par le chemin de fer, c'était entrer dans un palais par la porte de derrière ; il ne fallait pas approcher l'invraisemblable cité autrement que comme lui, en bateau, par le large.

Thomas MANN
*La Mort à Venise*, 1912.

Le premier accostage de notre bateau à vapeur fut imposant à souhait. La vue sur le Pont des Soupirs avec cet autre pont situé devant lui vers le Palais des Doges, et sur les deux colonnes de la Piazzetta, ainsi que sur l'actuel palais royal avec ses jardins n'est pas un mince avant-goût de Venise. Je suis allé sur la place Saint-Marc mais la tête encore pleine de l'étourdissement du bateau...

August von PLATEN
*Journaux*, 14 septembre 1824.

Dans les voyages du temps jadis, que nous ne reverrons plus, alors que la distance ne pouvait être conquise sans fatigue, mais où cette fatigue avait pour compensation la connaissance complète du pays qu'on traversait et la joie des heures du soir lorsque, parvenu au sommet de la dernière colline, le voyageur découvrait, épars dans la prairie sur le bord du torrent traversant la vallée, le paisible village où il allait se reposer, ou bien encore lorsqu'il apercevait de loin, dans les rayons du soleil couchant, les tours de quelque ville fameuse, but d'un voyage longtemps désiré, — heures de jouissance douce et pénétrante que ne remplace peut-être pas avec avantage, pour quelques-uns, la secousse du temps d'arrêt dans une station de chemin de fer ! — dans ces temps lointains, dis-je, lorsqu'il y avait quelque chose de plus à découvrir et à ne pas oublier dans le premier aspect de chaque halte, qu'un nouvel arrangement de toiture vitrée ou d'une poutre de fer, le voyageur n'avait pas dans ses souvenirs un moment plus enchanteur que celui où, sa gondole entrant dans la lagune par le canal de Mestre, il apercevait Venise. Et pourtant, l'aspect de la ville eût pu lui causer un léger désappointement, car, vues dans cette direction, ses constructions ont moins de caractère que celles des autres villes italiennes ; mais la distance voilait cette infériorité, compensée d'ailleurs par l'étrange aspect des tours et des murs qui semblaient sortir du milieu de la mer immense.

Il est, en effet, impossible à l'œil nu ou à l'imagination de saisir le manque de profondeur de la grande nappe d'eau qui étend, pendant des lieues, au nord et au sud, l'éclat de ses ondes, ni de se retracer le contour des îles étroites qui la bordent à l'est.

La brise salée, les gémissements des blancs oiseaux de mer, les amas de noirs herbages se séparant, et disparaissant sous le remous causé par l'envahissement régulier de la marée, tout faisait croire que c'était vraiment sur le sein du grand océan que la ville reposait avec calme. Non sur l'océan bleu, doux et semblable à un lac, qui baigne les promontoires napolitains ou qui sommeille à Gênes dans les rochers de marbre, mais sur une mer qui, bien que soumise à un étrange repos, a la sombre vigueur des vagues du nord, et dont la pâleur courroucée se transforme en un champ d'or bruni alors que le soleil descend derrière la tour de l'église abandonnée dans son île, et si bien nommée : « Saint-Georges-des-Algues-Marines ».

Comme le bateau s'approchait de la ville, la côte que le voyageur venait de quitter s'abaissait derrière lui et formait une ligne longue et triste, rompue de temps en temps par des saules ou par des broussailles : du côté qui semblait être son extrémité nord, les collines d'Arqua élevaient leurs amas de pyramides d'un pourpre foncé et balançaient leurs reflets sur la brillante lagune. Deux ou trois collines moins élevées s'étendaient à leurs pieds et, au-delà, commençant par les pics escarpés qui dominent Vicence, la chaîne des Alpes fermait, au nord, l'horizon par sa muraille bleue et inégale qui allait s'évanouir dans l'enfoncement de Cadore. A l'est, la chaîne se relevait et, le soir, le soleil transformait la neige de ses sommets — couronnes de l'Adriatique — en puissants foyers de lumière que l'on pouvait admirer et compter jusqu'à ce que l'œil, fatigué de les suivre, vînt se reposer sur les campaniles enflammés de Murano et sur la grande cité qui, à mesure que la rapide et silencieuse gondole s'en rapprochait, apparaissait, magnifique, au milieu des vagues. Et lorsque, les murailles atteintes, le voyageur pénétrait — sans passer par aucune poterne ou entrée fortifiée — dans la plus lointaine de ces rues non foulées par les pieds humains, qui semblent une ouverture taillée entre deux rochers de corail dans la mer des Indes ; lorsqu'il apercevait les longues files de palais ornés de colonnes, ayant chacun, attachée au pilier devant le portail, sa barque noire dont l'image se reflète dans ce vert parquet que chaque souffle de brise orne de nouvelles et riches mosaïques changeantes ; — lorsqu'à l'extrémité de cette éblouissante perspective, le Rialto jetait lentement sa courbe colossale, cette courbe étrange, si délicate, faite de diamant, et solide comme une caverne de montagne ; — lorsque, avant que cette silhouette se fût complètement dessinée, le cri du gondolier : « *Ah ! Stali !* » frappait pour la première fois l'oreille de ce voyageur ; que la proue de sa gondole passait entre les majestueuses corniches qui se rejoignent à moitié sur l'étroit canal où la suivait le remous de l'eau frappant bruyamment le marbre sur chaque bord ; — et lorsqu'enfin, sa barque s'élançait sur la large nappe argentée à travers laquelle la façade du Palais Ducal, colorée de veines sanguines, contemple le dôme blanc de Notre-Dame della Salute, — il n'est pas surprenant que son imagination fût si profondément saisie par le charme illusoire de cet admirable et étrange décor qu'il en oubliât les sombres réalités de l'histoire. Il se laissait aller à croire qu'une telle ville avait plutôt dû sa création à la baguette d'un magicien qu'à des fugitifs effrayés ; que les eaux qui l'entouraient avaient plutôt été choisies pour lui servir de miroir que pour abriter sa nudité, et que tout ce qui, dans la nature, est féroce et sans pitié : le temps et le déclin aussi bien que les vagues et la tempête, s'étaient réunis pour l'orner au lieu de la détruire et pour épargner encore, dans les siècles à venir, cette beauté qui semble avoir arrêté pour y établir son trône, en même temps que le sable de la mer, celui du sablier.

John RUSKIN
*Les Pierres de Venise*, 1851-1853.

## *Chemins de fer*

Le train traverse d'abord une plaine, criblée de flaques d'eau bizarres. On dirait une sorte de carte de géographie, avec les océans et les continents ; puis le sol disparaît peu à peu ; le convoi court, sur un talus d'abord et bientôt il s'élance sur un pont démesuré jeté dans la mer et qui s'en va vers la ville aperçue là-bas, élevant ses clochers et ses monuments au-dessus de la nappe immobile et illimitée des eaux.

Guy de MAUPASSANT
*Venise*, 1885.

La gare de Venise à jamais est restée pour moi une entrée triomphale ; celle d'alors n'était pas celle d'aujourd'hui, péristyle d'un théâtre ferroviaire mussolinien. (« Ici Venise, Venezia, Venedig : vous allez voir ce que vous allez voir. *Viva il Duce* ! »). L'ancêtre, c'étaient trois arcades verdies d'humidité, culottées par la fumée de charbon. Ce qui n'a pas changé, c'est la coupole de bronze vert de San Simeone Piccolo ; les bombes de deux guerres, visant la voie ferrée, l'ont épargnée ; à gauche et en face, des *trattorie* où l'on dîne, tête sous les lauriers en caisse, les pieds dans l'eau...

Paul MORAND
*Venises*, 1971.

Les yeux fermés, j'écoute, au roulement du train, résonner à mes oreilles les deux syllabes entendues tout à l'heure, au dernier arrêt. Elles m'avertissent qu'approche l'instant si longtemps désiré. Que de voyageurs les ont entendues, ces syllabes annonciatrices ! Elles devancent un nom qui porte en lui tant de magies ! Il me semble qu'elles n'ont dû jamais émouvoir personne au point où elles me troublent, tandis que je me les répète moins pour en savourer le pronostic que pour me retenir d'en proférer tout haut d'autres dont l'harmonieuse sonorité est sur mes lèvres. Je le pourrais cependant sans trop attirer l'attention, dans ce wagon nocturne où je suis enfermé depuis de longues heures et dont les vitres matinales ou crépusculaires se sont tour à tour éclairées et assombries, où, les yeux fermés, je me laisse engourdir par le bruit monotone des essieux.

Comme il va lentement, ce train ! Pour me distraire de mon impatience et de mon attente, je pourrais regarder par la portière, car un beau clair de lune inonde la campagne silencieuse, mais je ne veux rien voir qui m'éloigne de la pensée qui m'occupe, pas même consulter ma montre qui me dira l'heure tardive de l'arrivée. Je reste assis sur la banquette, immobile, heureux. Je respire l'odeur du wagon, cette odeur de drap, de cuir, de charbon à laquelle se mêle depuis un moment une odeur nouvelle, particulière et que je ne connais pas. Il semble que l'air se soit comme distendu pour se laisser pénétrer d'une sorte de langueur humide, molle, qui sent l'herbe et l'eau, la prairie et le fossé, le jonc et la terre, et qui, tout engourdissante qu'elle soit, a réveillé les voyageurs somnolents. Quelques-uns sont debout dans le couloir. Un employé passe, portant une valise. Une vieille Anglaise, son Baedeker sous le bras, se tient, le nez collé à la vitre, puis l'abaisse. La singulière odeur se fait plus perceptible. Le sifflet de la locomotive déchire la nuit. Peu à peu le train se ralentit, puis s'arrête le long d'un quai. Des portières s'ouvrent. Des porteurs courent sur le trottoir sous la lumière crue des globes électriques. La semelle au marchepied, je descends en face d'une pancarte où sont inscrites les lettres de ce nom magique : Venezia !

Gaîment, des voix connues nous interpellent. Nos amies sont là qui nous attendent avec les paroles de bienvenue : « Enfin, vous voilà ! » — « Ah ! ces trains d'Italie ! » — « Une grande heure de retard ! » — « Donnez vos valises à Carlo, qu'il les porte à la gondole. » — « Nous avons fait mettre le felze, il fait un peu frais, ce soir. » Carlo est là, en effet. C'est un grand, souple et maigre gaillard, avec un teint basané, un long nez, des yeux très rapprochés de ce nez, des moustaches noires, des cheveux drus. Il est nu-tête, vêtu de toile blanche, le col ouvert, les reins serrés d'une ceinture bleue à longues franges jaunes. Nous nous dirigeons vers la sortie et nous suivons un étroit couloir. Soudain, nous foulons les larges dalles d'un quai qui domine une eau sombre, toute scintillante de reflets argentés. Au-delà de cette eau, on distingue une rangée de maisons, une église surélevée de quelques marches, et que surmonte un gros dôme au-dessus duquel brille une ronde, pleine et merveilleuse lune de septembre.

Henri de RÉGNIER
*L'Altana ou la vie vénitienne*, septembre 1899.

Le voyageur qui débouche pour la première fois sur le terre-plein de la gare a l'impression d'avoir devant lui un Canaletto. Certes, il ne tarde pas à découvrir, même devant le décor des accents finaux du Canalazzo — les vieux entrepôts roses de la chaude *fondamenta* ont leur charme — qu'il se trouve en présence de quelque chose de beaucoup mieux. Il regarde de tous côtés ; il voit le rassemblement des gondoles. Il est gratifié d'une surprise, après tout, de son premier petit frisson vénitien ; et comme c'est le seuil de la gare qui introduit à ces choses, nous n'en dirons aucun mal, quoiqu'elle ne soit guère jolie. C'est le début de l'expérience du voyageur, mais c'est la fin du Grand Canal.

Henry JAMES
*Heures italiennes*, 1909.

... Me serais-je simplement retourné que j'aurais vu la *stazione* dans toute sa splendeur rectangulaire de néon et d'urbanité, vu les lettres immenses annonçant VENEZIA. Mais je ne le fis pas. Le ciel était plein d'étoiles hivernales, comme il l'est souvent en province. On avait l'impression qu'à tout moment un chien pouvait se mettre à aboyer au loin, ou encore qu'on allait entendre un coq. Les yeux fermés, je voyais une touffe d'algues glacées aplatie contre un rocher humide, peut-être avec du givre, quelque part dans l'univers, et qui ne savait pas où. J'étais ce rocher et ma paume gauche cette touffe d'algues aplatie. C'est alors qu'un grand bateau plat, quelque chose entre la boîte de sardines et le sandwich, surgit du néant et heurta avec un bruit sourd le ponton de la *stazione*. Une poignée d'individus se précipita à terre et me dépassa en courant pour gravir l'escalier de la gare. Puis j'aperçus la seule personne que je connusse dans cette ville : l'apparition était fabuleuse.

Joseph BRODSKY
*Acqua alta*, 1992.

Malgré la pluie qui nous fouettait la figure, nous nous penchions hors de la fenêtre du wagon pour tâcher de saisir dans l'ombre quelque ébauche lointaine de Venise, la vague silhouette d'un clocher, le scintillement d'une lumière ; mais la nuit se faisait profonde, et l'horizon impénétrable ; enfin, à une station, l'on avertit les gens qui voulaient descendre à Mestre. C'était à Mestre que naguère on s'embarquait pour Venise ; maintenant, le chemin de fer a rendu la gondole inutile : un pont immense enjambe la lagune et soude Venise à la terre ferme.

Jamais nous n'avons éprouvé d'impression plus étrange. Le wagon venait de s'engager sur la longue chaussée. Le ciel était comme une coupole de basalte rayée de veines fauves. Des deux côtés, la lagune, avec ce noir mouillé plus sombre que l'obscurité même, s'étendait dans l'inconnu. De temps en temps des éclairs blafards secouaient leurs torches sur l'eau, qui se révélait par un soudain embrasement, et le convoi semblait chevaucher à travers le vide comme l'hippogriffe d'un cauchemar, car on ne pouvait distinguer ni le ciel, ni l'eau, ni le pont. Certes, ce n'était pas ainsi que nous avions rêvé notre entrée à Venise ; mais celle-là dépassait en fantastique tout ce que l'imagination de Martynn eût trouvé de mystérieux, de gigantesque et de formidable pour une avenue de Babylone ou de Ninive. L'orage et la nuit avaient préparé à la manière noire la planche que le tonnerre dessinait en traits de feu ; et la locomotive ressemblait à ces chariots bibliques dont les roues tourbillonnaient comme des flammes et qui ravissent quelque prophète au septième ciel.

Cette course vertigineuse dura quelques minutes, puis la locomotive ralentit son essor et s'arrêta. Un grand débarcadère, sans aucune décoration architecturale, reçut les voyageurs, à qui l'on demanda leurs passe-ports, en leur donnant une carte pour les envoyer retirer plus tard ; l'on entassa les malles dans une gondole-omnibus installée en façon de galiote, et l'on se mit en marche.

Théophile GAUTIER
*Voyage en Italie — ITALIA*, 1852.

Nous partons pour Venise et toi, Pierre, tu ne seras malheureusement pas du voyage, pas plus que Nana qui restera avec toi, Boule et quelques autres à Echandens. Il n'y a pas encore de ligne aérienne pour Venise. Ou plutôt il n'en existe qu'une, qui part deux fois par semaine de Londres où il faut aller s'embarquer dans d'assez petits appareils qui ne me disent rien qui vaille.

Le train, lui, met douze heures à atteindre la fameuse Cité des Doges avec arrêt de près d'une heure à Milan.

(...)

Nous sommes donc cinq à partir. J'ai préféré, bien que cela laisse une place vide, louer un compartiment de six places et le voyage aller se passe dans les meilleures conditions possibles — en dépit de la chaleur, surtout pendant la longue attente à

Milan dans un train immobile qu'on laisse sans locomotive et qui paraît abandonné.

Georges SIMENON
*Mémoires intimes*, 1981.

Quand, le 29 août, au coucher du soleil, nous vîmes pour la première fois émerger Venise sous nos yeux, d'un geste enthousiaste, Karl [1] lança son chapeau par la fenêtre du wagon ; je me crus obligé d'en faire autant et c'est ainsi que nous arrivâmes à Venise...

Richard WAGNER
*Ma Vie*, 1870-1874.

Le chevalier savait d'avance quelle entrée allait lui être réservée dans la cité des lagunes. Une gare enfumée et puante, l'obsession de la meute galonnée, et dehors, devant l'embarcadère, la ruée vers les gondoles d'une centaine de voyageurs ahuris et laids et superlativement prosaïques.

Ferdinand BAC
*Le Mystère vénitien*, 1909.

---

1. Karl Ritter.

# *Topographie vénitienne*

L'Italie, tout le monde le sait, a la forme d'une botte à l'écuyère ; Venise a l'air d'une botte à chaudron. L'entonnoir est formé par les quartiers de Dorsoduro, de Santa Croce, la jambe par Saint-Marc, Cannegio, Castellano, la pointe du pied par les jardins publics, le talon par l'île de Saint-Pierre, et le sous-pied par le pont de Castello. Le grand canal qui serpente dans le haut de la botte représenterait la piqûre du revers.

Théophile GAUTIER
*Voyage en Italie* — *ITALIA*, 1852.

L'approche de Venise ressemble à celle de Boston par l'ouest.

Herman MELVILLE
*Carnets de voyage*, 1856-1857.

Sur la carte cette ville ressemble à deux poissons grillés sur une même assiette, ou peut-être à deux pinces de homard presque imbriquées (Pasternak la comparait à un croissant gonflé) mais il n'y a pas de nord, de sud, d'est ou d'ouest ; sa seule direction est transversale. Elle vous entoure comme une algue glacée, et plus vous mettez d'élan et d'impatience à chercher vos repères, plus vous vous perdez. Les flèches jaunes des croisements ne sont pas d'un plus grand secours car elles aussi s'incurvent. En fait, elles ne vous aident pas, elles vous alpaguent. Et dans la main ondulante de l'indigène à qui vous demandez votre chemin, l'œil, indifférent à ses *a destra*, *a sinistra*, *dritto*, *dritto* postillonnés, reconnaît sans peine un poisson.

Joseph BRODSKY
*Acqua alta*, 1992.

A Venise, par la structure même de la ville, par sa contexture de labyrinthe, la vie est noble, mystérieuse, gentiment compliquée.

Henri de RÉGNIER
*L'Altana ou la vie vénitienne*,
octobre-novembre 1907.

Tout dans cette ville se ressemble assez pour qu'on s'égare sur des souvenirs trompeurs. Tout a ce caractère de déjà vu des rêves, et qui met mal à l'aise, et qui fait qu'on s'entête dans une voie prise, dans une direction supposée. Puis soudain tout va comme lorsqu'on se réveille dans une chambre dont on n'a pas l'habitude, et que le lit est dans un sens oublié, avec un mur où l'on n'en attendait pas...

Louis ARAGON
*Les Voyageurs de l'impériale*, 1942.

*Deuxième partie*

# L'EAU ET LES RÊVES

## *La Jolie Fiancée de l'Adriatique*

En entrant dans cette ville, siège de la liberté italique, il se présentera au voyageur un spectacle qu'il n'a jamais vu ; une ville et une grande ville fondée dans l'eau.

Cette ville magnifique renferme dans un circuit de sept milles 138 îles à peu près, les unes grandes, les autres petites ; séparées par environ 145 ruisseaux ou canaux qui la parcourent comme les veines du corps humain.

*Il Giunchi*
— *Le Véritable Guide des voyageurs en Italie*, 1787.

Et vois ! C'est ici que vint un peuple courageux,
Se bâtir des palais et des temples
Sur des pieux d'aulne au sein des flots.

August von PLATEN
*Sonnets vénitiens*, 1824.

Venise, moitié femme, moitié poisson, est une sirène qui se défait dans un marécage de l'Adriatique.

Jean COCTEAU
*Le Tour du monde en 80 jours*, 1936.

Peu à peu les déités fabuleuses de la ville semblèrent sortir du sein des eaux ; Neptune, avec Venise son épouse, s'avançaient sur la plaine liquide, entourés de tritons et de néréïdes. La bizarre magnificence de cette scène semblait réaliser tous les rêves des poètes...

Ann RADCLIFFE
*Les Mystères du château d'Udolphe*, 1794.

Neptune contemplait sa cité triomphante,
La superbe Venise, assise sur les mers,
S'élevant pour régner sur la plaine mouvante
Du sein des flots amers :
O Jupiter ! dit-il, ne nous vante plus Rome,
Et ton fier Capitole, aux mortels odieux :
Regarde, et reconnais là l'ouvrage de l'homme,
Ici celui des dieux !

Jacopo SANNAZARO
*Venise*,
Poème du XVIe siècle.

Venise résume dans son espace contraint ma durée sur terre, située elle aussi au milieu du vide, entre les eaux fœtales et celles du Styx.

Paul MORAND
*Venises*, 1971.

C'est la même eau qui porta les Croisés, les marchands, les reliques de saint Marc, les Turcs, toute sorte de cargos, de vaisseaux de guerre ou d'agrément ; mais surtout, elle a renvoyé l'image de tous ceux qui vécurent jamais dans cette ville, sans parler de ceux qui y séjournèrent ; tous ceux qui arpentèrent ces rues ou y errèrent comme vous le faites maintenant. Pas étonnant qu'elle paraisse d'un vert boueux le jour et d'un noir d'encre la nuit, rivalisant avec le firmament. C'est un miracle qu'ainsi frottée pour le meilleur et pour le pire plus d'un millénaire durant, elle ne soit pas trouée, qu'elle soit encore faite d'$H^2O$, même si pour rien au monde on n'en boirait ; qu'elle soit encore capable de monter. Elle ressemble vraiment à du papier à musique corné sur les bords, sans cesse joué, qui vous arrive en partitions de marées, en mesure de canaux avec les obbligati innombrables des ponts, les fenêtres à meneaux ou les couronnements incurvés des cathédrales de Coducci, sans parler du cou en violon des gondoles.

Joseph BRODSKY
*Acqua alta*, 1992.

Afin de vous donner une vraie idée de Venise, il faut vous représenter ce que c'est que cette eau, au milieu de laquelle elle est située. L'opinion générale, et le langage ordinaire des géographes, est que Venise est bâtie dans la mer ; et cela est vrai en quelque manière. Néanmoins il faut s'expliquer : il est certain que ce n'est pas la pleine mer, ce sont des terres inondées, mais inondées à la vérité avant la fondation de Venise, c'est-à-dire depuis treize ou quatorze cents ans pour le moins. Les plus grands vaisseaux voguent en quelques endroits sur ces eaux : ceux qui ne sont que de deux cents tonneaux ont des routes pour aborder à Venise même : la mer s'y communique tout à plein : elle y va et vient par son flux et reflux : les huîtres, et d'autres coquillages, naissent et s'attachent aux fondements des maisons de Venise et de Murano, comme ils font d'ordinaire aux rochers. De sorte qu'on peut dire ce me semble avec assez de vérité, que Venise est effectivement dans la mer. Cependant, parce qu'apparemment ce pays inondé était autrefois un marais ; qu'à parler généralement, ces eaux n'ont que peu de profondeur ; et qu'enfin ce n'est point la vraie et ancienne mer ; cette étendue d'eau n'est traitée à Venise que de lac ou de marais, ils appellent cela *lacuna* : et je remarque que la plupart des étrangers adoptent ici ce mot, chacun le déguisant selon sa langue, faute de quelque autre terme qui exprime la même chose également bien. Celui de lacune a une autre signification en français, et c'est peut-être pour cela que les Français changent ici le *c* en *g*, et disent *lagune*. Quoique ce mot soit barbare, et de nouvelle invention, je m'en servirai par raison de commodité.

Henry VAN BULDEREN
*Nouveau voyage d'Italie, avec un mémoire contenant des avis utiles à ceux qui voudront faire le même voyage*, 1698.

On croit d'abord qu'il s'agit d'une inondation, que l'eau va se retirer, qu'elle n'est pas permanente — que ce n'est qu'un état de choses temporaire.

Herman MELVILLE
*Carnets de voyage*, 1856-1857.

Si tu as vu Baïa, alors oui, tu connais la mer et les poissons ; Mais c'est Venise ici : tu connais donc aussi la mare et les grenouilles.

GOETHE
*Epigrammes vénitiennes*, 1790.

Quelle drôle de ville que cette Reine de l'Adriatique ! Ruelles étroites, grands palais de marbre obscurs, noircis et rongés par l'humidité de plusieurs siècles et tous partiellement inondés ; pas la moindre terre sèche à l'horizon, et pas de trottoirs au sens où nous l'entendons ; pour aller à l'église, au théâtre ou au restaurant il faut appeler une gondole. Ce doit être un paradis pour les infirmes car ici, vraiment, personne n'a besoin de ses jambes.

Mark TWAIN
*Le Voyage des innocents*, 1869.

La louable Venise, pleine autrefois d'une illustre noblesse, a pour confins au midi le Pô et Ravenne : elle jouit de l'Adriatique vers l'orient. La mer, qui tantôt s'élève et tantôt se retire, couvre et découvre alternativement une partie de la plage, et montre tour à tour une terre contiguë et des îles coupées par des canaux. Comme des oiseaux aquatiques, vous avez dispersé vos habitations sur la surface de la mer. Vous avez uni les terres éparses, opposé des digues à la fureur des flots. La pêche suffit à la nourriture de tous vos habitants ; et cette nourriture est la même pour tous. Chez vous l'égalité existe aussi bien pour le pauvre que pour le riche : les habitations sont semblables entre elles, et on ne porte point d'envie aux pénates d'autrui. Cette manière d'être vous évite le vice de l'envie, auquel le monde est exposé. Vos salines vous tiennent lieu de champs : elles sont la source de vos richesses, et assurent votre subsistance. On vous y voit, au lieu de tenir la faux ou la charrue, rouler des cylindres qui vous font naître toutes sortes de fruits créés spontanément. On ne peut pas se passer de sel, on peut se passer d'or. Soyez donc diligents à réparer vos navires, que vous attachez aux murs de vos habitations, comme ailleurs les animaux y sont liés ; tenez-les prêts pour aller chercher les huiles et les vins en Istrie, aussitôt que Laurentius vous en aura donné avis. Quant aux dépenses nécessaires, que rien ne vous retarde, afin d'être en mesure de profiter d'un vent favorable.

CASSIODORE
*Lettres aux tribuns maritimes*, V^e^ siècle.

L'idée que toutes ces bâtisses de Venise reposent sur des pilotis et sont ainsi comme suspendues sur la surface des eaux n'est pas sans me causer une impression désagréable. Il n'est point trop rassurant de se sentir exposé, à chaque instant, à se retrouver au fond du canal en compagnie des immondices de toutes sortes que l'on y déverse. Je sais bien que cet accident n'arrive pas, quoique beaucoup de ces palais soient en assez piteux état et ne se soutiennent que sur des pilotis à demi pourris, et comme par miracle. Bref, cette ville amphibie, mi-terrestre, mi-marine, mi-pédestre, mi-nautique, ne me dit rien qui vaille. Je la trouve incommode et bizarre.

Henri de RÉGNIER
*Le Voyage d'amour*
*ou l'initiation vénitienne*, 1930.

Les maisons de Venise sont des immeubles, avec des nostalgies de bateau : d'où leurs rez-de-chaussée souvent inondés. Elles satisfont le goût du domicile fixe et du nomadisme.

Paul MORAND
*Venises*, 1971.

Cette Venise, si je ne me trompe, vous déplairait autant qu'à moi. On n'y peut faire un pas sans être obligé de s'embarquer, ou bien on en est réduit à tourner dans d'étroits passages plus semblables à des corridors qu'à des rues. La place Saint-Marc, seule, par l'ensemble plus que par la beauté des bâtiments, est fort remarquable et mérite la renommée. L'architecture à Venise, presque toute de Palladio, est trop capricieuse et trop variée. Ce sont presque toujours deux ou trois palais bâtis les uns sur les autres.

Ces fameuses gondoles, toutes noires, ont l'air de bateaux qui portent des cercueils. J'ai pris la première que j'ai vue pour un mort qu'on portait en terre.

François-René de CHATEAUBRIAND
*Lettre à Bertin, de Trieste*,
30 juillet 1806.

... Non, ce n'est pas contre nature, Monsieur, c'est au-dessus de la nature que Venise s'est élevée. Et comment n'avez-vous pas été frappé d'étonnement en contemplant le spectacle majestueux et vraiment unique de cette ville qui, superbe, s'élance du sein de la mer ?... Mais si vous aimez les rues larges, que n'avez-vous regardé notre Grand Canal ? C'est là que se déploie la largeur de la rue royale de Venise... Il ne tenait qu'à vous de jouir de cette vue éblouissante ; mais, hélas ! il vous aurait fallu monter dans une de ces pauvres gondoles qui vous font si mal au cœur...

Comtesse RÉNIER-MICHIEL
*Réponse à la lettre*
*de M. de Chateaubriand sur Venise*, 1806.

## *Le silence des eaux*

A Venise, le silence se voit, c'est le défi taciturne de l'Autre Rive. Brusquement, tout le cortège marin se noie, l'eau est comme les songes, elle n'a pas de suite dans les idées : voilà qu'elle s'aplatit et que je me penche au-dessus d'une grosse touffe de torpeur : on dirait qu'elle jalouse la rigidité cadavérique des palais qui la bordent.

Jean-Paul SARTRE
« Venise, de ma fenêtre », *Situations*, IV, 1964.

Il est un point qui me ravit, c'est le silence de cette moribonde, et cela seul me ferait aimer l'habitation de Venise et va à mes secrètes inclinations, qui, malgré les apparences, tendent à la mélancolie...

Honoré de BALZAC
*Lettre à la Comtesse Clara Maffei*, mars 1837.

Le silence de Venise peut être utilisé sans fatigue pour la jouissance (et pas banale) de toute une vie. Il a cependant la qualité des grands silences. Depuis que j'ai débarqué (et c'est le mot) à

Autorimessa, j'éprouve ce pourquoi depuis toujours et partout tant d'hommes de qualité ont fui le monde, et qui peut être défini de la façon suivante : un sens qui sert rarement au plaisir sert *enfin* au plaisir.

(...)

Comme un aveugle serait heureux à Venise !

Jean GIONO
*Voyage en Italie*, 1954.

— J'écoute Venise. Quelle sensation, Monsieur ! Les yeux fermés, je goûte à longs traits le mystère de cette ville, et je la reconnais sans la voir. Ce que l'on entend ne vaut-il pas ce que l'on voit ?

— Mais on n'entend presque rien.

— Eh ! Voilà précisément la coquetterie de Venise. On n'entend pas de bruit, on entend mille délicieux bruits ! Ils ne s'étouffent pas réciproquement. Ils se complètent, se superposent, se soutiennent, comme une œuvre symphonique. Et cette musique me semble un chef-d'œuvre !

— Depuis combien de temps êtes-vous là, à faire l'aveugle par prédilection ?

— Depuis une heure...

Ferdinand BAC
*Le Mystère vénitien*, 1909.

## *Embarcations vénitiennes*

Sur les canaux de Venise tous les véhicules sont représentés. Omnibus, voitures particulières, cabriolets légers, ou sulkys, carrioles de colporteurs, corbillards.

Herman MELVILLE
*Carnets de voyage*, 1856-1857.

La brise souffla plus vigoureusement du sud-ouest, faisant filer le *topo* à une vitesse et avec une aisance de mouvement étonnantes pour un vaisseau si pesant et d'aspect si lourdaud. Mais les charpentiers de bateaux de Chioggia, de Palestrina et de Castello œuvrent depuis plus de mille ans, et leurs barques solides, au nez épaté et au fond plat, avec le grand timon courbé qui est une quille de dérive en même temps qu'un gouvernail, valsent tout simplement sur les vagues, aussi légèrement qu'une patronne à l'embonpoint plantureux.

Frederick ROLFE, baron CORVO
*Le Désir et la poursuite du Tout*, 1934.

Lorsque la nuit tombe, le long de la lagune, dans la fraîcheur soudaine de l'air, il flotte une odeur de fumée et de polenta, comme en montagne, quand on arrive au premier village : ce sont les pêcheurs de la lagune qui préparent le repas à bord de leur bateau. La marmite est fixée à un bâton posé sur les deux bords, au-dessus du feu qu'ils ont allumé au fond de la barque ; agenouillé à côté, un homme remue avec une cuiller. Voiles, filets, cordages, rames, harpons et nasses semblent entassés n'importe comment dans cet espace réduit ; en réalité chaque chose est rangée selon un ordre séculaire. Dans chaque barque se trouvent tous les hommes d'une même famille, du père jusqu'au plus jeune fils qui n'a que quelques années. Le sel a rongé leur peau comme une rouille, leurs visages sont fanés, mais éclairés par un regard lumineux et plein d'une frénésie de manger, toujours, et d'aimer avec ardeur et volupté.

Giovanni COMISSO
*Au vent de l'Adriatique*, 1928.

L'usage de tout transporter par eau à Venise produit des spectacles assez comiques. Dans une barque, tout seul, cérémonieux, un fauteuil semblait se rendre en visite chez quelque meuble de sa connaissance.

Henri de RÉGNIER
*L'Altana ou la vie vénitienne*,
octobre-novembre 1907.

Dans l'arsenal des Vénitiens, l'hiver,
telle bout et rebout la poix tenace
pour calfater leurs navires malades
(car temps n'est point de nager — et en place,

l'un fait son vaisseau neuf, et l'autre étoupe
les flancs à ceux qui ont fait maints voyages).

DANTE
*Enfer*, Chant XXI, 1304-1307.

Dans Venise la rouge,
Pas un bateau qui bouge,
Pas un pêcheur sur l'eau,
Pas un falot.

Seul, assis sur la grève,
Le grand lion soulève,
Sur l'horizon serein,
Son pied d'airain.

Autour de lui, par groupes,
Navires et chaloupes,
Pareils à des hérons
Couchés en rond,

Dorment sur l'eau qui fume,
Et croisent dans la brume,
En légers tourbillons,
Leurs pavillons.

Alfred de MUSSET
*Contes d'Espagne et d'Italie*, 1829.

# *Gondoles...*

Le printemps : que d'autres repeignent leurs façades ; en mars, le Vénitien gratte d'abord le ventre de sa gondole.

Paul MORAND
*Venises*, 1971.

On trouve peu de renseignements qui puissent guider dans la recherche de l'étymologie du mot *gondola*. Villani, dans son curieux manuscrit intitulé *De toutes Choses*, dit qu'elle pourrait bien provenir de *cymbula (barchetta*, petite barque), et qu'ayant changé le *c* en *g*, puis l'*y* en *u*, on aurait eu *gundula*, puis *gondola*. Villani ne parle pas du *b* de la seconde syllabe que pour obtenir gundula il faut aussi changer en *d*. En général ces prétendues étymologies dans lesquelles il faut changer tant de lettres en telles autres, ne nous inspirent guère de confiance, car avec un pareil système, rien n'empêche de faire dériver *poisson* de *nuage*, il ne faudrait pour cela que changer le *p* en *n*, l'*o* en *u*, l'*i* en *a*, etc.

Jules LECOMTE
*L'Italie des gens du monde — Venise*, 1844.

Gondole. La gondole c'est exactement un fiacre. Et j'ai autant de vergogne mais pas plus à y descendre qu'à monter à Rome dans un fiacre. On se croise entre touristes en gondole dans les étroits canaux et chacun trouve l'autre doucement ridicule, chacun pense : Tiens ! un étranger. Elle part. Elle descendra le Grand Canal à partir du Rialto, passera sous le pont des Soupirs et remontera jusqu'à la gare d'où elle reviendra par le quartier de la rive droite au Rialto. Dehors la gondole a l'air d'un instrument de musique peint par Picasso, on ne sait pas très bien où placer les cordes, probablement de la proue à la poupe. Une fois assis dedans et en marche, c'est un patin. Elle glisse en la rayant à peine sur une eau vitrifiée quand elle est calme.

Jean-Paul SARTRE
*La Reine Albemarle*
*ou le dernier touriste*, 1952.

C'est elle, cette lune merveilleuse, qui fait luire si étrangement à la proue des gondoles ce singulier bec de métal dentelé qui leur donne je ne sais quel air pharaonique, car elles sont là, les gondoles de Venise, alignées, noires et longues, à la fois funèbres et vivantes. Elles forment une espèce de troupeau, de bétail marin, à la fois bêtes de course et bêtes de somme. Plusieurs s'éloignent déjà, chargées. Celles qui restent se pressent et s'offrent, dans un clapotis d'eau, dans un bruit de voix, d'appels. Ne dirait-on pas que celle-là qui s'avance va mordre le rebord du quai de sa luisante denture de métal ? Cette autre vire et penche avec une grâce nonchalante et cambrée. Carlo a disparu, mais le voici qui revient. Notre gondole est là, à ces marches, un peu à l'écart. Le felze la charge de sa petite cahute noire. Nous y voici enfermés. Carlo a clos sa porte vitrée, mais a laissé ouvertes les deux étroites fenêtres latérales. Il fait signe au gondolier de poupe. Je le vois, de dos, se courber sur la rame et se relever en mesure. La gondole glisse sur une eau de clair de lune, loin de ce quai bruyant et de cette gare d'où, une fois sortis, commence pour nous une vie nouvelle, la mystérieuse, la paradoxale, la douce vie vénitienne.

Henri de RÉGNIER
*L'Altana ou la vie vénitienne*, septembre 1899.

— Pourquoi dix mille gondoles, il y a quatre siècles, et cinq cents, aujourd'hui ?

— Le métier est fichu ! (On croit entendre un taxi à Paris.) La saison trop courte... Une gondole coûte un million de lires... *Vaporetti* et *lance*, avec leurs remous, vous cassent les bras... On risque sa vie à chaque coin... Ils vous débouchent sur le Grand Canal comme une vache dans le magasin de lustres...

— Mais vous chantiez ?

— Pour oublier...

Paul MORAND
*Venises*, 1971.

Nous sommes logés pour ainsi dire dans le fort de la rue Saint-Honoré ; avec cela on peut dormir la grasse matinée sans être interrompu par le moindre bruit. Tout s'y passe doucement dans l'eau, et je crois qu'on ronflerait fort bien au milieu du marché aux herbes. Joignez à cela qu'il n'y pas dans le monde une voiture comparable aux gondoles pour la commodité et l'agrément. Je ne trouve pas que l'on en ait donné, à mon gré, une description juste. C'est un bâtiment long et étroit comme un poisson, à peu près comme un requin ; au milieu est posée une espèce de caisse de carrosse, basse, faite en berlingot, et du double plus long qu'un vis-à-vis ; il n'y a qu'une seule portière au-devant, par où l'on entre. Il y a place pour deux dans le fond, et pour deux autres de chaque côté, sur une banquette qui y règne, mais qui ne sert presque jamais que pour étendre les pieds de ceux qui sont dans le fond. Tout cela est ouvert de trois côtés, comme nos carrosses, et se ferme quand on veut, soit par des glaces, soit par des panneaux de bois recouverts de drap noir, qu'on fait glisser sur des coulisses, ou rentrer par le côté dans le corps de la gondole. Je ne sais pas trop si je me fais entendre. Le bec d'avant de la gondole est armé d'un grand fer en col de grue, garni de six larges dents de fer. Cela sert à la tenir en équilibre, et je compare ce bec à la gueule ouverte du requin, bien que cela y ressemble comme à un moulin à vent. Tout le bateau est peint en noir et verni ; la caisse doublée de velours noir en dedans et de drap noir en dehors, avec les coussins de maroquin de même couleur, sans qu'il soit permis aux plus grands seigneurs d'en avoir une différente, en quoi que ce soit, de celle du plus petit particulier ; de sorte qu'il ne faut pas songer à deviner qui peut être dans une gondole fermée. On est là comme dans sa chambre, à lire, écrire, converser, caresser sa maîtresse, manger, boire, etc., toujours faisant des visites par la ville. Deux hommes, d'une fidélité à toute épreuve, l'un à l'avant, l'autre à l'arrière, vous conduisent sans voir, si vous ne voulez.

Je n'espère plus de me retrouver de sang-froid dans un carrosse après avoir tâté de ceci. J'avais ouï dire qu'il n'y avait jamais d'embarras de gondoles comme il y en a de voitures à Paris ; mais au contraire rien n'est plus commun, surtout dans les rues étroites et sous les ponts ; à la vérité ils sont de peu de durée, la flexibilité de l'eau donne une grande facilité pour s'en débarrasser. Outre cela, nos cochers d'ici sont si adroits, qu'ils glissent on ne sait comment, et tournent en un coup de main cette longissime machine sur la pointe d'une aiguille. Ces voitures vont vite, mais non pas autant que le carrosse d'un petit maître. Cependant ne vous avisez pas de tenir la tête hors de votre gondole ; la gueule de requin d'une autre gondole vous la couperait net comme un navet. Le nombre des gondoles est infini, et l'on ne compte pas moins de soixante mille personnes qui vivent de la rame, soit gondoliers ou autres.

Charles de BROSSES
*Lettres familières*
*écrites d'Italie en 1739 et 1740.*

Et c'est encore, sur l'eau limpide et morte, des galères pavoisées, et la flotte des gondoles, recouvertes de tapis d'Orient, où sont des femmes sans sourire, aux chevelures ardentes semées de perles, dans les robes de pourpre brodées d'or, près de petits chiens blancs, qui ont l'air de pelotes de peluche — flotte de gondoles, manœuvrées par ces gondoliers vêtus de couleurs voyantes, du milieu desquels se détache ce musculeux nègre, à la toque rouge, à la torsade blanche, en glands de sonnette autour du cou, au pourpoint sombre éclairé par des crevés, au caleçon dessinant un échiquier noir et blanc, sur un collant bleu.

Edmond et Jules de GONCOURT
*L'Italie d'hier — Notes de voyages*, 1855-1856.

La gondole est une production naturelle de Venise, un être animé ayant sa vie spéciale et locale, une espèce de poisson qui ne peut subsister que dans l'eau d'un canal. La lagune et la gondole sont inséparables et se complètent l'une par l'autre. Sans gondole, Venise n'est pas possible. La ville est un madrépore dont la gondole est le mollusque. Elle seule peut serpenter à travers les réseaux inextricables et l'infinie capillarité des rues aquatiques.

Théophile GAUTIER
*Voyage en Italie — ITALIA*, 1852.

Il y a quelque chose de curieux et de fascinant dans ce mystérieux aspect impersonnel d'une gondole. Elle a une identité lorsque vous êtes à l'intérieur mais, en raison de la conformité des dimensions, des silhouettes et des couleurs, et de la conformité des comportements et des allures, elle n'en a aucune, ou en a aussi peu que possible, lorsque vous la voyez passer devant vous. Mes fenêtres sur la Riva donnaient toujours sur la même figure — celle de l'esquif allongé, noir, svelte, levant le nez ou le baissant légèrement, bougeant sans avoir l'air de bouger, portant en poupe un personnage grotesque et gracieux.

Henry JAMES
*Heures italiennes*, 1909.

Les trois gondoles remplissaient tout juste l'espace délimité par le pont. Dans l'obscurité, il était impossible d'apercevoir les autres, mais les quelques appels et plaisanteries lancés à propos de notre étrange situation provoquèrent bientôt une conversation générale. Les trois gondoles étaient à l'abri sous le petit pont, comme des oiseaux enfuis du nid, tandis que, d'une gondole à l'autre, dans la nuit, nous échangions des confidences — un quart d'heure de bavardage dans une ambiance étrange de conte de fées, à la fois pleine de mystère et joyeuse, qui m'est restée présente à la mémoire comme une chansonnette familière sur fond de pluie tombant avec violence.

Hermann HESSE
*Voyages en Italie*, 1901.

En vérité, la gondole est faite au pied de Venise. Nées de l'onde, l'une et l'autre, avec Vénus. Et ton nom aussi, Venise, le veut dire.

La sandale marine glisse sur la lagune, sans bruit et presque sans mouvement. Elle longe le bord ombreux du Canal ; et l'autre rive rit dans la lumière. Je ne m'endors point, je n'ai point d'appui sur cette paix frémissante. La gondole, tout de même, n'est qu'un petit cercueil sur la mer. J'ai la sécurité d'un danger que je souhaite : la certitude enfin d'avoir quitté le monde.

André SUARÈS
*Voyage du Condottiere — Vers Venise*, 1910.

## *... Noires gondoles*

Nous sommes arrivés à Venise à huit heures du soir et sommes montés dans un corbillard appartenant au *Grand Hôtel de l'Europe.* Du moins, cela ressemblait plus à un corbillard qu'à autre chose... Ça, la célèbre gondole ?... un vieux canot rouillé, noir d'encre, avec un haut de corbillard planté au milieu...

Mark TWAIN
*Le Voyage des innocents*, 1869.

Je compare cette gondole à un berceau qui endort doucement
Et le coffre posé sur elle a tout l'aspect d'un cercueil spacieux.
C'est bien ainsi. Entre un berceau et un cercueil flottant et fluctuant,
Nous passons sur le grand canal, insouciants, à travers cette vie.

GOETHE
*Epigrammes vénitiennes*, 1790.

Une gondole nous mena à la Piazzetta, près de Saint-Marc, après avoir parcouru tout le Canale Grande. Le temps, tout à coup, s'était un peu gâté ; l'aspect de la gondole elle-même était effrayant ; car, lorsqu'il me fallut entrer sous le toit tendu de drap noir, je crus un moment faire partie d'un convoi de cadavres au cours d'une épidémie de peste.

Richard WAGNER
*Ma Vie*, 1870-1874.

La noire gondole se glissait le long des palais de marbre, comme un bravo qui court à quelque aventure de nuit, un stylet et une lanterne sous sa cape.

Un cavalier et une dame y causaient d'amour : — « Les orangers si parfumés, et vous si indifférente ! Ah ! signora, vous êtes une statue dans un jardin !

— Ce baiser est-il d'une statue, mon Georgio ? pourquoi boudez-vous ? — Vous m'aimez donc ? — Il n'est pas au ciel une étoile qui ne le sache et tu ne le sais pas ?

— Quel est ce bruit ? — Rien, sans doute le clapotis des flots qui monte et descend une marche des escaliers de la Giudecca.

— Au secours ! au secours ! — Ah ! mère du Sauveur, quelqu'un qui se noie ! — Ecartez-vous ; il est confessé », dit un moine qui parut sur la terrasse.

Et la noire gondole força de rames, se glissant le long des palais de marbre comme un bravo qui revient de quelque aventure de nuit, un stylet et une lanterne sous sa cape.

Aloysius BERTRAND
« Le soir sur l'eau »,
*Gaspard de la Nuit*, 1842.

*... Noires gondoles*

Qui ne serait pris d'un léger frisson et n'aurait à maîtriser une aversion, une appréhension secrète si c'est la première fois, ou au moins la première fois depuis longtemps, qu'il met le pied dans une gondole vénitienne ? Etrange embarcation, héritée telle quelle du Moyen Age, et d'un noir tout particulier comme on n'en voit qu'aux cercueils, — cela rappelle les silencieuses et criminelles aventures de nuits où l'on n'entend que le clapotis des eaux, cela suggère l'idée de la mort elle-même, de corps transportés sur des civières, événements funèbres, d'un suprême et muet voyage. Et le siège d'une telle barque, avec sa laque funéraire et le noir mat des coussins de velours, n'est-ce pas le fauteuil le plus voluptueux, le plus moelleux, le plus amollissant du monde ? Aschenbach s'en aperçut lorsqu'il se fut installé aux pieds du gondolier en face de ses bagages, soigneusement rassemblés à l'avant relevé de la gondole. Les bateliers continuaient à se quereller avec des gestes menaçants, des mots qui sonnaient dur à son oreille et dont le sens lui échappait. Mais le remarquable silence de la cité des eaux semblait accueillir les voix avec douceur, leur ôter du corps, les égrener à la surface du flot. Dans le port, il faisait chaud. Laissant jouer sur lui le souffle tiède du sirocco, détendu, abandonné dans les coussins au rythme de l'eau qui berce, le voyageur fermait les yeux, goûtait le plaisir doux et rare pour lui de se laisser aller. La traversée ne durera pas longtemps, pensait-il ; plût au ciel qu'elle durât toujours ! Et bercé par la gondole légère, il eut la sensation de glisser, d'échapper au tumulte et aux voix.

Thomas MANN
*La Mort à Venise*, 1912.

## *Gondoliers*

Vogue, garçon, ô vaillant barquerolle,
Etends tes bras, voûte-toi, tire bien,
Fais-moi voler d'un vol pégasien
Par ce canal ta légère gondole.

Claude de PONTOUX
*Œuvres*, 1579.

A Venise, le gondolier est pour vous un très bon ami — si vous le choisissez avec bonheur —, et de la qualité de ce personnage dépend une bonne part de celle de vos impressions. Il fait partie de votre vie quotidienne ; c'est votre double, votre ombre, votre complément. La plupart des gens, j'imagine, ou bien aiment leur gondolier, ou bien le haïssent ; et s'ils l'aiment, ils l'aiment beaucoup. En ce cas, ils s'inquiètent de lui après leur départ ; ils souhaitent qu'il soit assuré d'un emploi, en parlent comme de la perle des gondoliers, et le disent à leurs amis pour être certains de le « placer ».

Henry JAMES
*Heures italiennes*, 1909.

Ne confondons pas, s'il vous plaît, le gondolier vénitien avec ce fainéant, qui, au rebours des autres, ne travaille que lorsqu'il est fatigué de se reposer. Reportons au compte du *lazzarone* ce que la plupart des touristes littéraires ont dit du gondolier ou *barcarolo* et ajoutons en faveur de celui-ci que, loin de se trouver satisfait comme on l'a écrit, si dès le matin il a assuré pour la journée le double entretien de son estomac et de sa pipe, il cherche au contraire tout le jour le moyen d'augmenter sa recette. Le voyageur qui aura passé trois jours à Venise en pourra être convaincu, s'il daigne mettre un peu de conscience à se rendre compte de ce qu'il voit. Les *barcaroli* de Venise forment une classe d'hommes discrets autant que laborieux : discrets parce que c'est une qualité fort commune dans le peuple de Venise, autrefois soumis à un ordre de choses qui faisait de la discrétion et de la prudence une des premières conditions de sécurité individuelle ; laborieux ensuite, parce qu'ils ont une famille à nourrir, et qu'ils adorent leur profession, laquelle a une certaine noblesse qui les élève dans leur opinion bien au-dessus du *facchino*, porteur de sacs de nuit. Pour en revenir à la discrétion, nous dirons que l'empreinte d'une nation ne s'efface pas si vite, après une durée de quatorze siècles... Le Vénitien qui en général et par désœuvrement sans doute, aime assez à savoir ce que font les autres, ne raconte pas aussi volontiers ce qu'il fait lui-même.

Quant à la fidélité, l'humilité du gondolier, dont quelques écrivains d'imagination ont parlé ;... hum ! — Si vous lui donnez à remplir quelque commission dont le résultat offre un facile contrôle... nous penchons pour sa fidélité. Mais si vous laissez dans la gondole l'étui aux cigares, ou la bouteille de Chypre ou de Marasquin, nous ne répondons de rien. Par ailleurs, bien que le prix de son salaire ait été équitablement établi par un règlement, il manquera bien rarement de vous opposer des prétentions pour l'appui desquelles il perd parfois le ton d'obséquieuse soumission qu'il a pris pendant toute la durée des choses, alors que le pourboire prenait des proportions exagérées sous l'optique grossissante de son imagination. Il faut ajouter que le gondolier devient souvent domestique en maison, et c'est dit-on alors que sa fidélité serait en raison directe du degré de surveillance dont elle est l'objet, et en conséquence immédiate avec l'occasion et la tentation. Il ne serait pas excellent domestique, dit-on, toujours sûr qu'il est le jour où il serait congédié, de retrouver au *traghetto* une rame qui le fait vivre. Pourtant il est de nombreuses exceptions, surtout parmi les serviteurs fixes de bonnes maisons, qui n'appartenant pas à cette classe soumise aux capricieuses fluctuations de la domesticité et de la gondole de place, n'en sauraient avoir les défauts et l'insouciance. Mais ceci suffira, pensons-nous, pour faire comprendre quel mythe ont créé les faiseurs de romances et de barcarolles avec leurs petits vers où il est toujours question de *gondolier fidèle.*

Au reste, à part cette petite ombre jetée par l'expérience sur leur individualité générale, ces hommes ont de bonnes qualités. Ils aiment surtout passionnément leur métier, ils le pratiquent avec amour-propre, cherchant sans cesse à prouver à ceux qui les emploient qu'ils en connaissent tous les secrets, toutes les ressources, toutes les arcanes. Les gondoliers de *traghetto* sont par nombre fixe sur chaque point, barques et gens étant soumis à une police spéciale très veillative. Ils ont en outre à chaque *traghetto* un chef nommé par eux et parmi eux. Ce chef se renouvelle à temps fixe. Si l'un d'eux tombe malade, il reçoit de ses compagnons un secours quotidien ; c'est enfin dans son ensemble un corps régulièrement constitué, avec lois, usages et traditions.

Jules LECOMTE
*L'Italie des gens du monde — Venise*, 1844.

Le gondolier est bel et bien un coquin pittoresque même s'il ne porte ni gilet de satin, ni bonnet à plume, ni culotte de soie. Son attitude est majestueuse. Il est agile et souple ; tous ses mouvements sont pleins de grâce. Quand son long canoë et sa silhouette fine haut perchée sur la poupe se découpent sur le ciel du soir, c'est une vision très singulière et très frappante pour un regard étranger.

Mark TWAIN
*Le Voyage des innocents*, 1869.

Rentré à mon auberge, je dînai en m'amusant de la société des gondoliers stationnés, comme je l'ai dit, sous ma fenêtre à l'entrée du grand Canal.

La gaîté de ces fils de Nérée ne les abandonne jamais : vêtus du soleil, la mer les nourrit ; ils ne sont pas couchés et désœuvrés comme les lazzaroni à Naples : toujours en mouvement, ce sont des matelots qui manquent de vaisseaux et d'ouvrages, mais qui feraient encore le commerce du monde et gagneraient la bataille de Lépante, si le temps de la liberté et de la gloire vénitienne n'était passé.

A six heures du matin ils arrivent à leurs gondoles attachées, la proue à terre, à des poteaux. Alors ils commencent à gratter et laver leurs *barchette* aux Traghetti, comme des dragons étrillent, brossent et épongent leurs chevaux au piquet. La chatouilleuse cavale marine s'agite, se tourmente aux mouvements de son cavalier qui puise de l'eau dans un vase de bois, la répand sur les flancs et dans l'intérieur de la nacelle. Il renouvelle plusieurs fois l'aspersion, ayant soin d'écarter l'eau de la surface de la mer, pour prendre dessous une eau plus pure. Puis il frotte les avirons, éclaircit les cuivres et les glaces du petit château noir ; il épouse les coussins, les tapis, et fourbit le fer taillant de la proue. Le tout ne se fait pas sans quelques mots d'humeur ou de tendresse, adressés dans le joli dialecte vénitien, à la gondole quinteuse ou docile.

La toilette de la gondole achevée, le gondolier passe à la sienne : il se peigne, secoue sa veste et son bonnet bleu, rouge ou gris ; se lave le visage, les pieds et les mains. Sa femme, sa fille, ou sa maîtresse lui apporte dans une gamelle une miscellanée de légumes, de pain et de viande. Le déjeuner fait, chaque gondolier attend en chantant la Fortune...

François-René de CHATEAUBRIAND
*Mémoires d'outre-tombe*, 1850.

Les gondoliers à Venise ont place aux spectacles quand le parterre n'est pas plein : ils ne pouvaient pas entrer à mes comédies ; ils étaient forcés d'attendre leurs maîtres dans la rue ou dans leurs gondoles ; je les avais entendus moi-même me charger de titres fort drôles et fort comiques ; je leur fis aménager quelques places dans des angles de la salle ; ils furent enchantés de se voir joués, et j'étais devenu leur ami.

Carlo GOLDONI
*Mémoires*, 1761-1768.

Elle était mollement étendue sur les coussins noirs, le nain accroupi en face d'elle sur le plancher, le dos tourné à la haute proue de la gondole. Le soleil touchait la crête des montagnes presque invisibles dans la brume rose du soir ; des cloches éparses se mirent à sonner sur Murano. A moitié endormi, assommé par la chaleur, le gondolier manœuvrait paresseusement sa longue rame et sa silhouette arc-boutée se reflétait avec la gondole dans l'eau striée de varech. De temps à autre passait un chaland ou une barque de pêcheurs dont la voile triangulaire masquait un instant les tours éloignées de la ville.

« Raconte-moi une histoire », ordonna Margherita...

Hermann HESSE
*Le Nain Filippo*, 1903.

## *Un chant au fil de l'eau*

Près des bords où Venise est reine de la mer,
Le gondolier nocturne, au retour de Vesper,
D'un aviron léger bat la vague aplanie,
Chantant Renaud, Tancrède et la belle Erminie.
Il aime les chansons, il chante. Sans désir,
Sans gloire, sans projets, sans craindre l'avenir,
Il chante, et, cheminant sur le liquide abîme,
Sait égayer ainsi sa route maritime.

André de CHÉNIER
« Près des bords où Venise... »,
*Œuvres poétiques*, 1874.

Près des bords de Venise aux royales dorures,
solitaire nocher, de nuit, le gondolier
vogue sur la lagune, éclairé par Vesper
et chante Godefroi, Herminie ou Renaud.
Il aime ainsi chanter ; il chante par plaisir,
sans arrière-pensée, sans souci de la gloire,
sans peur ni espérance ; une muse sereine
enchante son chemin sur l'abîme des eaux.
Sur les eaux de la vie où l'orage cruel
dans les brumes poursuit ma voile solitaire,

comme lui, sans écho, je chante par plaisir
et chéris le secret où mûrissent mes chants.

Alexandre POUCHKINE
« Près des bords de Venise... », *Poésies*, 1827.

C'est au cours d'une nuit d'insomnie que j'entendis pour la première fois l'hymne des Gondolieri. Dans le silence de la nuit, il me sembla percevoir, venant du Rialto, distant d'un petit quart d'heure, les premiers accents comme une plainte rude ; puis, de plus loin, monta la réponse. Après des pauses souvent prolongées, ce dialogue mélancolique reprenait et m'émouvait trop violemment pour que je pusse en fixer dans ma mémoire les éléments musicaux, bien simples pourtant. Une fois que je rentrais chez moi, tard dans la nuit, par le Canal obscur, la lune se découvrit soudain et éclaira, en même temps que les palais, le batelier dressé sur la poupe de ma gondole, poussant lentement son énorme perche. Tout à coup, il libéra de sa poitrine une plainte animale dans un « Oh ! » longuement soutenu, qui s'acheva presque en un chant : « Venezia ! » Peut-être ces impressions, liées à Venise dans mon souvenir, m'ont-elles directement inspiré l'air plaintif du pâtre, au début du troisième acte de *Tristan*, en projet à ce moment.

Richard WAGNER
*Ma Vie*, 1870-1874.

— Mais regardez ces gondoliers, dit Candide ; ne chantent-ils pas sans cesse ? — Vous ne les voyez pas dans leur ménage, avec leurs femmes et leurs marmots d'enfants, dit Martin. Le doge a ses chagrins, les gondoliers ont les leurs. Il est vrai qu'à tout prendre le sort d'un gondolier est préférable à celui d'un doge ; mais je crois la différence si médiocre que cela ne vaut pas la peine d'être examiné.

VOLTAIRE
*Candide ou l'Optimisme*, 1759.

J'avais commandé pour ce soir le fameux chant des bateliers, qui chantent le Tasse et l'Arioste sur leurs propres mélodies. C'est une chose qu'il faut vraiment commander d'avance, qui n'a pas lieu d'habitude et qui fait plutôt partie des traditions à moitié perdues du temps passé. Par le clair de lune je montai dans une gondole, avec un chanteur à l'avant, un autre à l'arrière ; ils commencèrent leur chant et chantèrent à tour de rôle chacun un vers.

(...)

Comme voix lointaine cela fait un effet des plus étranges, ainsi qu'une plainte sans tristesse ; il y a là-dedans quelque chose d'incroyablement touchant, qui vous émeut jusqu'aux larmes.

GOETHE
*Voyage en Italie*, octobre 1786.

L'absence de chevaux et de voitures et la sonorité des canaux font de Venise la ville la plus propre à retentir sans cesse de chansons et d'aubades. Il faudrait être bien enthousiaste pour se persuader que les chœurs de gondoliers et de facchini sont meilleurs que ceux de l'Opéra de Paris, comme je l'ai entendu dire à quelques personnes d'un heureux caractère ; mais il est bien certain qu'un de ces chœurs, entendu de loin sous les arceaux des palais mauresques que blanchit la lune, fait plus de plaisir qu'une meilleure musique exécutée sous les châssis d'une colonnade en toile peinte. Les grossiers dilettanti beuglent dans le ton et dans la mesure ; les froids échos de marbre prolongent sur les eaux ces harmonies graves et rudes comme les vents de la mer. Cette magie des effets acoustiques et le besoin d'entendre une harmonie quelconque dans le silence de ces nuits enchantées font écouter avec indulgence, je dirais presque avec reconnaissance, la plus modeste chansonnette qui arrive, passe et se perd dans l'éloignement.

George SAND
*Lettres d'un voyageur*, 1837.

— Les infatigables gondoliers, en s'accompagnant d'une mandoline, chantent-ils vraiment mille chansons délirantes, lorsque au soir tombant ils mènent au large les étrangers extasiés ?

— Hélas ! non, Madame. Par une fatalité pesant sur eux, il leur faut deux mains pour tenir leur rame, et il ne leur en reste plus pour jouer d'aucun instrument. Car telle est la tristesse de notre condition de ne pouvoir avec excellence accomplir à la fois deux actes dissemblables.

Ferdinand BAC
*Le Mystère vénitien*, 1909.

## *L'eau et les sortilèges*

Ma gondole suivait les petits canaux ; comme la main mystérieuse d'un génie qui m'aurait conduit dans les détours de cette ville d'Orient, ils semblaient, au fur et à mesure que j'avançais, me pratiquer un chemin, creusé en plein cœur d'un quartier qu'ils divisaient en écartant à peine, d'un mince sillon arbitrairement tracé, les hautes maisons aux petites fenêtres mauresques ; et comme si le guide magique eût tenu une bougie entre ses doigts, et m'eût éclairé au passage, ils faisaient briller devant eux un rayon de soleil à qui ils frayaient sa route.

Marcel PROUST
*Albertine disparue*, 1925.

Elle vous accueillit sans doute, la ville, comme elle accueille ceux qui ont renoncé à lutter contre la caresse de ses eaux, avec cette clémence muette et désolée qui ne peut promettre que l'agonie. (...) Plus de bateliers, plus de cloches, plus de rumeurs. Mais une plainte lancinante et sans fin, qui paraissait la plainte d'un être qui va mourir. Venise célébrait le sacrifice de l'ivresse, et le sacrificateur, c'était l'Eau...

Ne vous défendez point d'avoir prostitué votre raison au vertige de ce dieu. Vous n'avez fait que ce que font tous les passionnés à Venise, vous avez adoré l'Eau.

Elle n'avait point, cette eau, pour vous incorporer à elle, fasciné le désœuvrement de vos yeux. Vous l'aviez côtoyée déjà durant une heure, sans vous soucier qu'elle était là, vivante, et qu'elle vous attendait. Dans l'incertitude oppressante des ténèbres, elle accordait ingénument le murmure de ses ondes, elle enchantait vos oreilles, elle les mettait en délire, et à la faveur de ce délire, elle pénétrait jusqu'à votre âme. Plus tard, nous devions savourer ensemble cette personnification effroyable de l'eau à Venise. Jamais nous ne devions atteindre au degré de communion spirituelle qui vous posséda cette nuit sereine, jusqu'à vous faire douter si vous alliez revenir à moi, ou avancer vers cette eau fantastique et embrasser son âme avec la mort...

Ah ! quelle volupté dut vous offrir le clapotis de ses vaguelettes, tandis qu'elles poursuivaient contre les fondations des palais leur œuvre de destruction lente et de naufrage ! Vous sentiez que vous n'étiez plus seule sous la chaude clarté des étoiles, qu'un *être* vivait à vos côtés, immense, frénétique, inexorable, qui poussait parallèlement à vos désirs, le désir de ses ondes acharnées à la ruine.

Vous n'aviez plus la notion simple d'une eau placide et bienveillante. Vous aviez la vision soudaine de l'Eau : une personne fluide qui imposait sa vie à la solitude nocturne, une force intelligente qui, même dans l'assoupissement des hommes, ne pouvant plus jusqu'à l'aube les convier vers ses abîmes, continuait de miner la fatigue des choses, de les solliciter de ses frôlements, de dissimuler en de perpétuels baisers la malice de les voir s'écouler bientôt dans ses profondeurs.

Vous me le confiâtes par la suite : cette première entrevue véritable avec l'eau de Venise vous donna à penser qu'il y avait, sans nul doute, une intelligence dans les éléments, un but à leur activité, comme une volonté irréductible de poursuivre jusqu'au bout la tâche entreprise. (...) Vous m'avez raconté plus tard que vous étiez demeurée ainsi près de deux heures sous l'hypnose de l'eau.

Comme vous avez dû être sollicitée de descendre vers elle pour rafraîchir vos mains dans la magie de ses reflets ! La lune les pâlissait d'une splendeur maladive, les étoiles s'y reflétaient comme des têtes d'aiguilles qu'on aurait piquées dans ses entrailles. Vous la plaigniez, vous l'aimiez, l'eau de Venise...

Ah ! comme vous l'aimiez ! Il vous semblait, n'est-ce pas ? qu'elle figurât la victime expiatoire offerte par les dieux de l'espace à la régénération des vaincus. Enchaînée à ces rives dominatrices, captive des palais qui lui ont progressivement dérobé son empire, maudite des pierres, maudite du firmament, maudite des hommes, elle rappelait l'holocauste de beauté qui, sur la plage de Viareggio, lança aux nues les cendres de lord Byron.

L'Eau ! la purificatrice, la magicienne énigmatique qui veut bien donner son baume, mais sans se dévoiler jamais... Ainsi vous apparut-elle, mon amie, durant la nuit initiatrice où, prosternée sur ses métamorphoses, vous guérissiez lentement, en souffrant avec elle et en le lui disant, les plus profondes blessures de votre orgueil.

Louis de ROMEUF
« Venise », *L'Âme des villes*, 1910.

Eau de mémoire, mémoire de reflets. Un vent la ride ; l'image se trouble, s'efface. Mémoire transporteuse de boue, de longs fils d'herbes, de papiers noués. Il se voit, penché sur un pont, avec un visage de maison et de pierre. L'image donne à l'épaisseur de la mémoire une clarté feinte, une fausse transparence. L'eau est lourde et opaque. Ce qui est le plus certain, qui put être tenu pour le plus stable, le voici qui vacille, se ride, se décompose et, comme de vastes et anciennes mosaïques, se lézarde. Les reflets se mettent à jouer : celui qui regarde n'a plus seulement une tête éclatée où les yeux se multiplient en fenêtres, le front en pans de murs, il est cette métamorphose.

Jean ROUDAUT
*Trois villes orientées*, 1967.

Ces perpétuelles transformations miroitantes de l'ogive en cercle et du cercle en ogive, ces brisures, ces échancrures, reproduisent dans l'immobile le mouvement perpétuel de l'eau. C'est l'eau, dirait-on, qui projette ses reflets sur les murs et leur ouvre des crevés. D'une certaine façon c'est la pierre qui devient l'image de l'eau. Voilà un chassé-croisé dont Venise a coutume. Comme dans l'eau, cette faiseuse d'embarras, les choses sont inutilement compliquées, elles imitent ses détours et ses répétitions par leurs quadrilobages. Sur le quai et dans le Canal, des cercles de craie se font, se déforment et se refont. A-t-on voulu incarner dans la pierre l'élément de l'eau ? Est-ce que ces palais sortent de l'eau ou est-ce la pierre qui, poussant jusqu'au bout la mobilité, a engendré l'eau ?

Jean-Paul SARTRE
*La Reine Albemarle*
*ou le dernier touriste*, 1952.

Le chemin de fer entre dans les lagunes, et tout de suite le paysage prend un aspect et une couleur étranges. Point d'herbes ni d'arbres, tout est mer et sable ; à perte de vue des bancs émergents, bas et plats, quelques-uns demi-lavés par le flot. Un vent léger ride les flaques luisantes, et les petites ondulations viennent mourir à chaque instant sur le sable uni. Le soleil couchant pose sur elle des teintes pourprées que le renflement de l'onde tantôt assombrit, tantôt fait chatoyer. Dans ce mouvement continu, tous les tons se transforment et se fondent. Les fonds noirâtres ou couleur de brique sont bleuis ou verdis par la mer qui les couvre ; selon les aspects du ciel, l'eau change elle-même, et tout cela se mêle parmi des ruissellements de lumière, sous des semis d'or qui paillettent les petits flots, sous des tortillons d'argent qui frangent les crêtes de l'eau tournoyante, sous de larges lueurs et des éclairs subits que la paroi d'un ondoiement renvoie. Le domaine et les habitudes de l'œil sont transformés et renouvelés. Le sens de la vision rencontre un autre monde. Au lieu des teintes fortes, nettes, sèches des terrains solides, c'est un miroitement, un amollissement, un éclat incessant de teintes fondues qui font un second ciel aussi lumineux, mais plus divers, plus changeant, plus riche et plus intense que l'autre, formé de tons superposés dont l'alliance est une harmonie. On passerait des heures à regarder ces dégradations, ces nuances, cette splendeur. Est-ce d'un pareil spectacle contemplé tous les jours, est-ce de cette nature acceptée involontairement comme maîtresse, est-ce de l'imagination remplie forcément par ces dehors ondoyants et voluptueux des choses, qu'est venu le coloris des Vénitiens ?

Hippolyte TAINE
*Voyage en Italie*, 1866.

Cette rue était toute en une eau de saphir, rafraîchie de souffles tièdes, et d'une couleur si résistante que mes yeux fatigués pouvaient, pour se détendre et sans craindre qu'elle fléchît, y appuyer leurs regards.

Marcel PROUST
*Albertine disparue*, 1925.

Si on nous demandait quelle est la couleur dominante de la palette vénitienne, nous répondrions avec ténacité *Rose*, sans pour autant nous rappeler si, après tout, cette élégante nuance se manifeste bien souvent. C'est un rose affaibli, scintillant, aérien, liquéfié ; l'éclatante lumière marine semble s'embraser avec lui, et le vert pâle et blanchâtre du Canal et de la lagune l'abreuver. Certes, très visibles sont les grandes masses de brique, mais les couleurs n'en sont jamais vives ni appuyées, et c'est sans fin qu'elles se consument, pour ainsi dire, dans une douceur sans fin.

Henry JAMES
*Heures italiennes*, 1909.

C'était l'heure où la reine de l'Adriatique, semblable à une beauté qui se couvre de diamants pour le bal, commençait à s'illuminer, et les guirlandes de feu se répétaient dans les ondes calmes et muettes, comme dans un miroir habitué à l'admirer.

George SAND
*Les Maîtres mosaïstes*, 1836.

Descendre du bateau ne stabilise pas la vision : les reflets se multiplient. Le quai en face de moi est celui où je suis, reflété par l'air qui m'en sépare, épais, humide, rosâtre, un peu moins vrai, un peu plus nécessaire du fait de mon absence. L'eau est un autre miroir : sous la surface du canal se déploie une œuvre peinte dont les palais sont les modèles. Ce qui, au plus profond du *rio*, est boueux se mêle aux images du ciel et des maisons. Les nuages gisent au fond du canal. Des débris d'herbes voguent sur les fenêtres. Le rêve est pris au piège des mousses.

Jean ROUDAUT
*Trois villes orientées*, 1967.

Canots à moteur, barques, péniches, barges —
chaussures dépareillées perdues par le Sauveur
piétinent à cœur joie flèches, pilastres, arches,
expressions des visages.
Tout est multiplié par deux, sauf le destin et sauf
$H^2O$ elle-même. Mais comme tout « pour » en ce monde

elle et les toits sont mis en minorité
par la vacuité des turquoises.

Joseph BRODSKY
« Strophes vénitiennes »,
*Vertumne et autres poèmes*, 1982.

Cette eau bleue et mobile est un bon signe. Elle indique que la lagune est vivante, oxygénée et habitée : aux plus petites variations du fond ou de la température, elle change de couleur et d'« épaisseur » suivant une gamme jamais vue. En effet, nous sortons, au large : ici, si nous l'observons bien, l'eau est faite de minuscules suspensions ; comme si la main de Dieu, cette nuit, y avait répandu de la cendre. Dans les grandes étendues peu profondes, elle est encore pâle : il faudrait une autre tempête, pour que l'azur se répande comme il faut, mais il y a déjà tout autour des cercles bleus, presque noirs. Quand la mer sera courte, peut-être passera-t-elle franchement à un petit vert estival.

Paolo BARBARO
*Lunaisons vénitiennes*, 1990.

Je sors. C'est le crépuscule velouté habituel. Les hirondelles crient encore. On entend les merles et les rossignols. L'odeur sucrée des acacias traverse par bouffées le Campo San Vio. L'eau, vers la Salute, est-elle lapis-lazuli, turquoise, aigue-marine, opale ? Solution mercure, en tout cas. Tout est feutré, coulissé, ombres, clapotis des vagues, on se déplace dans la translation des reflets.

Philippe SOLLERS
*Le Cœur absolu*, 1987.

## *Voyage en eaux troubles*

Le matin resplendit et les zéphirs soufflent doucement
Le pêcheur de Venise déploie sa voile si gaiement peinte
Et ne prend pas garde au démon qui dans un calme menaçant
Attend sa proie de chaque soir.

J.M.W. TURNER
*Illusions de l'espoir*, 1843.

L'eau de Venise donne à la ville entière une très légère couleur de cauchemar : car c'est dans les cauchemars que les outils nous trahissent, que le revolver braqué contre le fou meurtrier ne part pas, c'est dans les cauchemars que nous fuyons talonnés par un ennemi mortel et que tout d'un coup la chaussée ramollit quand nous voulons la traverser.

Jean-Paul SARTRE
« Venise, de ma fenêtre »,
*Situations*, IV, 1964.

L'eau est engourdie, pâmée, figée, et les mâts jaunes des bateaux et les palais roses s'y reflètent, comme en une huile où les arêtes des lignes se noieraient dans du gras liquide.

Edmond et Jules de GONCOURT
*L'Italie d'hier — Notes de voyages*,
1855-1856.

A Torcello, on n'entend plus le ressac des vagues. Les vagues mêmes n'existent pas. Les nappes irisées de mazout enclavent l'eau dans un bassin mortel qu'agitent seuls les sillages des bateaux et les remous provoqués par leurs hélices. L'île s'ouvre à une nature désordonnée, abandonnée. D'obscurs mosaïstes byzantins ont raconté l'apothéose du Christ et le Jugement universel. Des boursouflures soulèvent la Descente aux Limbes, caricaturent l'archange saint Michel.

Alain VIRCONDELET
*Amore Veneziano*, 1979.

Je suis à présent à Venise, mon cher Usbek. On peut avoir vu toutes les villes du Monde et être surpris en arrivant à Venise : on sera toujours étonné de voir une ville, des tours et des mosquées sortir de dessous l'eau, et de trouver un peuple innombrable dans un endroit où il ne devrait y avoir que des poissons.

Mais cette ville profane manque du trésor le plus précieux qui soit au Monde, c'est-à-dire d'eau vive ; il est impossible d'y accomplir une seule ablution légale. Elle est en abomination à notre saint Prophète ; il ne la regarde jamais, du haut du ciel, qu'avec colère.

MONTESQUIEU
*Lettres persanes*, lettre XXXI, 1721.

Lentement, la barque contourne le banc de vase, dont les algues brunes et drues se ramifient, s'emmêlent et dirigent le regard vers des profondeurs noirâtres et obscures. Je repense, sans le vouloir, à l'Allemagne ; j'aperçois dans le lointain des villes abandonnées et des hommes pâles aux allures de fantômes et je m'étonne que cette rapide séparation ait éveillé en moi si peu de douleurs. J'aperçois également en pensée la belle femme blonde, pour qui j'ai si longuement souffert, mes bons amis et mon chez-moi, le travail, les désirs et les soucis. Et cette fantasmagorie se mêle aux algues brunes et s'enfonce sans bruit dans les profondeurs obscures.

Hermann HESSE
*Voyages en Italie*, 1901.

C'est généralement vers ces heures-là qu'une eau abondante sourd des fondations de l'église. On la voit sortir du vestibule. Elle fait un lac qui parfois a plus d'un mètre de profondeur et peut s'arrondir jusqu'à obliger à faire sur lui des ponts de planches de plus de vingt mètres de long. On m'a dit qu'elle était douce et ne venait pas de la mer, mais de cette partie de l'église appelée *Luogo segreto*, ou encore *Tribunale*. On la voit s'avancer. On a l'impression d'être dans un monde qui a *touché* et commence à faire eau de toute part ; que le pont est envahi, que le naufrage n'est pas loin.

Jean GIONO
*Voyage en Italie*, 1954.

Tous les objets touchés dans cette obscurité par quelque rayon égaré prenaient des apparences mystérieuses, fantastiques, effrayantes, hors de proportion. L'eau, toujours si formidable la nuit, ajoutait encore à l'effet par son clapotement sourd, son fourmillement et sa vie inquiète. Les rares réverbères s'y prolongeaient en traînées sanglantes, et ses ondes épaisses, noires comme celles du Cocyte, paraissaient étendre leur manteau complaisant sur bien des crimes. Nous étions étonnés de ne pas entendre tomber quelque corps du haut d'un balcon ou d'une porte entr'ouverte ; jamais la réalité n'a moins ressemblé à elle-même que ce soir-là.

Théophile GAUTIER
*Voyage en Italie — ITALIA*, 1852.

Le courroux de la mer se propageait sur la lagune. Les eaux étaient agitées par un frissonnement rude, et cette agitation semblait se communiquer aux assises de la ville. On voyait les palais, les coupoles, les campaniles tanguer comme des navires. Les algues arrachées des fonds flottaient avec toutes leurs racines blanchâtres. Des bandes de mouettes tournoyaient dans le vent, et, de temps à autre, on entendait leur étrange rire suspendu aux mille crêtes de la bourrasque.

Gabriele D'ANNUNZIO
*Le Feu*, 1899.

L'eau à Venise n'est pas de l'eau, c'est cent choses à la fois, c'est une bête pustuleuse, une plante vénéneuse, une surface de vitre sur un noir immonde, c'est du pus, c'est le désordre pur enserré entre l'ordre, c'est le doux glissement du néant entre les falaises de l'Etre. C'est l'esprit. Un gosse, une fois, m'avait crié « Balle s'iou plaît », comme dans un jardin. La balle flottait près de moi, déjà petit cadavre, le ventre en l'air ; j'ai plongé la main dans l'eau pour la retirer et je m'étonnais en l'en ressortant qu'elle ne soit pas couverte de pustules verdâtres. J'ai jeté la balle au gosse pendant qu'une belle Américaine passait près de moi en gondole en pressant sur son nez un mouchoir parfumé.

Jean-Paul SARTRE
*La Reine Albemarle*
*ou le dernier touriste*, 1952.

Le café refroidit. La lagune clapote et punit
de mille éclats menus la terne pupille
qui prétendait étreindre un paysage bien capable
de se passer de moi.

Joseph BRODSKY
« Strophes vénitiennes »,
*Vertumne et autres poèmes*, 1982.

*Troisième partie*

# LES ORIENTS DE VENISE

*Couleurs d'Orient*
*Histoires d'Orients*
*L'Orient biblique de Saint-Marc*
*Fantasmes d'Orients*

## *Couleurs d'Orient*

Sur le Grand Canal, il pleut des violettes. La nuit vient, avec ses cœurs de pavot et ses mauves. Les hautes cheminées s'évasent en calices ; et sur les palais, maintenant, elles dressent, plus grises, les stèles en turban des tombes turques.

André SUARÈS
*Voyage du Condottiere — Vers Venise*, 1910.

Le temps changea, la tempête acharnée céda, et le soleil d'automne, mis en échec pendant plusieurs jours, mais maintenant chaud et vindicatif, reparut et prit ample possession des lieux avec un chant de victoire presque assez fort pour être entendu, une dispersion de sons éclatants qui se fondirent dans les tons éclatants. Venise brillait, clapotait, appelait, carillonnait de nouveau ; l'air était comme un applaudissement, et tous les roses, les jaunes, les bleus, les aigues-marines épars ressemblaient à d'éclatantes étoffes suspendues à une exposition de merveilleux tapis.

Henry JAMES
*Les Ailes de la colombe*, 1902.

*Les Orients de Venise*

Il y avait dans l'air comme un reflet épars du faste d'autrefois, et leurs yeux le percevaient de la même façon que, en contemplant les palais noircis par les siècles, ils avaient retrouvé dans l'harmonie des marbres durables la note éteinte de l'or. Il semblait qu'en ce soir magique se renouvelassent tous les souffles et tous les mirages de l'Orient lointain, tels que les apportait jadis dans ses voiles creuses et dans ses flancs recourbés la galère pleine de belles proies.

Gabriele D'ANNUNZIO
*Le Feu*, 1899.

Depuis l'île du Rialto jusqu'à la Ca Foscari, les vagues enflammées dans leurs reflets de pourpre et d'or rappellent les ondulations d'un tapis d'Orient.

John RUSKIN
*Le Repos de Saint-Marc*, 1877-1884.

## *Histoires d'Orients*

Venise n'est qu'à moitié italienne. Il faut fréquenter les pêcheurs des îles et, le soir, entendre chanter en dialecte les jeunes filles du Commaregio, pour être irrémédiablement persuadé de cette particularité. On perçoit alors l'isolement de cette ville insulaire et sent que le centre de gravité de son développement tendait vers la mer, vers l'Orient.

Hermann HESSE
*Voyages en Italie*, 1901.

Un coin de l'Afrique, tout plein du deuil de l'ancienne civilisation maure, qui a laissé à l'angle d'un mur le profil d'un des siens, obombré d'un turban gigantesque, et plus loin sur le vieux *palazzo* qu'a taché le noir d'une industrie moderne, et dont le balcon a aujourd'hui complètement disparu sous des dindons plumés, attachés la tête en bas, la silhouette effacée d'un chameau chargé d'aromates.

Edmond et Jules de GONCOURT
*L'Italie d'hier — Notes de voyages*, 1855-1856.

Dans des chambres, il y a cent ans, on entreposait encore du poivre et de la cannelle. Les palais, avec un grand volume de pièces et d'escaliers, étaient habités par deux ou trois personnes. Les hommes allaient en Albanie et revenaient avec des pantalons turcs. Les femmes mettaient des clous de girofle dans les coffres à linge. Leur faire la cour, c'était manger du bœuf en daube. Il existait des jeunes filles blanches qui ne sortaient jamais. Contrairement aux recluses mahométanes, les prisonnières de Venise n'engraissaient pas. Il y a mille souvenirs de demoiselles titrées restées sveltes après trente ans de réclusion complète dans d'immenses palais. Elles se parfumaient au musc et mangeaient du sucre candi. Du Palazzo Pisani qui est en face de l'Accademia, jusqu'à la Merceria, en passant par le théâtre de la Fenice, on peut aller à couvert d'une maison dans l'autre par des portes secrètes. On brûlait du papier d'Arménie tout le long de ces couloirs. C'étaient les rues d'une ville sombre où il y avait la vie et des chandelles de suif très pur en candélabres. Retour de Crète et d'Asie Mineure, les jeunes gens y pénétraient par escalades, les poches pleines d'olives confites, de mandarines et de chapelets de Jérusalem. (...)

C'est un endroit où l'Orient, et celui des Turcs et des Mongols, entre profondément en Europe.

Jean GIONO
*Voyage en Italie*, 1954.

Pour prolonger la revigorante soirée passée à la Poste Vecie, nous marchons sans but dans la nuit vénitienne, avec, sur le chemin du retour à l'hôtel, la surprise d'un spectacle de flamenco, chant et danse aux accents autant mauresques qu'hispaniques et qui conviennent à Venise où le Maure a toujours été une présence familière... L'autre de l'Europe surgi d'un Orient si peu lointain qu'à l'image de la mer il venait battre le quotidien...

Yves PEYRE
*Venise réfléchie*, 1988.

Que de fois, en courant les routes marines, n'avais-je pas rencontré le souvenir de Venise ! A Constantinople, ne retrouve-t-on pas ses gondoles dans les caïques du Bosphore ? Les pigeons de Saint-Marc ne hantent-ils pas les cours de marbre des mosquées ? Stamboul l'ottomane n'a-t-elle pas été l'héritière des vieilles rivalités byzantines et vénitiennes qui ont enrichi la ville des Doges de maintes dépouilles de la cité des Empereurs ? Que de fois les rouges galères de la Sérénissime République ne se sont-elles pas heurtées aux lourds vaisseaux du Commandeur des Croyants ? Sur combien de terres lointaines arrachées au Croissant, le Lion de Saint-Marc n'a-t-il pas posé sa griffe victorieuse ? En combien de lieux ne l'avais-je pas vu sculpté dans la pierre en signe de domination ? N'avais-je pas lu, au-dessus d'une de ces images, dans le formidable rempart de Famagouste, une inscription au nom du doge Priuli ? La Vénitienne Catherine Cornaro n'a-t-elle pas régné sur cette île de Chypre qu'a défendue héroïquement, contre l'Infidèle, Marc-Antoine Bragadin, qu'un cruel vainqueur fit écorcher vif et dont la mémoire s'enveloppe de ce sanglant manteau de gloire ? ne fut-ce pas contre le Turc que le doge Francesco Morosini conquit son surnom de Péloponésiaque ? Partout, dans les mers du Levant, Venise était présente à ma pensée, et tandis que j'errais dans l'enceinte guerrière de la déserte Famagouste, où je cherchais dans la poussière la trace des pas d'Othello, ne m'avait-elle pas parlé par la voix de Desdémone ?

Henri de RÉGNIER
*L'Altana ou la vie vénitienne*,
septembre 1906.

Venise est asiatique et arabe ; elle est aussi byzantine, gothique, lombarde ; mais c'est le caractère oriental qui domine, et celui sans lequel elle reste incompréhensible. Ses vaisseaux ont rapporté chez elle les styles et les formes de tous les climats : la coupole de Byzance, le minaret du Bosphore, l'ogive de Mahomet, la citerne du désert. Rien ne lui ressemble sur le continent ;

née de l'écume de la mer, elle est fantasque comme les flots. Le Jupiter du Péloponèse, l'islamisme, le christianisme, se pressent à la fois en ce lieu de refuge.

Edgar QUINET
*Allemagne et Italie*, 1839.

## *L'Orient biblique de Saint-Marc*

Je suis entré par le portail central ; c'est la fin de l'après-midi.

Sous mes pieds le dallage de marbre, légèrement ondulé, sur lequel glisse la lumière en longues coulées entre les ombres, les huit grandes lames grises sur lesquelles glissent les sandales ou bien les hauts talons des femmes illuminés...

Michel BUTOR
*Description de San Marco*, 1963.

Naturellement, nous sommes allés voir la relique vénérable de l'ancienne gloire de Venise, avec son sol usé et défoncé par mille ans de passage de plébéiens et patriciens, la cathédrale Saint-Marc. Elle est entièrement construite de marbres précieux venus d'Orient ; rien dans sa composition n'est d'origine locale.

Mark TWAIN
*Le Voyage des innocents*, 1869.

Saint-Marc est l'église sublime. Par la vertu de l'harmonie, elle atteint la perfection du style. La richesse inouïe de la matière n'est qu'un moyen sonore, qui sert docilement le génie musical. Comme la fugue de Bach, avec ses nefs conjuguées et ses coupoles, elle est une et multiple. La plénitude de Saint-Marc est divine.

Byzance y triomphe avec une ardeur splendide ; mais Byzance asservie aux rythmes de la couleur. Toute la richesse antique se consomme dans Saint-Marc, depuis Crésus jusqu'aux oratoires de satrapes ; mais au lieu d'y être une charge charnelle, elle y est toute vive, en mystère et en esprit.

Saint-Marc est l'office de Balthazar, le mage d'Asie.

Un quadruple cœur d'or, quatre puits de rêve sous quatre coupoles.

L'église la plus intérieure qui soit au monde s'est creusée au flanc de la ville, où tout est décor changeant, sensation éphémère, mobile jeu des apparences.

Le contraste est sans égal entre la façade confuse et l'ordre du vaisseau intérieur. Cinq siècles ont épuisé le luxe et le faste sur le visage de Saint-Marc, pour ne réussir qu'à un chaos de dômes, de portiques, de bulbes affrontés. D'ailleurs, pas un beau chapiteau, pas un arc, pas une moulure qui vaille le regard. Dans la profusion sans choix, la façade n'arrive pas à s'accorder avec elle-même : elle étale la recherche somptueuse ; mais elle cache ses membres et trompe sur les proportions. Elle est claire, criarde et ne paraît pas faite pour durer. Ornée de mosaïques blanches et bleues, on dirait d'une église en plâtre peint, pour le temps d'une foire universelle, ou bien de quelque Kremlin barbare en Moscovie. Elle en a la pauvreté fastueuse, moins une porte admirable, qui semble de vieux cuir guilloché d'or, et qui annonce seule la merveille retirée derrière les vestibules.

Blanche et bleue aussi comme une épousée, on quitte la place tant vantée, les couples roides du Nord, l'élégance banale et le rire des noces en voyage, les pas durs de l'étranger sur les dalles, et l'exemple des pigeons au nez de tous ces nouveaux mariés qui bâillent. On pousse, sur le côté, un lourd rideau de peau grasse, ouatée et très sombre.

Et l'on entre dans le miracle.

André SUARÈS
*Voyage du Condottiere — Vers Venise*, 1910.

Les coupoles de Saint-Marc gonflées comme des bulbes d'oignon, les mouettes immobiles sur les poteaux transformées en symbole du monde, aucune cité ne se laisse ce soir composer et décomposer mieux que celle-là.

Paolo BARBARO
*Lunaisons vénitiennes*, 1990.

A Saint-Marc, bosselé de dômes, incrusté de mosaïques, chargé d'incohérentes dépouilles de l'Orient, je me retrouvai à la fois à Saint-Vital de Ravenne, à Sainte-Sophie de Constantinople, à Saint-Sauveur de Jérusalem et dans ces moindres églises de la Morée, de Chio et de Malte : Saint-Marc, *d'architecture Byzantine-composite*, est un monument de victoire et de conquête élevé à la Croix, comme Venise entière est un trophée. L'effet le plus remarquable de son architecture est son obscurité sous un ciel brillant. Mais aujourd'hui 10 septembre, la lumière du dehors émoussée s'harmonisait avec la basilique sombre. On achevait les *quarante heures*, ordonnées, pour obtenir du beau temps. La ferveur des fidèles priant contre la pluie était grande : un ciel gris et aqueux semble la peste au Vénitiens.

François-René de CHATEAUBRIAND
*Mémoires d'outre-tombe*, 1850.

C'est le plus souvent pour Saint-Marc que je partais, et avec d'autant plus de plaisir que comme il fallait d'abord prendre une gondole pour s'y rendre l'église ne se représentait pas à moi comme un simple monument, mais comme le terme d'un trajet sur l'eau marine et printanière avec laquelle Saint-Marc faisait pour moi un tout indivisible et vivant. Nous entrions ma mère et moi dans le baptistère, foulant tous deux les mosaïques de marbre et de verre du pavage, ayant devant nous les larges arcades dont le temps a légèrement infléchi les surfaces évasées et roses, ce qui donne à l'église là où il a respecté la fraîcheur de ce coloris l'air d'être construite dans une matière douce et malléable comme la cire de géantes alvéoles, là où au contraire il a racorni la matière et où les artistes l'ont ajourée et rehaussée d'or d'être la précieuse reliure, en quelque cuir de Cordoue, du colossal Evangile de Venise.

Marcel PROUST
*Albertine disparue*, 1925.

Pas seulement une architecture de briques et de marbres et de petits cubes de verre, mais une architecture d'images, mais une architecture de textes. De tous les monuments de l'Occident, peut-être celui qui comporte le plus d'inscriptions.

Michel BUTOR
*Description de San Marco*, 1963.

Saint-Marc m'a paru autant un reliquaire qu'une église. On en pourrait réduire les proportions à la mesure du corps d'un saint et l'y enchâsser. Cette châsse monumentale, Venise l'a enrichie du fruit de ses rapines, et ornée des merveilles de son art. Avec quelle somptueuse ingéniosité ont été utilisés les marbres précieux et les précieux débris ! Quel bel emploi des traditions de Byzance dans les mosaïques hiératiques des voûtes et dans les mosaïques ornementales du pavement ! Comme j'en aime les parties non restaurées avec leurs inégalités, leurs fléchissements !

# *L'Orient biblique de Saint-Marc*

En entrant à Saint-Marc, on a l'impression de pénétrer dans un trésor et l'on y est attiré par le mystère de prodigieux coins d'ombre où scintillent des lampes dont la lumière a on ne sait quoi de secret et de lointain. Mais en l'honneur de qui est-il édifié, ce temple que, parfois, aux jours des plus hautes marées, vient baigner le flot débordé de la Lagune ? A qui l'ont-ils dédié, ces grands marchands d'outre-mer, est-ce à l'Evangéliste léonin ou au génie même de la Cité ?

Henri de RÉGNIER
*L'Altana ou la vie vénitienne*, 1899-1924.

Ce jour-là les maîtres mosaïstes arrivèrent de bonne heure et se mirent à la besogne presque aussitôt que leurs apprentis. La Saint-Marc approchait ; on devait faire en ce jour solennel l'inauguration de la basilique, restaurée en entier et décorée des nouveaux tableaux des plus grands maîtres de l'époque. On allait enfin, après dix, quinze et vingt ans de travail assidu, être jugé publiquement, sans égard, disait-on, aux protections des uns ni à la haine des autres. Ce devait être un grand jour pour tous les travailleurs, depuis le premier des peintres illustres jusqu'au dernier des barbouilleurs, depuis l'architecte aux calculs sublimes jusqu'au manœuvre docile qui fend la pierre et pétrit le mortier. L'émulation, la jalousie, la joyeuse attente ou la crainte sinistre, toutes les bonnes et les mauvaises passions que, sur tous les échelons de l'art et du métier, la soif de la gloire et la cupidité inspirent aux hommes, s'agitaient donc sans relâche sous ces dômes retentissants de mille bruits. Ici l'injure, là le chant joyeux, plus loin le quolibet ; en haut le marteau, en bas la truelle ; tantôt le bruit sourd et continu du tampon sur la mosaïque, et tantôt le clapotement clair et cristallin de la verroterie ruisselant des paniers sur le pavé en flots de rubis et d'émeraudes ; puis le grincement affreux du grattoir sur la corniche ; puis enfin le cri aigre et déchirant de la scie dans le marbre, sans parler du nasillement des messes basses qui se disaient, en dépit du vacarme, au fond des chapelles, du tintement impassible de l'horloge, de la pesante vibration des cloches, et du cri de mille animaux domestiques, imité avec une rare perfection par les petits apprentis, afin de forcer le père Alberto, toujours dupe de cette ruse, à tourner la tête brusquement et à se laisser distraire de son travail, qu'il ne reprenait jamais qu'après un signe de croix, en expiation de ce qu'il lui plaisait d'appeler sa *légèreté d'esprit*.

George SAND
*Les Maîtres mosaïstes*, 1836.

La Basilique d'or, comme si elle se ravivait au contact de l'eau ainsi qu'une forêt qui aurait soif, resplendissait d'ailes et d'auréoles dans la lumière finissante, et les croix de ses mitres apparaissaient au fond du sombre miroir comme les sommets d'une basilique submergée.

Gabriele D'ANNUNZIO
*Le Feu*, 1899.

Je flotte dans le rêve de l'or. Je suis pris aux rets de l'or, je pose sur l'or et je nage dans l'or. J'ai de l'or sous les pieds. J'ai de l'or sur la tête. Un air d'or me touche et me flatte. Et l'encens est une vapeur de l'or. Les profondes et lointaines fenêtres filtrent de l'or, à travers un vitrail de corne jaune ; et l'or s'insinue, comme une onde subtile, entre les nefs, baignant chaque pilier. Et qui ne serait ému de marcher sur les dalles rousses, courbes et gonflées, tortues, comme si elles épousaient la vague souterraine qui les porte ? Les pilotis de Saint-Marc doivent être d'or, forêt de lingots plantés dans la lagune.

Un quadruple cœur d'or, quatre puits de rêve sous quatre coupoles.

André SUARÈS
*Voyage du Condottiere — Vers Venise*, 1910.

J'ai examiné de près les chevaux de l'église Saint-Marc. En regardant de bas en haut on remarque sans peine qu'ils sont tachetés, que par place ils ont un bel éclat métallique jaune, tandis qu'à d'autres endroits ils présentent une légère couche de vert-de-gris. De près on voit et l'on apprend qu'ils étaient entièrement dorés, et l'on s'aperçoit qu'ils sont tout couverts de raies, parce que les barbares ne voulurent pas enlever l'or avec une lime, mais à l'aide d'un instrument tranchant. C'est aussi bien ainsi, car au moins la forme est restée. Un attelage superbe ! j'aimerais entendre à ce sujet l'avis d'un bon connaisseur en chevaux. Ce qui me paraît étrange, c'est que de près ils paraissent lourds, et que d'en-bas ils ont l'air légers comme des cerfs.

GOETHE
*Voyage en Italie*, octobre 1786.

— La façade de Saint-Marc, fit M. de Guérande, avec ses portiques byzantins, ses clochetons gothiques projetant leurs ombres sur les étranges coupoles d'Orient aux reflets de perles, me paraît soudain fondue et solidifiée en un joyau d'une essence inconnue.

Ferdinand BAC
*Le Mystère vénitien*, 1909.

Saint-Marc au couchant, mosaïques dorées, clochetons, on dirait qu'on célèbre une fête. Comme si le Grand Turc avait installé là son pavillon pour un jour d'été. 800 ans ! Dedans les marbres précieux, du fait de leur grand âge, ressemblent à une mosaïque de vieux savons rares. Aspect onctueux. Tout embué par les vieilles dévotions comme des réfectoires par de vieux repas.

Herman MELVILLE
*Carnets de voyage*, 1856-1857.

Saint-Marc ne doit rien de son caractère à la beauté de ses perspectives et de ses proportions ; il n'y a pas d'arche immense, ni de grandiose équilibre ; il n'y a aucun horizon fuyant, aucune verticalité triomphale. L'église est voûtée, certes, mais voûtée comme une sombre caverne. Une beauté de surface, de tons, de détails, de choses assez proches pour qu'on les touche, s'y appuie, s'y agenouille — c'est de cela que provient l'effet. De cette sorte de beauté l'endroit est incroyablement riche, et vous pouvez y aller chaque jour en découvrant chaque fois quelque nouvelle image cachée. C'est un trésor de fragments, comme disent les peintres ; et il est courant d'en voir trois ou quatre de cette confrérie ayant installé en un équilibre incertain leur chevalet sur le sol ondulant. Il n'est pas facile de reproduire la carnation de Saint-Marc, et les louables tentatives d'en faire le portrait s'exposent à un résultat livide ou terrifiant. Mais si vous ne pouvez pas peindre ces vieilles plaques de marbre à l'allure branlante, ces grands panneaux de basalte ou de jaspe, ces crucifix dont l'aspect solitaire et angoissé s'intensifie dans la lumière verticale, ces tabernacles dont les portes entrouvertes révèlent une sombre image byzantine semée de joyaux ternis et mal sertis — si vous ne pouvez pas peindre ces choses, vous pouvez du moins vous éprendre d'elles. Vous vous éprenez même des vieux bancs de marbre rouge, creusés en partie par les fonds de culottes de multiples générations, et fixés à de larges pilastres dont la précieuse patine argentée, délicieuse dans ses bruns fanés recouverts d'un léger reflet gris, se renfle et bâille un peu du haut de son âge vénérable.

Henry JAMES
*Heures italiennes*, 1909.

Un père Eternel, aux traits inhumainement caricaturaux d'un masque tragique, dans une broussaille de cheveux et de barbe ; sur son genou un livre de pourpre ; au dos un manteau bleu, mettant autour de lui les ondoiements et les replis d'un grand serpent d'azur ; — une vierge, aux yeux louches, aux sourcils énormes n'en faisant qu'un, au visage couturé de traits noirs, sur une chair rosâtre, lui donnant l'apparence d'un visage grossièrement maquillé de brique et de charbon ; — des phalanges d'anges grêles, avec des ailes ébarbées, des ailes aussi hautes qu'eux, des phalanges d'anges, aux gestes emboîtés les uns dans les autres, comme une enfilade de marionnettes ; — des diables mitrés d'or, aux cornes noires ; — des apôtres dans des robes blanches ayant l'air de suaires verdâtres ; — des Rois avec les cheveux et les barbes annelés, comme les serpents de la tête de Méduse ; — une Eve effarante aux membres grossièrement équarris dans la chair, à la hanche énorme et déboîtée ; — un Noé ventripotent, dont la tripaille a quelque chose de la charge d'un Bacchus, dessiné par Daumier. — Oh ! les nudités effroyables, les estropiements grotesques, les gibbosités hideuses !

Ces représentations de l'Ancien Testament, au milieu d'une création de bêtes et d'animaux de cauchemars, de béliers diaboliquement capricants, de mulets aux oreilles formidables, de chameaux dont le cou a l'allongement de reptiles, de lions à la crinière semblable à la flamme d'un kriss malais, d'oiseaux héraldiques férocement goulus, becquetant les raisins noirs d'arabesques mystérieusement symboliques, de monstres à sept têtes cornées, d'hippogriffes pareils à des chauves-souris et finissant en sangsues.

Et les paysages blêmement sinistres, encadrant cette humanité, et où, sur le bleu de la mer, les crêtes des vagues font un grouillement blanc d'asticots remuants, et où la terre a, pour végétation, des arbres de Jessé portant des anatomies de vieillards.

Ces mosaïques, — d'épouvantes caricatures aux laideurs de l'idole primitive, du fétiche des sauvages, — et qui semblent, en un art embryonnaire, les impressions peureuses et redoutées de la divinité chez un peuple-enfant.

Edmond et Jules de GONCOURT
*L'Italie d'hier — Notes de voyages*, 1855-1856.

Je vois une matinée à Saint-Marc, où j'étais assis sur des marbres antiques et frais, tandis qu'un bon chien (muselé) allongeait sur mes genoux sa vieille tête de serpent honnête. Et l'un et l'autre nous regardions, avec une parfaite volupté, le faste et la séduction réalisés tout autour de nous.

Maurice BARRÈS
*Un homme libre*, 1889.

En se reculant vers le fond de la place, on jouit d'un coup d'œil vraiment féerique et qui vous cause un éblouissement, quelque préparé qu'on y soit par les peintures et les descriptions. Saint-Marc est devant vous avec ses cinq coupoles, ses porches étincelants de mosaïques à fond d'or, ses clochetons à jour, son immense verrière devant laquelle piaffent les quatre chevaux de Lysippe, sa galerie de colonnettes, son lion ailé, ses pignons en ogive fleuronnés de feuillage qui portent des statues, ses piliers de porphyre et de marbres antiques, son aspect de temple, de basilique et de mosquée : édifice étrange et mystérieux, exquis et barbare, immense amoncellement de richesses, église de pirates, faite de morceaux volés ou conquis à toutes les civilisations.

Une vive lumière faisait étinceler le grand évangéliste sur son ciel étoilé d'or ; les mosaïques reluisaient par paillettes ; les coupoles d'un gris argenté s'arrondissaient comme les dômes de Sainte-Sophie à Constantinople, et des bouffées de colombes s'envolaient par moment des corniches et des balustrades pour venir s'abattre familièrement sur la place. On eût dit un rêve oriental pétrifié par la puissance de quelque enchanteur, une église moresque ou une mosquée chrétienne élevée par un calife converti.

Théophile GAUTIER
*Voyage en Italie* — *ITALIA*, 1852.

Et le trésor de Saint-Marc à Venise. Il y a là, je m'en souviens, un hanap de Doge, tout bossué d'émaux translucides, à travers lesquels les siècles vous regardent.

Jean LORRAIN
*Monsieur de Phocas*, 1901.

Je me sens décharmé de toute la planète, sauf de Venise, sauf de Saint-Marc, mosquée dont le pavement déclive et boursouflé ressemble à des tapis de prière juxtaposés ; Saint-Marc, je l'ai toujours connu, grâce à une aquarelle pendue au mur de ma chambre d'enfant : un grand lavis peint par mon père, vers 1880 — bistre, sépia, encre de Chine —, d'un romantisme tardif, où le rouge des lampes d'autel troue les voûtes d'ombre dorée, où le couchant vient éclairer une chaire enturbannée.

Paul MORAND
*Venises*, 1971.

Je commence à comprendre le palais des Doges et San Marco que, jusqu'à présent, en regardant des images, je ne comprenais pas ; et ce, dans la mesure où j'explique leur manque total de style par le caractère élégant de la ville, par des influences orientales et par un goût de Venise pour une certaine mollesse, un goût essentiellement orienté vers le décorum. L'impression de pittoresque est vraiment tout à fait unique.

Hermann HESSE
*Voyages en Italie*, 1901.

Là se rencontrèrent des hommes venus de tous les points du monde, dans un but de trafic ou de divertissement ; mais, au-dessus de cette foule animée des désirs du lucre ou de la soif des plaisirs, brillait le temple glorieux, leur enseignant — qu'ils l'écoutassent ou non — qu'il existe un trésor que le marchand ne peut acheter à aucun prix et une jouissance plus précieuse que toutes les autres. Ce n'est pas pour satisfaire une voluptueuse exhibition de richesse, ni pour un vain plaisir des yeux ou pour une jouissance orgueilleuse que ses marbres furent taillés dans leurs blocs transparents, que ses arceaux furent parés des couleurs du prisme : un message est écrit dans leurs veines ; — message jadis écrit dans le sang — un son dans l'écho de ses voûtes, son qui remplira un jour les voûtes du ciel : « Il reviendra pour juger et rendre la Justice. »

John RUSKIN
*Les Pierres de Venise*, 1851-1853.

# *Fantasmes d'Orients*

Le soir je sortais seul, au milieu de la ville enchantée où je me trouvais au milieu de quartiers nouveaux comme un personnage des *Mille et Une Nuits*. Il était bien rare que je ne découvrisse pas au hasard de mes promenades quelque place inconnue et spacieuse dont aucun guide, aucun voyageur ne m'avait parlé. Je m'étais engagé dans un réseau de petites ruelles, de calli. Le soir avec leurs hautes cheminées évasées auxquelles le soleil donne les roses les plus vifs, les rouges les plus clairs, c'est tout un jardin qui fleurit au-dessus des maisons, avec des nuances si variées qu'on eût dit, planté sur la ville, le jardin d'un amateur de tulipes de Delft ou de Haarlem. Et d'ailleurs l'extrême proximité des maisons faisait de chaque croisée le cadre où rêvassait une cuisinière qui regardait par lui, d'une jeune fille qui, assise, se faisait peigner les cheveux par une vieille femme à figure, devinée dans l'ombre, de sorcière, faisait comme une exposition de cent tableaux hollandais juxtaposés, de chaque pauvre maison silencieuse et toute proche à cause de l'extrême étroitesse de ces calli. Comprimées les unes contre les autres ces calli divisaient en tous sens, de leurs rainures, le morceau de Venise découpé entre un canal et la lagune, comme s'il avait cristallisé suivant ces formes innombrables, ténues et minutieuses. Tout à coup au bout d'une de ces petites rues il semble que dans la matière cristallisée se soit produite une distension. Un vaste et somptueux campo de qui je n'eusse assurément pas dans ce réseau de petites rues pu deviner l'importance, ni même lui trouver une place, s'étendait devant moi, entouré de charmants palais, pâle de clair de lune. C'était un de ces ensembles architecturaux vers lesquels dans une autre ville les rues se dirigent, vous conduisent et le désignent. Ici il semblait exprès caché dans un entrecroisement de ruelles comme ces palais des contes orientaux où on mène la nuit un personnage qui, ramené avant le jour chez lui, ne doit pas pouvoir retrouver la demeure magique où il finit par croire qu'il n'est allé qu'en rêve. Le lendemain je partais à la recherche de ma belle place nocturne, je suivais des calli qui se ressemblaient toutes et se refusaient à me donner le moindre renseignement, sauf pour m'égarer mieux. Parfois un vague indice que je croyais reconnaître me faisait supposer que j'allais voir apparaître, dans sa claustration, sa solitude et son silence, la belle place exilée. A ce moment quelque mauvais génie, qui avait pris l'apparence d'une nouvelle calle, me faisait rebrousser chemin malgré moi, et je me trouvais brusquement ramené au Grand Canal. Et comme il n'y a pas entre le souvenir d'un rêve et le souvenir d'une réalité de grandes différences, je finissais par me demander si ce n'était pas pendant mon sommeil que s'était produit dans un sombre morceau de cristallisation vénitienne cet étrange flottement qui offrait une vaste place entourée de palais romantiques à la méditation prolongée du clair de lune.

Marcel PROUST
*Albertine disparue*, 1925.

Venise, une dame publique, un bordel byzantin, une ville du désert du Rajasthan, du Yémen, une ville mozabite, plantée dans l'eau, poutrée dans la lagune.

Venise imaginaire, inimaginable.

Eric NONN
*Venise interdite*, 1990.

*Quatrième partie*

# LA RÉPUBLIQUE GLORIEUSE

*La gloire de Venise*
*Nobles vénitiens*
*Célébrations officielles*
*Les peintres*
*Architectures*
*L'Inquisition*
*En prison*
*Ghetto*
*La mort d'une république*
*Venise déchue mais éternelle*

# *La gloire de Venise*

François Pétrarque désire léguer les livres qu'il possède et ceux qu'il pourra posséder, à l'avenir, à saint Marc, l'Evangéliste. Il croit pouvoir y mettre cette condition qu'ils ne seront vendus, ni aliénés, ni dispersés ; et qu'un local à l'abri des eaux et de l'incendie sera assigné pour y conserver cette bibliothèque, en mémoire du donateur, pour la plus grande gloire du saint patron, et pour la consolation des hommes studieux, qui pourront la fréquenter avec plaisir et avec fruit. S'il forme ce vœu, ce n'est pas qu'il oublie que ses livres ne sont ni bien précieux ni en grand nombre ; mais c'est qu'il a conçu l'espérance que cette collection s'accroîtrait sous les auspices d'une si glorieuse république. Les illustres patriciens, les citadins patriotes, les étrangers même pourront, par la suite, l'enrichir d'une partie de leur bibliothèque, et la rendre aussi considérable que les fameuses bibliothèques de l'antiquité. Les moins éclairés sentiront que ce monument ne sera pas inutile à la gloire de la patrie, et le donateur se félicitera d'en avoir posé les premiers fondements[1].

PÉTRARQUE
*Lettre concernant le legs de sa bibliothèque*
*à la ville de Venise*, XIVe siècle.

1. Ce legs fut accepté par le Conseil. (On trouve la réponse du Conseil dans la *Chronique* de Marin Sanuto.)

On raconte que saint Marc avait un lion domestique et qu'il voyageait avec lui ; partout où allait saint Marc, le lion allait aussi. Il était son protecteur, son ami, son bibliothécaire. Aussi le lion ailé de saint Marc avec sa patte posée sur la Bible ouverte est-il devenu l'emblème favori de la grande cité. Du haut de la plus ancienne colonne de Venise son ombre se dessine sur la grande place Saint-Marc, parmi la foule de citoyens libres, depuis des siècles. Son image se trouve partout, et là où il se tient, aucun malheur ne peut survenir.

Mark TWAIN
*Le Voyage des innocents*, 1869.

Qui douterait du mérite de cette ville, regarde de quelle manière Dieu l'élève au-dessus de toutes les villes. Certainement, c'est la ville sainte et le paradis terrestre...
Où est la paix, sinon à Venise ? Où est l'amour, sinon à Venise ? Où l'abondance, où la charité, sinon à Venise ?

L'ARÉTIN
*La Courtisane*, acte III, 1534.

C'est la plus triomphante cité que j'ai jamais vue et qui fait plus d'honneurs à ambassadeurs et étrangers, et qui plus sagement se gouverne, et où le service de Dieu est le plus solennellement fait.

Philippe de COMMYNES
*Mémoires*, 1524-1528.

Que personne n'offense Venise ! Personne n'a le droit de le faire !... Tu comprends ?... Personne ! (...) Moi seul[1] ! Seul un Vénitien en a le droit ! Que sais-tu, toi, et comment pourrais-tu savoir !... Comment pourriez-vous savoir, vous autres badauds, vagabonds, fainéants, Levantins ? Que savez-vous de la vie, savez-vous seulement où se trouve Venise ? Vous croupissez dans les tripots, dans les bas-fonds de la Merceria, vous sirotez votre vin aigre et vous croyez que c'est cela Venise ! Vous farcissez vos panses de poissons et de viandes, de pâtes et de pâtés, de *dolci* et de fromages odorants, et vous croyez que c'est cela Venise ! Vous vous vautrez dans les bordels, vous foutez une Chypriote sur une couche pourrie pour cinq sous, et parce que entretemps le son des cloches de Saint-Marc tout proche résonne à vos oreilles, vous croyez que c'est cela Venise ! Vous vous arrêtez sous le balcon du doge, vous vous réjouissez et vous râlez, vous attendez le bakchich, vous guettez ce que vous pouvez obtenir à l'œil, et vous croyez que c'est cela Venise ! N'offense pas Venise, tu entends ? Ne l'offense jamais ! Qu'en sais-tu, qu'en as-tu vu, qu'en as-tu entendu ?... Ne dis pas un mot sur Venise, fais comme si tu étais déjà dans la tombe et que les vers bouffent la graisse que tu t'es faite en ripaillant dans les marmites des traiteurs de Venise ! Tais-toi, comme les Juifs circoncis se taisent sur Dieu ! Tais-toi, si ta vie t'est chère et si tu veux encore revoir Venise ! Comment pourrais-tu savoir ?... Tu n'as vu que les pierres, les casseroles, les mollets des femmes, les cuisses des soubrettes de Venise, tu as vu la mer indolente qui t'a amené, toi et tous les autres, les Français avec leurs poésies, leurs maladies et leurs bonnes manières, les Allemands qui se promènent sur nos places, parmi nos statues, avec des gueules soucieuses, comme si l'important n'était pas la vie mais quelque leçon qu'il faut un jour ou l'autre réciter, les Anglais qui préfèrent boire de l'eau chaude plutôt que du vin rouge et sont capables de rester des heures devant un retable les yeux vitreux, sans voir que le modèle du tableau, la grande fille du tavernier d'à côté est agenouillée près d'eux, sur les marches de l'autel, et qu'elle médite sur ses péchés, des péchés dont tout Venise parle et que Venise a pardonnés

1. Il s'agit de Casanova.

depuis longtemps. Parce que Venise ce n'est pas le doge et *Messer grande*, ce ne sont pas les chanoines pansus et les sénateurs que tout le monde peut acheter à loisir avec une bourse pleine d'or ; Venise, ce n'est pas seulement le clocher de la place Saint-Marc, les pigeons sur le pavé blanc ; ce ne sont pas seulement les fontaines que les artisans vénitiens, mes pères et les pères de mes pères, ont construites et sculptées à la perfection ; Venise n'est pas que le reflet de la pluie dans les ruelles étroites, le clair de lune sur les petits ponts, les entremetteurs et les gardes-chiourme, les joueurs de cartes, les femmes perdues enregistrées dans les bureaux qui sentent le parquet et le renfermé. Venise n'est pas ce que l'on voit. Qui connaît Venise ?... Il faut y naître pour la connaître. Il faut téter avec le lait de sa mère son parfum âcre de moisissure, ce parfum noble et corrompu qui est comme le souffle d'un mourant et comme le souvenir d'un moment heureux où nous n'avions peur ni de la vie ni de la mort, et où chaque fibre de notre corps et chaque recoin de notre raison étaient remplis du charme de l'instant, du vertige de la réalité, de l'extase de la conscience de vivre sur terre ici, à Venise. Je bénis le sort et m'incline jusqu'au sol devant le destin, tant je suis heureux et fier d'être né vénitien ! Je remercie le ciel que ma première respiration sur cette terre ait été pleine des parfums sages et pourris des lagunes ! Je suis né vénitien, je possède donc tout ce pour quoi la vie vaut d'être vécue, j'ai reçu en présent le sentiment de la liberté, la mer, l'art et les belles manières, et je sais que vivre, c'est lutter, et que lutter, c'est être véritablement et fièrement vénitien ! (...) Quel bonheur et quelle fierté que Venise existe, qu'au-dessus de la réalité plate et ennuyeuse plane quelque chose que ne soutiennent pas seulement les pilotis mais les âmes de mes pères ! Quel bonheur que les places et les rues où les peuples du monde entier ôtent leurs sandales et déambulent pieds nus, frissonnant de dévotion, aient été mes terrains de jeu, où, enfant, je pouvais jouer aux policiers et aux voleurs, aux Turcs et aux Maures avec les enfants des patriciens et des balayeurs ! Ville merveilleuse où tout le monde est aristocrate, même les enfants des rues qui se roulent dans les crottes de pigeon au pied des clochers. Tous les Vénitiens sont des aristocrates, sache-le, Balbi, et parle-moi enfin avec plus de respect.

Le lait que tu tètes au sein de ta mère avec le premier mouvement de ta bouche affamée a le goût des lagunes et de la mer, le goût et l'odeur de Venise : un peu salé, tiède et terriblement familier. Où que j'aille, c'est toujours Venise qui me vient à l'esprit quand je respire l'odeur de la mer ; Venise et ma mère. Tout était si bien à Venise. J'avais trois ans, j'ai appris à marcher sur l'eau comme le Sauveur. Nous étions crasseux et déguenillés, et tout nous appartenait, les palais de marbre et les dentelles de pierre des porches, et le port où, du matin au soir et du soir au matin, des hommes déchargeaient l'or et l'ivoire, l'argent et l'ambre, les perles et l'essence de rose, les tissus, la soie, le velours et le lin, tout ce qu'on pouvait fabriquer dans les ateliers de Crète, les bazars de Constantinople, les salons de mode français, les armureries anglaises, tout se déversait là, dans le port de Venise, tout cela était à nous, à moi aussi, aux Vénitiens ! Et je jouais et je savais que j'étais vénitien. Et j'ai grandi et je me suis arrêté sur le pont du Rialto, et j'ai vu les peuples du monde entier jeter l'ancre aux pieds de Venise, apporter l'or, l'encens et la myrrhe, et adorer Venise ! Son Excellence le secrétaire général et limier de l'Inquisition m'a reproché l'usage illégitime de la particule ! Mais qui peut se sentir plus légitimement noble que moi qui suis natif de Venise ?... Où est le pape, l'empereur, le roi ou le roitelet qui peut octroyer les titres de noblesse avec plus de légitimité que la reine du monde, ma ville natale, Venise ?... Mon père et ma mère étaient vénitiens, moi-même et tous mes frères et sœurs y sommes nés : y a-t-il plus authentique *grandezza* et noblesse que la nôtre ?... Tu comprends ?... Je te dis de ne pas offenser Venise !

Sandor MARAI
*La Conversation de Bolzano*, 1940.

A mi-chemin entre les montagnes et la mer, naquit le jeune George, de Castel Franco, qu'on appelait le « George des Georges » tant il était bon : Giorgione.

Avez-vous jamais pensé sur quel monde s'ouvrirent ses yeux, ses beaux yeux chercheurs de jeune homme ? Monde de vie puissante, depuis la montagne rocheuse jusqu'à la mer ; monde de vie délicieuse lorsque — tout jeune encore, — il s'en alla dans la cité de marbre et devint un de ses cœurs les plus ardents.

Une cité de marbre, ai-je dit ? Non, plutôt une cité d'or, pavée d'émeraudes, où chaque pignon, chaque tourelle brillait sous un revêtement d'or ou de jaspe. Tout à côté, la mer roulait avec de longs soupirs, ses vagues tournoyantes. Profonds, majestueux et terribles comme la mer, les hommes de Venise partaient en quête de puissance et de guerre ; pures comme ses piliers d'albâtre, étaient ses femmes et ses jeunes filles ; ses chevaliers, nobles de la tête aux pieds, faisaient briller les reflets bronzés de leur armure rouillée par la mer et cachée, à regret, sous les plis de leur manteau, d'un rouge sanglant. Ignorant la crainte, fidèle, patient, impénétrable, implacable — chacune de ses paroles fixant une destinée, — siégeait son Sénat. Pleins d'honneur et d'espoir, bercés par le balancement des vagues qui entouraient les îles d'un sable sacré, leur nom gravé et la croix à leur côté, reposaient ses morts. Merveilleux fragment du monde ? Ou plutôt un monde lui-même posé en face des eaux ; pas plus grand lorsque ses capitaines l'apercevaient, le soir, du haut de leurs mâts, qu'une ligne de soleil couchant ne pouvant s'évanouir. S'ils n'avaient connu sa puissance ils eussent pu croire qu'ils naviguaient dans l'espace du ciel et qu'ils arrivaient à une grande planète dont le bord oriental s'enfonçait dans l'éther.

De ce monde étaient bannis les soucis et bannis aussi les pensées mesquines et les éléments vulgaires de la vie. Nul immondice, nul tumulte dans ses rues onduleuses que la lune élève ou abaisse ; rien que la musique bouillonnante de ce majestueux changement, ou bien un silence pénétrant. Aucun faible mur, aucune maisonnette à basse toiture, aucun hangar de chaume n'auraient pu y être élevés ; seuls une force pareille à celle du rocher et l'enchâssement des plus précieuses pierres. Et tout autour, à perte de vue, le doux balancement des eaux sans tache, orgueilleusement pures : aucune fleur, mais aucune épine, aucune ronce dans ce champ mouvant.

John Ruskin
*Les Peintres modernes*, 1843-1860.

Le plus pauvre mendiant de Venise a droit sur le Palais Ducal, sur Saint-Marc et sur Titien. Il a part aux miracles de sa ville. Il dort dans un taudis ; mais quand il sort de sa cave, le puits sculpté sur la petite place, la charmante margelle, les bas-reliefs, sont à lui, comme le ciel et les couleurs ravissantes de la lagune. Plus même qu'ils ne lui appartiennent, ils tiennent beaucoup de lui, le pauvre hère. La beauté et ces beaux peuples s'engendrent, les uns l'autre, étant si naturellement unis. Depuis deux ou trois mille ans, elle a vécu par eux, comme ils ont vécu en elle. Une œuvre d'art n'est pas si profanée par les mains d'un gueux latin, qu'elle est souillée par les yeux profanes de tous vos rois d'Amérique.

André SUARÈS
*Voyage du Condottiere — Vers Venise*, 1910.

Venise était bien la ville de mes rêves, et tout ce que je m'en étais figuré se trouva encore au-dessous de ce qu'elle m'apparut, et le matin et le soir, et par le calme des beaux jours et par le sombre reflet des orages, j'aimais cette ville pour elle-même, et c'est la seule au monde que je puisse aimer ainsi, car une ville m'a toujours fait l'effet d'une prison que je supporte à cause de mes compagnons de captivité. A Venise on vivrait longtemps seul, et l'on comprend qu'au temps de sa splendeur et de sa liberté, ses enfants l'aient presque personnifiée dans leur amour et l'aient chérie non pas comme une chose, mais comme un être.

George SAND
*Histoire de ma vie*, 1854-1855.

Quand vous ouvrez les documents de la vie publique et privée de l'époque du Titien vous restez anéanti. C'est un vertige, une folie : il n'est question que d'or. Les maisons sont en marbre et or. Les intérieurs de presque toutes les habitations seigneuriales sont vêtues de tentures d'or et d'argent, les marches des escaliers sont d'or incrustées, les lits sont en or, les habits sont en brocart d'or ! Au palais Vendramini, les colonnes sont de jaspe oriental, les portes incrustées d'ivoire et d'ébène. Pourtant un jour les Vénitiens s'aperçurent que quelque chose leur manquait. Et prestement ils se mirent à dorer les cierges qui les éclairaient, puis les pâtés, les coquilles d'huîtres, les carapaces des crustacés. Enfin le pain !

Ferdinand Bac
*Le Mystère vénitien*, 1909.

Où vit-on des danseurs au bout de feuilles mortes,
Tant de lions couchés devant le seuil des portes,
Tant d'aiguilles de bois, de dentelles de fer,
De dentelles de marbre et de chevaux en l'air ?
Où vit-on tant de fruits qu'on charge et qu'on décharge ?
Tant de Jésus marcher sur l'eau,
Tant de pigeons marchant de long en large
Avec habit à queue et les mains dans le dos ?
Où vit-on, d'un orteil, tenir sur une boule
Un homme armé d'un parchemin ?
Où vit-on labyrinthe encombré d'une foule
Qui jamais ne perd son chemin ?
Où vit-on flotter tant d'épluchures d'oranges,
Tant de ronds, de carrés, d'ovales, de losanges,
Où vit-on des bustes charmants
Glisser, les bras tendus, sur le bord des terrasses ?
Où vit-on manger tant de glaces ?
Où vit-on des radeaux être de belles places ?
Où vit-on sur un pied dormir les monuments ?
Où vit-on un palais qui penche

*La gloire de Venise*

Attendre quoi ? debout et le poing sur la hanche ?
Où vit-on sur la mer machiner un décor ?
Tant de filles en deuil et tant de dames blanches
Se mettre au carnaval une tête de mort ?
Où vit-on parcourir avec paniers et boîtes
Tant de porteurs légers qui n'ont que des mains droites ?
Où vit-on atteler des hippocampes d'or ?

Jean COCTEAU
Préface de *Venise que j'aime...*, 1957.

La cité très auguste des Vénètes est aujourd'hui l'unique demeure de la liberté, de la paix et de la justice, l'unique refuge des bons, l'unique port vers lequel tendent, brisés de tous côtés par les tempêtes des guerres et des tyrannies, les vaisseaux de ceux qui désirent vivre bien, cité riche en or, mais plus riche en beauté, puissante par ses ressources, mais plus puissante par sa vertu fondée sur des marbres solides, mais confirmée dans sa stabilité par le fondement plus solide encore de la concorde civile, ceinte de fleuves salés, mais combien plus grande de tout le sel de son esprit.

PÉTRARQUE
*Lettres*, 1364.

# *Nobles vénitiens*

Connaissez-vous, Perdita, reprit Stelio en regardant avec un plaisir ingénu les figues violettes et les blonds raisins accumulés depuis la poupe jusqu'à la proue, non sans harmonie, connaissez-vous une particularité gracieuse de la chronique des Doges ? La Dogaresse, pour les frais de ses vêtements solennels, jouissait de certains privilèges sur l'impôt des fruits. Ce détail ne vous réjouit-il pas ? Les fruits des îles l'habillaient d'or et la couronnaient de perles. Pomone payant sa redevance à Arachné : voilà une allégorie que le Véronèse aurait pu peindre à la voûte du Vestiaire. Pour moi, quand je me figure la noble dame droite sur ses hautes socques gemmées, je suis heureux de penser qu'elle porte quelque chose d'agreste et de frais dans les plis de son lourd brocart : le tribut des fruits. Quelles saveurs acquiert ainsi son opulence !

Gabriele D'ANNUNZIO
*Le Feu*, 1899.

Le palais est de marbre où, le long des portiques,
Conversent des seigneurs que peignit Titien,
Et les colliers massifs au poids du marc ancien
Rehaussent la splendeur des rouges dalmatiques.

Ils regardent au fond des lagunes antiques,
De leurs yeux où reluit l'orgueil patricien,
Sous le pavillon clair du ciel vénitien
Etinceler l'azur des mers Adriatiques.

Et tandis que l'essaim brillant des Cavaliers
Traîne la pourpre et l'or par les blancs escaliers
Joyeusement baignés d'une lumière bleue,

Indolente et superbe, une Dame, à l'écart,
Se tournant à demi dans un flot de brocart,
Sourit au négrillon qui lui porte la queue.

José Maria de HEREDIA
« La Dogaresse », *Les Trophées*, 1893.

J'assistai, ces jours passés, à un grand mariage, quoiqu'un peu disproportionné. Un individu de cinq pieds et demi de haut se maria avec un élément de six mille lieues de long. Le doge de Venise épousa la mer. Toute la seigneurie assista à ses noces, et fit beaucoup d'honneur aux nouveaux mariés.

Quoique la polygamie soit défendue chez les princes chrétiens, il est permis à celui-ci de passer tous les ans en secondes noces. Le doge de Venise épouse toujours, et ne consomme jamais : il a le privilège d'être impuissant, et bien lui en vaut ; car s'il couchait une seule nuit avec son épouse, le lit de ses noces deviendrait son tombeau : en un mot, pour consommer le mariage, il faudrait jeter le doge au fond de la mer, et on se contente d'y jeter un anneau.

Quoique l'hymen de ce prince soit indiqué à un certain jour marqué, il n'arrive pas toujours que ce soit celui du mariage. Les vents et les tempêtes en retardent quelquefois la célébration : on est obligé alors de différer les noces ; car si l'épouse était de mauvaise humeur, elle pourrait, en engloutissant l'époux, le faire périr par la jouissance.

Quand rien ne retarde l'hymen, le Sérénissime monte sur un

vaisseau d'or et épouse cet élément à la face du Sénat et d'une foule d'étrangers, qui accourent de toutes parts pour assister à ses noces... Je voudrais qu'on réformât les usages ridicules.

On dit, pour raison de cette cérémonie, qu'elle est en mémoire de l'empire que les Vénitiens eurent autrefois sur la mer ; mais cet empire a fini. Pourquoi conserver la figure, quand la réalité n'existe plus ?

Ange GOUDAR
*L'Espion chinois, ou l'envoyé secret*
*de la Cour de Pékin*
*pour examiner l'état présent de l'Europe*, 1766.

La noblesse de Venise est, si je ne me trompe, la plus ancienne de l'Europe (j'entends les premières maisons), puisqu'il en subsiste plusieurs de celles qui élurent le premier doge, il y a plus de treize cents ans. Ils ont, tant dans l'ancienne que dans la moderne noblesse, entre laquelle, par parenthèse, il n'y a point de différence comme à Gênes, beaucoup de familles puissamment riches ; bien entendu que la république met bon ordre à ce qu'elles ne le deviennent pas trop. Par exemple, en dernier lieu, la Pisani, héritière de 150 000 ducats de rente, voulait se marier à un homme de son nom presque aussi riche qu'elle ; non seulement l'Etat le lui a défendu, mais il l'a obligée d'en épouser un autre qui n'avait rien. Cette noblesse se perpétue sûrement, et prouve sa descendance par le registre appelé le *Livre d'or*, où l'on inscrit tous les nobles qui naissent ; ceux qui auraient omis de s'y faire inscrire ne seraient pas nobles ; aussi y a-t-il des citadins qui, quoique petits bourgeois, sont de la plus ancienne noblesse ; ce qui vient de ce qu'en... on ferma tout d'un coup le *Livre d'or*, moyennant quoi il n'y a eu que ceux qui y étaient inscrits alors et leurs descendants qui ont été nobles. Tous ceux qui avaient négligé de s'y faire inscrire furent exclus, et n'ont pas aujourd'hui plus de prérogatives que les autres citadins. Ce n'est pas beaucoup dire assurément, car cet ordre est assez malmené par le gouvernement, et plus encore les gentilshommes de terre ferme. En récompense, le menu peuple est traité avec une extrême douceur ; la raison de ces deux points de politique n'est pas difficile à deviner.

Charles de BROSSES
*Lettres familières écrites d'Italie en 1739 et 1740.*

Comme le savent les connaisseurs, la noblesse vénitienne est la première de l'Europe. Son *Livre d'or* a précédé les Croisades, temps où Venise, débris de la Rome impériale et chrétienne qui se plongea dans les eaux pour échapper aux Barbares, déjà puissante, illustre déjà, dominait le monde politique et commercial. A quelques exceptions près, aujourd'hui cette noblesse est complètement ruinée. Parmi les gondoliers qui conduisent les Anglais à qui l'Histoire montre là leur avenir, il se trouve des fils d'anciens doges dont la race est plus ancienne que celle des souverains. Sur un pont par où passera votre gondole, si vous allez à Venise, vous admirerez une sublime jeune fille mal vêtue, pauvre enfant qui appartiendra à l'une des plus illustres races patriciennes. Quand un peuple de rois en est là, nécessairement il s'y rencontre des caractères bizarres. Il n'y a rien d'extraordinaire à ce qu'il jaillisse des étincelles parmi les cendres. Destinées à justifier l'étrangeté des personnages en action dans cette histoire, ces réflexions n'iront pas plus loin, car il n'est rien de plus insupportable que les redites de ceux qui parlent de Venise après tant de grands poètes et tant de petits voyageurs.

Honoré de BALZAC
*Massimilla Doni*, 1839.

Bragadino fut un remarquable commandant vénitien qui défendit Famagusta pendant les guerres du XVIe siècle contre les Turcs. Il se montra compétent et courageux mais, au bout de plusieurs mois de siège, il fut obligé de se rendre. Le chef turc lui offrit des conditions honorables et Bragadino quitta la forteresse pour signer la reddition, vêtu de la robe pourpre de sa charge, accompagné par les officiers de son état-major et protégé du soleil par un grand parapluie rouge de cérémonie. Le pacha le reçut d'abord courtoisement. Mais tout à coup, au cours de la cérémonie, le Turc se leva d'un bond, accusa Bragadino d'atrocités envers les prisonniers et ordonna que les officiers de l'état-major vénitien soient massacrés sur place.

Le sort de Bragadino fut pire encore. A trois reprises, il fut sur le point d'être décapité et, par un raffinement de cruauté, on ordonna au bourreau de s'arrêter. Son nez et ses oreilles furent coupés, son corps fut mutilé et pendant dix jours il fut, chaque matin, chargé de paniers de terre, conduit sur les fortifications turques et arrêté devant la tente du pacha où il devait baiser le sol. On le hissa à la vergue d'un navire et on le laissa se balancer là pendant des heures. Il souffrit toutes sortes de railleries sadiques et dégradantes. Finalement il fut conduit sur la grande place de la ville, déshabillé, enchaîné à un pieu et écorché vif en présence du pacha. Sa peau fut empaillée et promenée dans les rues sur une vache, avec son parapluie rouge au-dessus de lui en signe de dérision. Et lorsque enfin le pacha regagna en triomphe la Corne d'Or, ce macabre trophée se balançait au beaupré du navire étendard.

La peau fut conservée, souvenir victorieux, à l'arsenal turc de Constantinople. Des années plus tard, les Vénitiens la reprirent — certains disent l'achetèrent et d'autres la volèrent. Elle était, nous dit-on, encore aussi douce que de la soie. Elle fut nettoyée, bénie et placée dans une urne. Aujourd'hui, un buste de Bragadino (dont au moins un *vaporetto* porte le nom) est perdu dans une méditation sereine, sur son grand monument de San Zanipolo. Au-dessus de lui, miséricordieusement estompée par l'âge et par l'ombre, une fresque le montre écorché vif. A côté de lui, deux lions engourdis regardent fixement la nef. Et juste au-dessus de sa tête, si vous regardez attentivement vous verrez la petite urne de pierre où sa peau jaunie et couturée repose, soigneusement pliée, comme un mouchoir dans un tiroir à linge.

James MORRIS
*Visa pour Venise*, 1964.

# *Nobles vénitiens*

Il y avait belle lurette que je n'étais pas allé rendre visite à mon oncle le sénateur Tiepolo (...).

La vertu de patience était par lui portée à l'extrême, et personne ne la vit jamais s'altérer, quelque cruelle que pût être la vicissitude : je donnerai un seul exemple de cette intrépidité, qui se produisit quelques années avant sa mort.

Un soir, en descendant de sa gondole, il s'empêtra dans sa longue robe patricienne et manqua de tomber dans le canal : pour le retenir, son gondolier lâcha l'aviron qu'il tenait à la main et qui, tombant rudement sur le bras droit de son maître, le lui cassa net. Le gondolier ne s'avisa pas de l'accident et S.E. le sénateur ne pipa mot : il gravit lentement son escalier, et, arrivé dans ses appartements, à un valet qui s'approchait de lui pour l'aider, comme d'habitude, à ôter sa robe, il se borna à dire avec imperturbabilité :

— Va doucement, car mon bras droit est cassé.

On peut se figurer l'émotion des siens, qui l'adoraient : quant au gondolier responsable de l'accident, il accourut en pleurant et en demandant pardon. Le sénateur calma tout le monde et dit au gondolier :

— Je n'ai pas de faute à te pardonner : tu m'as fait mal en voulant me faire du bien.

Et il se résigna à demeurer quarante jours couché, ainsi que le voulait son chirurgien, sans jamais marquer la moindre impatience. Après quoi, il reprit ses occupations habituelles en se servant du même gondolier.

Carlo GOZZI
*Mémoires inutiles*, 1797-1798.

## *Célébrations officielles*

Il fait bon voir, Magny, ces couillons magnifiques,
Leur superbe Arsenal, leurs vaisseaux, leur abord,
Leur Saint-Marc, leur Palais, leur Realte, leur port,
Leurs changes, leurs profits, leur banque et leurs trafiques :

Il fait bon voir le bec de leurs chapprons antiques,
Leurs robes à grand' manche, et leurs bonnets sans bord,
Leur parler tout grossier, leur gravité, leur port,
Et leurs sages avis aux affaires publiques.

Il fait bon voir de tout leur Sénat balloter,
Il fait bon voir partout leurs gondoles flotter ;
Leurs femmes, leurs festins, leur vivre solitaire :

Mais ce que l'on en doit le meilleur estimer,
C'est quand ces vieux cocus vont épouser la mer,
Dont ils sont les maris, et le Turc l'adultère.

Joachim du BELLAY
*Regrets*, 1558.

La fête de la Vierge, au mois d'août, l'emplit de joie. Il y eut une messe arménienne à Saint-Marc. La Vierge byzantine de

Nicopée fut exposée sur le maître-autel, sur un devant et une tenture de fond en brocart doré voilant la Pala d'Oro. La dignité extrême de l'officiant barbu, vêtu d'une chape de tissu vaporeux, à collet montant, et des deux enfants arméniens qui lui servirent la messe, fit une impression profonde sur Crabbe : voici la catholicité impolluée par les influences du fétiche moderne et insensé de l'uniformité. Il s'offrit une véritable débauche d'observances religieuses ce jour-là, allant d'église en église entre l'aube et midi.

Frederick ROLFE, baron CORVO
*Le Désir et la poursuite du Tout*, 1934.

Le jour de la Saint-Marc 1570, selon Stringa, et 1574, selon d'autres auteurs, l'immense procession fit le tour de la place Saint-Marc sous les tentes en arcades dressées à cet effet en dehors des arcades des Procuraties, trop basses pour donner passage aux énormes croix d'or massif, aux gigantesques chandeliers, aux châsses de lapis-lazuli surmontées de lis d'argent ciselés, aux reliquaires terminés en pyramides de pierres précieuses, en un mot à tout l'attirail ruineux dont les prêtres sont si jaloux et les bourgeois des corporations si vains. Aussitôt que les chants religieux se furent engouffrés sous les portiques béants de la basilique, tandis que les enfants et les pauvres recueillaient les nombreuses gouttes de cire parfumée répandues sur le pavé par des milliers de cierges, et cherchaient avidement quelque pierrerie, quelque perle échappée aux joyaux sacrés, on vit se découvrir comme par enchantement, au milieu de la place, un vaste cirque entouré de tribunes en bois, gracieusement décorées de festons bariolés et de draperies de soie, sous lesquelles les dames pouvaient s'asseoir à l'abri du soleil et contempler la joute. Les piliers qui soutenaient ces tribunes étaient couverts de banderoles flottantes, sur lesquelles on lisait des devises galantes, dans le naïf et spirituel dialecte de Venise. Au milieu s'élevait un pilier colossal, en forme de palmier, sur la tige duquel grimpaient une foule de charmants lézards dorés, argentés, verts, bleus, rayés, variés à l'infini ; de la cime de l'arbre, un beau génie aux ailes blanches se penchait vers cette troupe agile, et lui tendait de chaque main une couronne. Au bas de la tige, sur une estrade de velours cramoisi, sous un dais de brocart orné des plus ingénieuses arabesques, siégeait la reine de la fête, la donneuse de prix, la petite Maria Robusti, fille du Tintoret, belle enfant de dix à douze ans, que Valerio se plaisait à appeler en riant la dame de ses pensées, et pour laquelle il avait les plus tendres soins et les plus complaisantes attentions. Lorsque les tribunes furent remplies, elle parut habillée à la manière des anges de Giambellino, avec une tunique blanche, une légère draperie bleu de ciel et un délicat feston de jeune vigne sur ses beaux cheveux blonds, qui formaient un épais rouleau d'or autour de son cou d'albâtre. Messer Orazio Vecelli, fils du Titien, lui donnait la main ; il était vêtu à l'orientale, car il arrivait de Byzance avec son père. Il s'assit auprès d'elle, ainsi qu'un nombreux groupe de jeunes gens distingués par leur talent ou leur naissance, à qui l'on avait réservé des places d'honneur sur les gradins de l'estrade. Les tribunes étaient remplies des dames les plus brillantes, escortées de galants cavaliers. Dans une vaste enceinte réservée, plusieurs personnages importants ne dédaignèrent pas de prendre place. Le doge leur en donna l'exemple : il accompagnait le jeune duc d'Anjou, qui allait devenir Henri III, roi de France, et qui était alors de passage à Venise. Luigi Mocenigo (le doge) avait à cœur de lui faire pour ainsi dire les honneurs de la ville, et de déployer à ses yeux, habitués à la joie plus austère et aux fêtes plus sauvages des Sarmates, le luxe éblouissant et la gaieté pleine de charmes de la belle jeunesse de Venise.

George SAND
*Les Maîtres mosaïstes*, 1836.

Quand Henri défit les plis compliqués de sa serviette, il s'aperçut qu'elle était aussi en sucre. Trois cents différentes sortes de bonbons furent distribuées au moment où les repas se terminaient et, après le dîner, le roi assista au premier opéra qui fût jamais représenté en Italie. Quand finalement il s'éloigna dans la nuit, il s'aperçut qu'une galère qu'on lui avait montrée dans la soirée en pièces détachées avait été construite durant le banquet, sur le quai, devant la porte...

Selon certains historiens, le pauvre jeune roi, qui s'habillait très simplement et qui aimait flâner dans les villes incognito, ne retrouva jamais complètement ses esprits et vécut le reste de sa vie dans une sorte de somnolence.

James MORRIS
*Visa pour Venise*, 1964.

En 1156, sous le dogat de Vital Michieli, l'Eglise comptait deux papes. Frédéric Barberousse, empereur d'Occident, s'était déclaré pour Victor IV, tandis que les Vénitiens tenaient, pour deux raisons, à Alexandre III : la première de ces raisons, c'est que les droits de ce pontife étaient plus légitimes que ceux de son compétiteur ; la seconde, c'est que Venise se souciait peu de favoriser les prétentions de Barberousse. C'est au milieu de cette division des idées que Ulric, patriarche d'Aquilée, qui en héritant du titre de ses prédécesseurs semblait avoir aussi recueilli leur haine contre l'église de l'île du Grado, peu distante de sa propre île, voulut témoigner son opposition envers le pontife favorisé des Vénitiens, en faisant une démarche hostile contre l'île, qu'il pilla jusque dans sa métropole, à la tête de ses douze chanoines érigés en *uscoques* pour cette expédition. Mais comme Ulric s'en retournait avec son butin, il fut surpris par quelques bâtiments de l'arsenal qui rôdaient dans l'archipel des îles Vénètes, et fait prisonnier avec ses chanoines. Il se vit contraint, pour reconquérir sa liberté, de se soumettre à une rançon, et les Vénitiens, plus haineux que cupides, se contentèrent de lui imposer un tribut annuel, qui devint un éternel objet de dérision, de façon à ce que le peuple conservât toute son animadversion et son mépris pour les patriarches d'Aquilée. Ce tribut, le voici :

Tous les ans, le jour du jeudi gras, c'est-à-dire lorsque les Vénitiens étaient le mieux disposés à rire et à s'amuser, le patriarche dut envoyer à la capitale *un taureau et douze porcs* représentant, dans les idées populaires, *le patriarche et ses douze chanoines*. Ces animaux reçus, on les ornait de bandelettes et de parures comiques, et on les promenait en grande pompe, et aux cris, aux rires de la multitude, depuis l'extrémité de la Riva, jusqu'à la place Saint-Marc, et chacun avait le droit, droit dont on usait largement, d'adresser aux passifs animaux toutes sortes de quolibets allégoriques à l'adresse des personnages qu'ils étaient censés représenter. La promenade terminée, on s'arrêtait au milieu de la place Saint-Marc, et le doge présent, avec quelques dignitaires de l'Etat, on coupait la tête au pauvre bœuf bafoué et aux infortunés porcs turlupinés, et le peuple se disputait les morceaux de leurs cadavres qui passaient dans les marmites béantes des plus pauvres gens. Mais il fallait, dit-on, que le doge fît servir ce jour-là sur sa table, une des oreilles de l'immonde animal dont saint Antoine fit son compagnon favori, ce qui lui a donné une célébrité d'enseigne. Heureusement que le doge n'était pas musulman.

Jules LECOMTE<br>*L'Italie des gens du monde —*<br>*Venise*, 1844.

La nuit du *Redentore* a déjà été décrite, mais il serait intéressant d'avoir, d'un point de vue domestique, un compte rendu de son lendemain ordinaire. Toutefois, cela concerne principalement la Giudecca, vers laquelle on lance un pont du Zattere vers la grande église. Les pontons sont assemblés pendant la journée — cela se fait avec un art et une célérité extraordinaires — et le pont est prolongé en travers du Canalazzo (vers Santa Maria Zobenigo). Il justifie mon observation en la circonstance. Nous l'observons des fenêtres de notre palais ; allongeant un peu nos cous, levant nos regards vers la Salute, nous voyons, durant cet après-midi d'été, tout Venise, en rangs serrés, se déverser par cette temporaire voie pédestre. C'est un troupeau d'enfants bien sages, et le Canal avec son pont est son jouet. Venise en cette occasion se montre gentille et amicale ; et Venise, même, ne pousse personne dans l'eau.

Henry JAMES
*Heures italiennes*, 1909.

## *Les peintres*

Je me rends aujourd'hui pour la première fois à l'Académie. Inconsciemment, j'ai eu la grande intelligence de regarder d'abord pendant quelques jours le soleil vénitien et de respirer l'air du lieu, avant d'aller contempler la peinture vénitienne. A présent, je comprends Bellini, Giorgione, Palma, le Titien et Véronèse, qui sinon me seraient restés étrangers et qu'à Florence, je n'avais pas su apprécier. Je comprends maintenant le doux brun doré, l'air à la tonalité pleine, le fondu des vapeurs dorées de ces tableaux, dont la beauté sensuelle me charme. Du Tintoret qu'ailleurs je vénérais hautement, il y a ici quelques bonnes choses, mais il me déçoit quand même : à côté de la naïve sûreté du Titien, il semble artificiel et affecté.

Hermann HESSE
*Voyages en Italie*, 1901.

J'ai beaucoup de bons amis parmi les Italiens, qui me conseillent de ne pas manger ni boire avec leurs peintres. Beaucoup d'entre eux me sont hostiles et copient mes œuvres dans les églises et partout où ils peuvent en trouver. Après, ils les décrient, et disent que ce n'est pas dans la manière antique, et, donc, que c'est mauvais. Mais Giovanni Bellini, lui, a fait grand éloge de moi, devant une nombreuse assistance de nobles. Il aurait bien aimé avoir quelque chose de moi, et il est venu lui-même chez moi, et m'a prié de lui faire quelque chose, il était prêt à le payer. Et tout le monde me dit que c'est un juste, de sorte qu'aussitôt j'ai de la sympathie pour lui. Il est très vieux, et toujours le meilleur en peinture.

Albrecht DÜRER
*Lettre à Willibald Pirckheimer*,
7 février 1506.

Tu me fais signe par maints autels consacrés,
Ton esprit est une harmonieuse aspiration,
Et ton âme douce connaît l'amour de la vérité.

Oh ! quel bonheur, que de se livrer tout à toi,
Et, si c'était possible, de vivre année par année
Auprès de tes anges, Giovanni Bellini !

August von PLATEN
*Sonnets vénitiens*, 1824.

Carpaccio, peintre assommant de scènes religieuses auxquelles il ne croit pas. La *Présentation de Jésus au Temple*. Oui, c'est bien peint. Et après. Ennuyeux de fausse noblesse, de mouvement conventionnel. Heureusement il y a le Carpaccio de *Sainte Ursule*. Très assurément pédéraste. Car enfin sainte Ursule ne paraît guère. On perd un temps fou à nous montrer une ambassade, sa réception, son retour, les noces. Et puis, on précipite les choses, on nous montre enfin la sainte, après un tableau médiocre où elle est endormie, mais c'est pour la faire massacrer. Par contre, quel bonheur il a de peindre les cuisses bien moulées, les cheveux d'or des compagnons de la loge et leurs ravissantes petites fesses. Haine de la femme. C'est cet amour des hommes qui fait la beauté des tableaux, leur humanisme. On dirait un film américain comme *Le Banni* où les seins de Jane Russell cachent une histoire de pédés. Ursule est l'enseigne qui fait passer la marchandise.

Jean-Paul SARTRE
*La Reine Albemarle*
*ou le dernier touriste*, 1952.

Elles habitent là, dans une ombre aveuglée et poussiéreuse, rangées et lacérées comme la momie profanée d'une impératrice, les deux dames peintes par Carpaccio, avec le lévrier nerveux, élégant et aérien comme une épée et la colombe roucoulante et blanche. Les deux femmes sont engoncées dans de larges robes dorées : celle qui est plus haut a des yeux de faucon, celle qui est plus bas des yeux de paon ; toutes deux ont des yeux d'acier pour blesser, des yeux de plomb pour brûler, des yeux de fer pour clouer, des yeux liquides pour que les teintes du monde en fusion du chaos originel les inondent.

Pere GIMFERRER
*Fortuny*, 1983.

Je me mis à regarder l'admirable spectacle que faisaient les innombrables barques qui, remplies autant d'étrangers que de Vénitiens, faisaient la joie non seulement de ceux qui regardaient mais du Grand Canal lui-même, la joie de quiconque le sillonne. (...) Je m'écriai : « O Titien, où êtes-vous donc ? » Ma foi, si vous aviez peint ce que je vous raconte...

L'ARÉTIN
*Lettres*, mai 1544.

Titien est un païen déterminé. Il ne reconnaît aucun frein à la magnifique et brutale expansion des sens et à leur entier droit de se satisfaire n'importe où, n'importe quand, et à n'importe quel prix... Il est l'inséparable ami de l'Arétin, ce bandit des lettres, cet entremetteur, ce maître chanteur qui recueille toutes les belles coquines prêtes à se vendre au plus offrant. Le Titien laisse circuler sa propre fille, *fleur superbe de sa force et de son génie*, au milieu de ce monde de rufians et de prostituées.

Ferdinand BAC
*Le Mystère vénitien*, 1909.

C'était encore l'heure vespérale que, dans un de ses livres, il avait appelée l'heure du Titien, parce que toutes les choses y resplendissent finalement d'un or très riche, comme les figures nues de cet ouvrier prestigieux, et paraissent illuminer le ciel plutôt qu'en recevoir la lumière.

Gabriele D'ANNUNZIO
*Le Feu*, 1899.

DESIDERIO

Le Titien mourir,
Celui qui crée la vie ! Mais qui donc en ce cas
Aurait encor de vivre et la force et le droit ?

BATISTA

Mais lui, le Titien, ne sait ce qu'il en est ?

TIZIANELLO

Avec fièvre il travaille à un autre tableau,
En hâte, sans répit, inquiétant, farouche ;

Les jeunes filles qui près de lui sont restées
Pour lui doivent poser. Mais il nous a priés,
Nous, de nous en aller.

ANTONIO

Peut-il encore peindre ?
A-t-il la force ?

TIZIANELLO

Avec une étrange passion ;
Je ne le vis jamais peindre ainsi, subjugué
Par une force qui semble le harceler.

Hugo von HOFMANNSTHAL
*La Mort du Titien*, 1892.

A Venise, Titien, et cela est étrange à dire, déçoit complètement. Sa ville d'adoption est loin de posséder le meilleur de lui. Madrid, Paris, Londres, Florence, Dresde, Munich — voilà les domiciles de sa grandeur.

Henry JAMES
*Heures italiennes*, 1909.

Je ne puis me faire à Tintoret. Ce qu'on appelle sa puissance, n'est à mes yeux que l'abondance du désordre. Il n'est ni vrai, ni au-dessus de l'image vulgaire. Il est romantique jusqu'à la frénésie.

La puissance de l'artiste, je ne la reconnais qu'à la profondeur du coup qu'il frappe ; et de même, à la beauté de la mélodie, qu'il révèle une fois pour toutes ; à l'intensité de l'harmonie qu'il est capable de produire. Un petit tableau y suffit, sur un chevalet.

Mille lieues de peinture y peuvent échouer. La couleur de Tintoret est noire, lourde, monotone. Son style, plus que l'éloquence, est l'emphase continue. On n'est pas puissant parce qu'on lance cinq cents figures sur une muraille : un seul visage qui ne s'oublie plus, telle est la force.

Cet homme est à l'art ce que l'athlète est à la beauté divine. Avec ses pectoraux semblables à des mamelles en fer, avec son mufle, ses muscles pareils à des tumeurs, l'athlète au front bas, aux narines camuses, le visage cousu de cicatrices et renflé de bosses, est un géant peut-être, mais aussi une brute. L'athlète a beau passer sa vie dans l'arène et dans l'exercice de ses forces : toujours, il improvise. Ainsi, Tintoret est l'Improvisateur de peinture. Il vient à bout de toute surface. Il abat toute besogne. Il est virtuose prodigieux. Qu'on lui donne la grande muraille : il la peindra depuis la Corée jusqu'au désert de Gobi ; il y décrira toute l'histoire de la Chine.

Ce talent est énorme ; mais il est laid. Il est outré. Il n'est jamais à l'échelle, non pas de la grandeur, mais de sa propre éloquence. Il dit si fort ce qu'il veut dire, qu'on ne l'entend plus. Il a plus de pensée qu'il n'en faut pour nourrir tous les peintres de Venise, et tant il est habile, il semble ne pas penser.

N'ose-t-on pas le mettre au rang des grands tragiques ? et qui ne parle de sa vertu pour le drame ? Telle est l'illusion du vulgaire : le geste passe pour l'action ; le tumulte, pour la tragédie ; le bruit, pour la force sonore. Mais l'éternelle agitation de Tintoret est l'aveu qu'il n'est point tragique. La véritable tragédie sera toujours dans le cœur des héros, et de leurs passions. Voilà ce qui décide souverainement de leur sort, et même des paroles capitales qu'ils disent, celles où l'homme suscite son destin, où le destin se rend visible et descend. Or, ces paroles fatales, le silence qui précède et le silence qui les suit, en font seuls tout le prix.

Le vulgaire croit voir la tragédie dans la mêlée des personnages ; et plus ils sont, plus on se flatte de plonger dans le drame. On s'en éloigne, au contraire ; on l'oublie. La bataille n'est pas tragique, non plus que l'inondation ou le tremblement de terre. Ce ne sont que des convulsions confuses. Il n'y a de drame qu'entre un petit nombre de héros. Tout le reste est inutile ; ou pour mieux dire, tout le reste est cortège, jeu de scène et comparses. Si l'on veut que Tintoret soit tragique, il ne le fut jamais qu'à la manière de Dumas le père, et des autres énergumènes, qu'un demi-siècle a ruinés sans retour, tant ils sont vains et puérils. Tintoret, lui, a du style ; il se sauve par là, comme tous. Trop de force, en lui, trop d'éloquence, trop de chaleur pour ne point faire penser à un maître. Et, en effet, de tous les hommes, Tintoret me semble le plus voisin de Victor Hugo.

Son drame sans émotion et sans âme, n'y ayant d'émotion que la vérité profonde, quand le cœur et les passions sont à nu ; son style formidable, et toujours un peu creux ; son éloquence qui ne saurait tarir ; son goût du contraste, jusqu'à la grossièreté ; sa manie des ombres compactes ; sa faculté de répéter cent fois ce qui ne vaut souvent pas la peine d'être dit ; sa puissance plastique et sa pauvreté intérieure : tous les dons de Tinroret me font voir en lui le Victor Hugo de la peinture.

André SUARÈS
*Voyage du Condottiere — Vers Venise*, 1910.

Les portes de l'église de San Sebastiano se refermaient derrière moi, et je retrouvai la lumière du jour. C'est là que je venais soudain de comprendre et d'aimer Paolo Veronese, dont l'œuvre a, plus encore que celle des autres Vénitiens, besoin de l'air et de l'environnement de sa ville, pour que l'on puisse en jouir totalement. Cette jouissance que les salles du Palazzo Ducale ne m'avaient d'abord que partiellement accordée, venait de m'être donnée à profusion à San Sebastiano, où resplendissent, autour de la tombe du peintre, sur les murs et au plafond, quantité de ses œuvres aux couleurs exubérantes. Venant de la lagune, la chevelure encore humide du parfum de l'eau, il faut alors voir ces œuvres, tandis que la gondole attend devant la porte ; à ce moment elles apparaissent comme de doux rêves d'une nonchalante beauté, surgis dans toute leur richesse et leur inconséquence de la plénitude endormie de la ville lagunaire, puis elles parlent leur langue authentique, la langue de la vie quand celle-ci est foisonnement et insouciance, la langue de la beauté et du plaisir. Tout Venise se reflète en elles ; le monde des contours liquides, de la musique onirique qu'accompagne le battement des vagues ; le monde de la plus émouvante beauté, des soleils couchants qui se reflètent dans les eaux bleues et mates ; le monde qui, protégé des tempêtes de la terre par sa ceinture aquatique et des tempêtes de la mer par sa ceinture d'îles, se berce dans la jouissance d'un riche présent. On ne comprend plus les anges maigres et mélancoliques des anciens Toscans ni tous ces tableaux des grands maîtres qui décrivent la misère, la lutte pour la vie, la dure nature, la mort et la souffrance, tant que l'on est sous l'effet unilatéral de cet art luxuriant et brillant.

Hermann HESSE
*Voyages en Italie*, 1901.

Celui-là, Tiepolo, est la conscience de Venise. En lui l'Ame vénitienne qui s'était accrue instinctivement avec les Jean Bellin, les Titien, les Véronèse s'arrêta de créer ; elle se contempla et se connut. Déjà Véronèse avait la fierté de celui qui sent sa force ; Tiepolo ne se contente plus de cet orgueil instinctif, il sait le détail de ses mérites, il les étale, il en fait tapage. — Comme moi aujourd'hui, Tiepolo est un analyste, un analyste qui joue du trésor des vertus héritées de ses ancêtres.

Maurice BARRÈS
*Un homme libre*, 1889.

# *Architectures*

Depuis la mort du monde antique et après la cathédrale, la plus puissante symphonie de pierre est là.

Élie FAURE
*Histoire de l'art*, 1927.

Les demeures disposées des deux côtés du chenal faisaient penser à des sites de la nature, mais d'une nature qui aurait créé ses œuvres avec une imagination humaine.

Marcel PROUST
*Albertine disparue*, 1925.

Ce sont bien entendu les palais les plus anciens — mais aussi, il faut être juste, quelques-uns des plus tardifs, si nous pouvions les considérer individuellement — qui confèrent au Grand Canal l'essentiel de sa grande allure. Les plus raffinés jouxtent souvent les plus grossiers, et rares, hélas ! sont ceux dont le raffinement est suffisant pour que leur simple beauté les protège. Le temps et les générations leur ont imposé leur volonté, et le vent et le climat ont amplement eu leur mot à dire ; mais tout défigurés et déshonorés qu'ils sont, avec les meurtrissures de leurs marbres et la résignation de leurs ruines, il n'y a rien au monde qui les égale, et la longue succession de leurs visages usés et conscients font de la tranquille voie aquatique qu'ils surplombent une promenade historique dont la leçon, quelle que soit la fréquence avec laquelle nous la lisions, confère à Venise, par la profondeur de son intérêt, une incomparable dignité.

Henry JAMES
*Heures italiennes*, 1909.

Je la connais très bien, la Ca' d'Oro ; et elle ne me dit pas grand-chose. Enfin, la voilà... « Ainsi nommée parce que les ornements en *étaient* d'or. » Puissance poétique du nom : celui-ci couvre depuis des siècles ce palais d'un or invisible. Nul n'ignore que la Ca' d'Oro est en or : c'est sa pure substance ; dans toutes les mémoires ce coffret à bijoux lance des éclairs fauves. En fait il a perdu ses dorures, il est blanc sale, un peu rose aussi, couleur de fondant. C'est un très vieux petit coffret, très usagé ; et qui n'a pas très bien vieilli.

Jean-Paul SARTRE
*La Reine Albemarle*
*ou le dernier touriste*, 1952.

Ca' d'Oro, merveille de poésie, voilà le plus charmant palais pour Miranda.

La maison en fleur de pierre est faite pour épouser la vie, et non pour s'en défendre. Elle n'est pas l'asile où l'on s'abrite, le lieu où l'on rentre pour manger et dormir ; mais le palais de fête, qu'on a choisi en sa forme et son ornement, pour y vivre avec bonheur et goûter les voluptés qu'on préfère.

Séjour d'un prince insulaire, palais sans lourdeur et même sans gravité, la Ca' d'Oro n'évoque ni la crainte, ni la force, ni le souci jaloux de la retraite : son ordre est celui des fleurs, qui ne semblent si charmantes que pour se plaire à elles-mêmes. Les pierres à jour font penser à une treille de roses, portées sur des iris, dans un cadre de glaïeuls et de lys rouges. La hauteur délicieuse de cette façade sans assises apparentes efface de l'esprit le sens de la pesanteur.

La massive idée du luxe tombe aussi devant la richesse exquise. La Ca' d'Oro est un sourire de femme, la maison de la princesse amoureuse. Elle a la gloire de la jeune épouse. Le visage respire la sérénité du bonheur ; et le Grand Canal mire cette douceur sereine. Une gaieté tranquille, la certitude d'être belle, une sorte d'ardeur coquette à séduire, la figure de Miranda est celle de sa maison.

Une grâce aérienne soulève la demeure en dentelles et fait frissonner ses ogives au point de rose, ses rosaces et ses trèfles. La façade respire avec la vague courte : elle sommeille avec le canal, dans la sieste de midi. Au couchant, la galerie des fenêtres paires s'enflamme d'or incarnat ; et c'est vraiment alors le cœur de la roseraie, en sa douceur brillante, sous les lèvres du crépuscule. Miranda peut venir au balcon, soit que son amant la tienne par la taille, soit qu'elle le guette pour le repas du soir. Mais surtout, la tendre mélancolie de Prospero est sans pareille, qui regarde le palais d'or et contemple de loin, sur le canal, la maison des fées qu'a suscitée son art magique.

André SUARÈS
*Voyage du Condottiere — Vers Venise*, 1910.

Avant de pouvoir bien saisir la beauté de ces chapiteaux[1], il vous faut d'abord trouver le temps de faire vous-même un peu de ciselure pratique : rien ne fait l'éducation de l'œil comme un peu de travail manuel.

Donc en rentrant déjeuner, achetez une livre de fromage de

---

1. Chapiteaux des deux colonnes de la Piazzetta, dites colonnes de Marco et de Todaro (Théodore).

gruyère, ou tout autre également coriace et mauvais, avec le moins de cavités possibles, et là-dedans taillez de votre mieux un cube massif.

Or, tout le travail des chapiteaux dépend en premier lieu de la façon dont le carré du haut sera taillé pour supporter le mur, et dont la base sera arrondie pour s'adapter au pilier circulaire.

Taillez donc votre cube de façon à ce que sa base s'adapte à une colonne de fromage comme celles qu'extraient les généreux fromagiers pour la dégustation de la clientèle importante. Votre premier mouvement sera naturellement d'en faire sauter les quatre coins convertissant ainsi la base en octogone, ce qui se rapproche déjà du cercle. Or, si vous enlevez maintenant les angles d'un trait un peu allongé (comme si vous taillez un crayon), vous verrez que vous vous rapprochez beaucoup de la forme des chapiteaux de la Piazzetta. Mais vous vous en rapprocherez encore davantage si, coupant encore en deux surfaces plus étroites chacun de ses coins, vous donnez ainsi à la base de votre fromage la forme d'une figure de douze côtés, et vous verrez que chacun de ces angles doubles aura pris plus ou moins la forme d'une feuille dont l'arête formera la nervure centrale. Et si enfin, employant tout le talent de dessin ou de sculpture que vous possédez, vous tracez la véritable forme d'une feuille, aux bords des entailles, et que vous graviez de légers sillons allant des dentelures à la nervure centrale, vous aurez votre chapiteau de la Piazzetta. Ou pour mieux dire, vous l'aurez « à peu près », car dans cet « à peu près » réside presque toute la beauté provenant de l'extrême finesse avec laquelle sont dessinées et réunies ces courbes.

Néanmoins si vous avez les dispositions nécessaires, vous aurez appris dans ce quart d'heure de sculpture suffisamment d'art architectural pour être à même de jouir, en connaissance de cause, du travail de tous ces chapiteaux vénitiens des XII^e^ et XIII^e^ siècles. Tous, sans exception, quand ils sont de main-d'œuvre locale, sont en forme de cloche concave, décorée tantôt de feuilles, tantôt d'une masse en pierre recourbée qui deviendrait une feuille si on en creusait les angles. Mais le XIV^e^ siècle amène du nouveau.

Toutefois avant que je vous dise les changements qu'il apporta il vous faut tailler un autre bloc dans le fromage. Dans celui déjà converti en chapiteau, remarquez qu'il a été enlevé un assez grand poids de fromage en effilant ces angles élancés en forme de feuille. Essayons maintenant de produire un chapiteau sans perdre autant de fromage. Pour cela commencez à mi-chemin de chaque côté une entaille moins allongée mais plus profonde, qui donnera la même forme à la base ; si vous travaillez du marbre au lieu de fromage, non seulement ce travail sera plus simple mais vous laisserez aussi dans le haut un bloc de pierre bien plus massif, capable de supporter le poids qu'on lui infligera.

Retournez maintenant à la Piazzetta et, de là, faisant face au Palais Ducal, regardez d'abord les chapiteaux des deux colonnes grecques et ensuite ceux de l'arcade supérieure du Palais. Vous reconnaîtrez surtout dans les colonnes voisines du Ponte Della Paglia, du moins si vous avez des yeux pour voir, la forme de votre second bloc de gruyère, orné, il est vrai, de mille fantaisies, mais dont la forme première est identique à celle de votre bloc le moins finement travaillé. Les architectes modernes, en copiant ces chapiteaux, parviennent encore à imiter votre gruyère. Mais étant incapables de décorer le bloc une fois qu'ils l'ont taillé, ils déclarent que la décoration est un « mérite superficiel ».

John RUSKIN
*Le Repos de Saint-Marc*, 1877-1884.

Ruskin et les deux colonnes. Non, elles ne sont pas rendues symétriques par les chapiteaux. Mais elles sont dissymétriques comme la place Saint-Marc, comme tout en Italie et c'est la dissymétrie que nous aimons. Et il n'a pas remarqué que le mouvement est différent. L'une se tasse parce que le mouvement du chapiteau est arrêté et l'autre s'élève parce que le mouvement continue. C'est donc l'accord de deux mouvements inverses. Et puis, voir dans l'ensemble. C'est l'accueil de la mer. Mais la majesté se fait légère par la dissymétrie. Ruskin pédéraste. Le lion. Très beau. Saint Théodore, lamentable gringalet.

Jean-Paul SARTRE
*La Reine Albemarle*
*ou le dernier touriste*, 1952.

# *L'Inquisition*

L'inquisition était un pouvoir si mystérieux, si absolu, il y avait tant de danger à vouloir pénétrer ses secrets, et cela était si difficile, que trois jours après la Saint-Marc personne ne parlait plus des Zuccati. Le bruit de l'arrestation de Francesco s'était vite répandu, et ce bruit était tombé comme le flot qui meurt sur une grève déserte et silencieuse. Le plus faible rocher le repousserait et l'exciterait ; mais une arène de sable, dès longtemps aplanie et dévastée par les orages, reçoit la vague sans s'émouvoir, et là toute force s'anéantit faute d'aliment : telle était Venise. L'effervescence inquiète, la curiosité naturelle de son peuple, se brisaient comme la vaine écume des flots sur les marches du palais ducal, et les eaux sombres qui en baignent les caves emportaient à toute heure un suintement de sang dont la source inconnue gisait aux entrailles profondes de cet antre discret.

George SAND
*Les Maîtres mosaïstes*, 1836.

Les voyageurs de tous les temps nous ont peint avec des couleurs vraiment effrayantes l'Inquisition d'état de Venise, ses innombrables espions, ses délateurs cachés, la manière dont elle saisit les accusés, sa procédure secrète, l'exécution subite de ses arrêts de mort. On ne peut nier la vérité de plusieurs traits de leurs tableaux : mais d'autres sont tellement exagérés, on y en a fait entrer un si grand nombre qui sont purement imaginaires, que l'observateur impartial ne saurait démêler la réalité de la fiction, qu'après avoir fait quelque séjour à Venise, et surtout qu'après avoir comparé l'histoire de sa constitution en général avec celle de ce tribunal secret. C'est alors seulement que l'Inquisition d'état, dont on a fait un véritable épouvantail, commencera à lui paraître moins terrible ; et il se convaincra bientôt que Venise, avec une constitution telle que la sienne, avec ses rapports extérieurs, avec sa situation locale, avait besoin de ce mal politique pour conserver son équilibre intérieur, et son repos au-dedans et au-dehors. (Je ne crains point qu'on se méprenne sur mon intention, en traçant le résumé qu'on va lire. Personne n'est plus éloigné que moi de justifier l'Inquisition d'état vénitienne. Je la déteste ; mais je déteste encore plus la constitution qui rend un tel fléau nécessaire. Je déplore le sort des citoyens d'un état qui ne conserve son existence que par un moyen aussi violent ; qui fonde sur l'action d'un tribunal de sang la conservation de son bonheur et de son repos. Son bonheur est le rêve d'un esclave ; son repos, le sommeil de la mort. Mais je soutiens, d'après le témoignage de l'histoire, que les horreurs de ce tribunal sont étrangères à l'esprit de son institution. Des tyrans les y ont introduites, et le long abus d'un pouvoir sans bornes les a changées en lois. Une liberté sage saura les anéantir, et fonder la constitution de Venise sur de meilleurs principes.)

Frédéric-Jean-Laurent MEYER
*Voyage en Italie*, 1803.

« Oh ! le conseil des Dix ! parlons-en bas, Tisbé, car il est peut-être là quelque part qui nous écoute. Des hommes que pas un de nous ne connaît, et qui nous connaissent tous ; des hommes qui ne sont visibles dans aucune cérémonie, et qui sont visibles dans tous les échafauds... des hommes qui ne montrent jamais au peuple de Venise d'autre visage que ces mornes bouches de bronze toujours ouvertes sous les porches de Saint-Marc,

— bouches fatales que la foule croit muettes, et qui parlent cependant d'une façon bien haute et bien terrible, car elles disent à tout passant : Dénoncez ! — Une fois dénoncé, on est pris. Une fois pris, tout est dit... »

Victor HUGO
*Angelo, tyran de Padoue*, 1835.

On ne se douterait guère que c'est à moi que les amateurs du spectacle à Paris ont dû Coraline et sa sœur Camille : rien cependant n'est plus vrai. Véronèse, leur père, s'était engagé avec ses enfants pour la troupe italienne ; et après avoir reçu deux mille francs pour son voyage, au lieu de partir, il s'était tranquillement mis à Venise au théâtre de Saint-Luc, où Coraline, tout enfant qu'elle était encore, attirait beaucoup de monde. M. le duc de Gesvres, comme premier gentilhomme de la chambre, écrivit à l'ambassadeur pour réclamer le père et la fille. M. de Montaigu, me donnant la lettre, me dit pour toute instruction : *Voyez cela*. J'allai chez M. Le Blond le prier de parler au patricien à qui appartenait le théâtre de Saint-Luc, et qui était, je crois, un Zustinian, afin qu'il renvoyât Véronèse, qui était engagé au service du Roi. Le Blond, qui ne se souciait pas trop de la commission, la fit mal. Zustinian battit la campagne, et Véronèse ne fut point renvoyé. J'étais piqué. L'on était en carnaval. Ayant pris la bahute et le masque, je me fis mener au palais Zustiniani. Tous ceux qui virent entrer ma gondole avec la livrée de l'ambassadeur furent frappés ; Venise n'avait jamais vu pareille chose. J'entre, je me fais annoncer sous le nom d'*una Siora (sic) Maschera*. Sitôt que je fus introduit, j'ôte mon masque et je me nomme. Le sénateur pâlit et reste stupéfait. Monsieur, lui dis-je en vénitien, c'est à regret que j'importune Votre Excellence de ma visite ; mais vous avez à votre théâtre de Saint-Luc un homme nommé Véronèse qui est engagé au service du Roi, et qu'on vous a fait demander inutilement : je viens le réclamer au nom de Sa Majesté. Ma courte harangue fit effet. A peine étais-je parti, que mon homme courut rendre compte de son aventure aux Inquisiteurs d'Etat, qui lui lavèrent la tête. Véronèse fut congédié le jour même. Je lui fis dire que s'il ne partait dans la huitaine je le ferais arrêter ; et il partit.

Jean-Jacques ROUSSEAU
*Les Confessions*, 1769.

La Bianchina se crut morte et commença à appeler au secours ; mais Pippo lui bâillonna la bouche avec son mouchoir, et, sans qu'elle pût pousser un cri, il la força d'abord de lui rendre la bourse qu'elle avait heureusement conservée. « Tu as fait le malheur d'une puissante famille, lui dit-il ensuite, tu as à jamais troublé l'existence d'une des plus illustres maisons de Venise ! Tremble ! cette maison redoutable veille sur toi ; ni toi ni ton mari, vous ne ferez un seul pas maintenant, sans qu'on ait l'œil sur vous. Les Seigneurs de la Nuit ont inscrit ton nom sur leur livre ; pense aux caves du palais ducal. Au premier mot que tu diras pour révéler le secret terrible que ta malice t'a fait deviner, ta famille entière disparaîtra ! »

Il sortit sur ces paroles, et tout le monde sait qu'à Venise, on n'en pouvait prononcer de plus effrayantes. Les impitoyables et secrets arrêts de la *corte maggiore* répandaient une terreur si grande que ceux qui se croyaient seulement soupçonnés se regardaient d'avance comme morts. Ce fut justement ce qui arriva au mari de la Bianchina, ser Orio, à qui elle raconta, à peu de chose près, la menace que Pippo venait de lui faire. Il est vrai qu'elle en ignorait les motifs, et en effet Pippo les ignorait lui-même, puisque toute cette affaire n'était qu'une fable. Mais ser Orio jugea prudemment qu'il n'était pas nécessaire de savoir par quels motifs on s'était attiré la colère de la cour suprême, et que le plus important était de s'y soustraire. Il n'était pas né à Venise, ses parents habitaient la terre ferme ; il s'embarqua avec sa femme le jour suivant, et l'on n'entendit plus parler d'eux. Ce fut ainsi que Pippo trouva moyen de se débarrasser de la Bianchina, et de lui rendre avec usure le mauvais tour qu'elle lui avait joué. Elle crut toute sa vie qu'un secret d'Etat était réellement attaché à la bourse qu'elle avait voulu dérober, et, comme dans ce bizarre événement tout était mystère pour elle, elle ne put jamais former que des conjectures. Les parents de ser Orio en firent le sujet de leurs entretiens particuliers. A force de suppositions, ils finirent par créer une fable plausible. « Une grande dame, disaient-ils, s'était éprise du Tizianello, c'est-à-dire du fils du Titien, lequel était amoureux de Monna Bianchina, et perdait, bien entendu, ses peines auprès d'elle. Or, cette grande dame, qui avait brodé elle-même une bourse pour le Tizianello, n'était autre que la dogaresse en personne. Qu'on juge de sa colère en apprenant que le Tizianello avait fait le sacrifice de ce don d'amour à la Bianchina ! » Telle était la chronique de famille qu'on se répétait à voix basse à Padoue dans la petite maison de ser Orio.

Alfred de MUSSET
*Le Fils du Titien*, 1838.

« Voici, Vénitiens, disais-je dans ce sonnet, la véritable cause qui me fait abandonner ma patrie. La vérité excite la colère des sots. »

Ces mots furent prophétiques. Mon sonnet, écrit en dialecte vénitien, circula ; il fut lu avec avidité par toutes les classes, et la colère de ceux qu'il attaquait ne connut plus de bornes. Les femmes, qui faisaient cause commune avec Pisani et moi, en dépit de leurs maris, l'apprirent par cœur, et le récitaient au milieu des éclats de rire, en appuyant sur les traits les plus acérés ; la piqûre n'en était que plus envenimée. On pensa alors à battre la selle, puisqu'on n'osait battre le cheval. On chercha et l'on trouva des accusations et des accusateurs. Un scélérat qui fréquentait une maison où je me rendais souvent, s'offrit à porter ces accusations au Tribunal des *Blasphèmes*. Il me dénonça comme ayant mangé du jambon un vendredi ; il en avait mangé avec moi ; comme ayant manqué la messe plusieurs dimanches ; il n'y avait jamais assisté de sa vie. Je fus informé de cette délation par le Président lui-même de ce tribunal, qui avait la bonté de me porter quelque intérêt et qui fut le premier à me conseiller de quitter à l'instant Venise.

Lorenzo DA PONTE
*Mémoires*, 1823-1827.

J'entends[1] partout crier contre ceux qui, assis en rond, occupent plus des deux tiers de la calle larga, à Saint-Marc. On dit que ces groupements offrent des inconvénients, non seulement parce qu'ils occupent d'autorité la voie publique, mais encore, d'après ce que soutiennent certaines gens qui les ont vus, parce qu'ils sont le centre de rumeurs ténébreuses et très scandaleuses. Le dégoût général du public contre cette licence s'exprime par le nom dont on désigne actuellement cette rue. Certains l'appelent le *Mercà Nuovo* (le nouveau marché), d'autres *La Vaccheria* (la vacherie). On dit que ces hommes et ces femmes pourraient se contenter de s'asseoir en files rapprochées, mais sans placer leurs chaises en rond.

*GIACOMO CASANOVA.*

Giovanni COMISSO
*Les Agents secrets de Venise*,
billet de Casanova à l'Inquisition, vers 1780.

— Vous vous trouvez libres à Venise ?
— Autant qu'on peut l'être sous un gouvernement aristocratique. La liberté dont nous jouissons n'est pas si grande que celle

1. Casanova, après quelques démêlés avec les Inquisiteurs, finit par rentrer à leur service moyennant finance le 3 octobre 1780 avec un salaire de 15 ducats par mois. Ses « confidences » à l'Inquisition d'Etat s'achevèrent le 31 octobre 1782.

dont on jouit en Angleterre, mais nous sommes contents. Ma détention par exemple fut un fier acte de despotisme ; mais sachant d'avoir abusé moi-même de la liberté, je trouvais dans certains moments qu'ils avaient eu raison de me faire enfermer sans les formalités ordinaires.

— Moyennant cela personne n'est libre à Venise.

— Cela se peut, mais convenez que pour être libre, il suffit de croire de l'être.

CASANOVA DE SEINGALT
*Histoire de ma vie*, 1789.

## *En prison*

Nous étions encore au printemps, et déjà les cousins se multipliaient, je puis le dire, épouvantablement. L'hiver avait été d'une douceur peu ordinaire, et après quelques vents de mars, les chaleurs arrivèrent. On ne saurait croire à quel point l'air s'échauffa dans l'espèce de gîte que j'habitais. Placé en plein midi, sous un toit de plomb, avec une fenêtre donnant sur le toit, aussi de plomb, de Saint-Marc, dont la réverbération était terrible, je suffoquais. Je n'avais jamais eu l'idée d'une chaleur si accablante. A ce supplice, déjà si grand, venaient se joindre les cousins en tel nombre, que, pour peu que je fisse un mouvement et les excitasse, j'en étais couvert ; le lit, la table, la chaise, le sol, les murs, la voûte, tout en était chargé, et l'air en contenait une multitude infinie, qui allaient et venaient sans cesse par la fenêtre avec un bourdonnement infernal. Les piqûres de ces insectes sont douloureuses ; et quand on en reçoit du matin au soir et du soir au matin, qu'il faut subir l'importune nécessité de penser sans cesse à en diminuer le nombre, c'est trop de tourment, en vérité, pour l'esprit et pour le corps.

Lorsque, à l'épreuve d'un tel fléau, j'en connus la gravité, et ne pus obtenir qu'on me changeât de prison, je sentis renaître en moi quelque tentation de suicide, et parfois je craignais de devenir fou.

Silvio PELLICO
*Mes Prisons*, 1832.

Quelle que fût l'habileté de la police vénitienne, il y avait des moyens d'échapper aux griffes du Lion de Saint-Marc. Les Plombs ne gardaient pas tous leurs prisonniers. L'évasion célèbre de Casanova en est la preuve. Bien des vengeances privées devaient demeurer inconnues. Est-ce à une de ces vengeances qu'est due la présence du squelette d'homme que les ouvriers occupés aux réparations du Palais Manzoni Angarani découvrirent sous le pavimento d'une des salles ?

Henri de RÉGNIER
*L'Altana ou la vie vénitienne*, 1920.

Sous les plombs et dans un temps où l'air chargé d'exhalaisons pestilentielles entrait en aiguillons venimeux dans tous les pores, l'arrivée des mozelins, que devait bientôt suivre celle des scorpions, était comme un signal de mort pour Francesco. Déjà dévoré d'une fièvre ardente, il goûtait cependant la nuit un peu de repos pendant les courtes heures où la brise rafraîchissante parvenait jusqu'à lui ; mais ce repos allait lui être ravi. C'est la nuit que les cousins pénètrent dans toutes les demeures, et surtout dans celles où l'haleine chaude de l'homme les attire. Valerio prêta l'oreille avec anxiété. Il entendit mille cris aigus, mille gazouillements inquiets et empressés s'appeler, se répondre, s'éloigner, se rapprocher, se réunir, s'établir comme pour délibérer sur les combles, et s'envoler en jetant leur adieu perçant, comme une dernière malédiction à la cité dolente. Valerio se plaça dans la lucarne d'où il ne pouvait voir que l'éther. Il voit des points noirs se mouvoir dans le ciel, à une hauteur incommensurable, non plus en décrivant les grands cercles réguliers de la chasse, mais en fuyant tous en ligne droite vers l'orient. C'étaient les martinets qui étaient déjà en route. Francesco avait entendu le cri de départ ; il avait lu sur le visage de Valerio l'effroi de cette découverte. Quand la souffrance accable l'homme, il ne saurait prévoir un surcroît de souffrance, imminent, inévitable cependant ; il n'a pas la force d'ajouter par la pensée le mal futur au mal présent. Quand ce mal arrive, il est comme écrasé sous une catastrophe imprévue. La mort elle-même, ce dénouement si fatal, si nécessaire de la vie, surprend presque tous les hommes comme une injustice du ciel, comme un caprice de la destinée.

— A compter de demain, dit Francesco à son frère d'une voix éteinte, je ne dormirai plus.

C'était prononcer l'arrêt de sa propre mort. Valerio le comprit, et laissa tomber sa tête sur son sein. Des larmes amères, que jusque-là il avait eu le stoïcisme de retenir, ruisselèrent en flots cuisants sur ses joues pâles et amaigries.

George SAND
*Les Maîtres mosaïstes*, 1836.

On raconte à Venise une anecdote qui tendrait à faire supposer que les cachots du palais ducal s'avançaient jusque sous la Piazzetta, ce qui n'est pas autrement prouvé que par ce fait, qui est très probablement une imagination, une anecdote créée à plaisir. Toute la cour du palais est minée par les réservoirs des puits, et nous ne sachons pas qu'on ait jamais fourré là aucun prisonnier. Voici l'anecdote que nous tenons pour apocryphe :

« Un soir il y avait foule à la promenade sur le môle et sur la Piazzetta, lorsqu'on vit soudain une des dalles se soulever un peu, retomber, se soulever encore... et un peu plus, puis après s'être encore timidement refermée, s'ouvrir de nouveau et laisser voir... la tête d'un homme !

« C'était un prisonnier (dit l'anecdote) qui à force de temps et de patience, avait réussi à se frayer un passage à travers les murailles et les voûtes, en travaillant un peu chaque jour, aux heures où ses gardiens ne pouvaient pas le découvrir. Il en était ainsi arrivé au hasard, et sans savoir où il dirigeait ses travaux, à toucher le sol de la place et à mettre la tête en plein air... Le peuple qui comprit ce qui se passait masqua l'orifice d'où sortit le prisonnier, qui, protégé dans sa fuite, parvint à assurer sa liberté avant l'arrivée des sbires. »

Jules LECOMTE
*L'Italie des gens du monde — Venise*, 1844.

*En prison*

Ah, mais voilà qui est superbe ! Nous voici au XXe siècle, et, vous autres Vénitiens, vous ne vous êtes pas encore débarrassés de l'idée de vos pozzi, de vos piombi et de vos bourreaux ! Nous voici au XXe siècle, et tous les partis ecclésiastiques recourent tout naturellement, quand on les contrecarre, à la torture physique ! Excellents chrétiens !

Frederick ROLFE, baron CORVO
*Le Désir et la poursuite du Tout*, 1934.

## *Ghetto*

En se remémorant son premier souvenir, l'enfant se voyait à une fenêtre d'où, penché, il regardait loin devant lui couler l'eau verte et louvoyer les gondoles, les barques de pêche aux voiles de couleur où les hommes paraissaient avoir des tailles d'enfants. Il était né dans le Ghetto de Venise, au septième étage d'une maison très ancienne.

Israël ZANGWILL
*Rêveurs du ghetto*, 1898.

La jalousie que les Vénitiens témoignaient contre tous les étrangers ne devait pas ménager les juifs. Tour à tour admis et chassés, ils finirent par être tolérés à Venise ; mais leur traffic y était gêné par mille entraves : ils ne pouvaient s'y établir que pour un temps ; ils étaient assujettis à porter un signe distinctif ; on leur imposait des taxes particulières, qui ne les dispensaient d'aucune autre ; un quartier séparé leur était assigné, et ils y étaient renfermés depuis le coucher du soleil jusqu'au jour...

Pierre DARU
*Histoire de la République de Venise*, 1853.

BASSANIO. — C'est le signor Antonio.

SHYLOCK, *à part.* — Comme il a l'air d'un publicain flagorneur ! Je le hais parce qu'il est chrétien, mais surtout parce que, dans sa simplicité vile, il prête de l'argent gratis et fait baisser le taux de l'usance ici, parmi nous, à Venise. Si jamais je le tiens dans ma poigne, j'assouvirai la vieille rancune que je lui garde. Il hait notre sainte nation, et il clabaude, dans l'endroit même où se réunissent les marchands, contre moi, contre mes opérations, contre mes légitimes profits qu'il appelle intérêts ! Maudite soit ma tribu, si je lui pardonne !

William SHAKESPEARE
*Le Marchand de Venise*,
acte I, scène III, 1596-1597.

Le *Ghetto Nuovo* — ses fenêtres comme des yeux crevés, ses façades hagardes suant je ne sais quel relent de terreur moisie et ruineuse, qui fait penser à la fois à Shylock et à la ville empestée de *Nosferatu* : on s'attend d'en voir sortir les rats.

Julien GRACQ
*Lettrines*, 1967.

Des végétaux grimpent,
alors que les fontaines perdent leur flux.
Toujours raisonne le branle-bas,
le troupeau court depuis qu'existent les joncs.
Nous avons brisé nos idoles, et les morceaux de terre cuite nous ont poursuivis.
  Aujourd'hui la pluie sur Venise
est un rideau brumeux, balcon sur le canal et plante grim-
[pante.
Les flammes des candélabres tremblent, c'est le vent
de la haine qui effarouche les lampes à huile.

La mer est un lointain qui renaît,
spectres d'oiseaux dans le vent, c'est un bruit
qui descend de la montagne et, recourbée comme leurs serres
elle vole, féroce, liquide et fétide.
Cette fenêtre est un œil de bœuf vers l'enfer,
sur les mosaïques, reluit la silhouette du lion ailé,
tandis que le tonnerre se juche sur les tours,
et que l'eau court, sale, sous les ponts du Ghetto Nuovo.
Il y a un murmure transparent qui, dissimulé, arrive
des pierres oubliées du temple de Jérusalem :
*Shemà Israel, Adonai Elojenu, Adonai Ejat.*
Je caresse la rusticité des personnages
de bronze, et je sens l'obscure chaleur des lampes.
Dans ces arcades, ils dorment, sous chaque colonne palpite
[l'albâtre,
et il y a des oiseaux blessés sanglotant parmi les pierres.
Ni sortilège, ni enchantement, ni filigrane,
seulement les bougies dissimulées derrière les chapiteaux
et cette mer de cloches et de marbres nous ramenant
au souvenir des inquisiteurs, à la fumée des fours
crématoires, palette d'aviron brisé et cygnes déplumés.
Les voici, Seigneur, les mêmes murs en pierre
broyée, la même calligraphie orne lentement le cèdre
de tous ces oratoires qui un jour accueillirent Ta présence.
Il y a la solitude, et le silence s'est emparé des temples,
personne n'ose prononcer le moindre mot, et les eaux troubles
[du Jourdain
roulent, et les pasteurs abandonnent leurs troupeaux.
Il n'y eut pas d'éclair lumineux dans le délire,
le crépuscule, de ces obscurs tentacules étrangla,
peu à peu, tous les cous vulnérables.
Les plaies persistent sur la face de ces hommes
qui me regardent paisiblement, presque sans me voir.
Je devine dans leurs yeux bleus leurs heures de terreur,
leur fuite par les champs ravagés,
et ces terribles ombres délatrices
courant au son des sirènes par les rues.

*Ghetto*

Tous ces sourires font des cauchemars,
sous la brume humide se trouve un souvenir,
animaux hésitants, plume et poisson aveugle pris de folie.
Entends, Seigneur, entends la voix des Justes, entends la triste [musique
de la pluie sur Venise, le timide sanglot des tiens.

Marcos Ricardo Barnatán
*Prière à Venise*, 1966.

## *La mort d'une république*

Je vous rends compte que je me suis trouvé par hasard dans une boutique où se trouvait un Français qui venait d'acheter quelque chose d'un prix peu élevé et qui, au moment d'effectuer le paiement, voulut donner moins que la somme convenue. Le boutiquier lui dit poliment qu'il ne pouvait faire aucune réduction. Alors le susdit jeta son argent d'un air méprisant et, à la porte, souriant d'un air hardi : « Attendez, attendez, "bougres !" le moment viendra aussi pour ici ! »

Giovanni Comisso
*Les Agents secrets de Venise*,
billet aux Inquisiteurs de Luigi Beati,
10 septembre 1796.

Quatre jours après la décision du Conseil, le 16 mai, nos soldats embarqués paisiblement en gondoles, l'arme au bras et sans brûler une amorce, prirent possession de la colonie vierge de l'ancien monde. Qui la livra au joug d'une manière en apparence si inexplicable, si extraordinaire ? Le temps est une destinée accomplie. Les contorsions du grand fantôme révolutionnaire français, les gestes de cet étrange masque arrivé au bord de la plage, effrayèrent Venise affaiblie par les années : elle tomba de peur et se cacha sous les langes de son berceau. Ce ne fut pas notre armée qui traversa réellement la mer, ce fut le siècle ; il enjamba la lagune et vint s'installer dans le fauteuil des Doges, avec Napoléon pour commissaire. Le Conseil ne parla pas de donner la question aux deux voyageurs et de les enfermer sous les *plombs* ; il leur remit le Lion de Saint-Marc, les clefs du Palais et le bonnet ducal ; le *Pont des Soupirs* n'entendit plus passer personne.

Depuis cette époque Venise décrépite, avec sa chevelure de clochers, son front de marbre, ses rides d'or, a été vendue et revendue, ainsi qu'un ballot de ses anciennes marchandises : elle est restée au plus offrant et dernier enchérisseur, l'Autriche. Elle languit maintenant enchaînée au pied des Alpes du Frioul, comme jadis la Reine de Palmyre au pied des montagnes de la Sabine.

François-René de CHATEAUBRIAND
*Mémoires d'outre-tombe*, 1850.

*Mesures à préparer aujourd'hui, pour les exécuter demain*[1].

Erection de l'arbre de la liberté sur la place Saint-Marc.

Municipalité provisoire de vingt-quatre Vénitiens, en invitant les villes de la terre ferme, de l'Istrie, de la Dalmatie et du Levant, à s'unir à la mère patrie, qui sera toujours Venise.

Publication d'un manifeste annonçant au peuple qu'il aura un gouvernement démocratique et le choix de ses représentants.

Brûlement des signes de l'ancien gouvernement, demain au pied de l'arbre de la liberté.

Amnistie pour toutes les opinions et délits politiques passés, quels qu'ils soient.

Déclaration de la liberté de la presse, avec défense de parler contre les actes passés des personnes ou du gouvernement.

Ensuite la municipalité, accompagnée du peuple, se rendra à

1. Après la prise de Venise par Napoléon Bonaparte, en 1797.

l'église Saint-Marc, où la sainte Vierge sera exposée, et on y chantera un *Te Deum*, ainsi que dans les autres églises.

Pierre DARU
*Histoire de la République de Venise*,
1853.

Le sacrifice de notre patrie est consommé : tout est perdu. La vie, si même elle nous est laissée, ne nous servira plus qu'à pleurer sur nos désastres et sur notre infamie. Oui, je le sais : mon nom est sur la liste de proscription ; mais veux-tu donc que, pour échapper à des persécuteurs, je demande asile à des traîtres ? Rassure ma mère ; vaincu par ses larmes, je lui ai obéi ; j'ai quitté Venise pour fuir les premières persécutions, les plus féroces.

Ugo FOSCOLO
*Les dernières lettres de Jacopo Ortis*,
11 octobre 1797.

Bonaparte a mis le pied dessus, et cette très fine et délicate moisissure s'est volatilisée comme les champignons des forêts qui éclatent au choc de la semelle en une petite bulle de brouillard : le vieux doge a troqué le *corno* sans façons pour son bonnet de nuit, sans confier sa cause aux vengeurs de l'avenir ; il n'y a pas eu de sang, pas de drame, pas de trou dans l'eau ; seulement, j'imagine, le sourire d'adieu discret de la mûre connaissance : ainsi prenait congé, à la bonne époque, les personnes de qualité. Et puis, il n'y a eu plus rien : à Venise seulement, le reste a été silence. Comme cela me plaît, cet état qui meurt intestat !

Julien GRACQ
*Lettrines*, 1967.

L'Autriche est venue ; elle a remis son manteau de plomb sur les Italiens ; elle les a forcés à regagner leur cercueil. Rome est rentrée dans ses ruines, Venise dans sa mer. Venise s'est affaissée en embellissant le ciel de son dernier sourire ; elle s'est couchée charmante dans ses flots, comme un astre qui ne doit plus se lever.

François-René de CHATEAUBRIAND
*Mémoires d'outre-tombe*, 1850.

J'arrivai ici un jour de fête et j'ai pu voir aussitôt flotter sur la place Saint-Marc les drapeaux des trois royaumes de jadis. Il s'agit des royaumes de Chypre, de Candie et de Morée. Ils sont actuellement décorés des couleurs autrichiennes.

August von PLATEN
*Journaux*, 14 septembre 1824.

Dès les premiers pas que l'on fait vers la Piazzetta, on rencontre une guérite autrichienne zébrée de jaune et de noir, et quatre pièces de canon aux affûts peints en jaune, la gueule bouchée, le caisson par-derrière, dans une espèce de parc d'artillerie adossé aux arcades en ogive du palais des Doges. Toute idée politique à part, cette vue choque comme une dissonance dans ce concert de choses admirables ; c'est la brutalité qui s'épate lourdement au milieu de la poésie.

Théophile GAUTIER
*Voyage en Italie — ITALIA*, 1852.

## *Venise déchue mais éternelle*

Esclaves éternels de tous les conquérants,
Ces tyrans détrônés flatteront des tyrans.
Leurs trésors passeront, et les vices du père
Aux vices des enfants lègueront la misère.
Nobles déshonorés, un jour on les verra,
Pour quelques pièces d'or qu'un juif leur jettera,
Prostituer leur titre, et vendre les décombres
De ces palais déserts où dormiront vos ombres.
D'un peuple sans vigueur mère sans dignité,
Stérile en citoyens dans sa fécondité,
Lorsque Venise enfin de débauche affaiblie,
Ivre de sang royal, opprimée, avilie,
Morte, n'offrira plus que deuil, que désespoir,
Qu'opprobre aux étrangers, étonnés de la voir ;
En sondant ses cachots, en comptant ses victimes,
Ils diront : Elle aussi, mise à mort pour ses crimes !

Casimir DELAVIGNE
*Marino Faliero*, 1829.

Quand Venise était riche et puissante, les flatteurs disaient qu'elle était le séjour des dieux : quand elle tomba assassinée, plusieurs répétèrent, comme un écho servile, les calomnies de l'assassin. Nous, qui pourtant aimons notre pays d'un amour profond, nous n'avons eu garde de taire le mal, qui était la conséquence nécessaire des temps et de la civilisation ; mais on se tromperait fort, si l'on prétendait lire l'histoire de cette période dans les mémoires de Casanova, ou dans les pages mensongères de Longo et de Ballarini, ou dans le livre de Mutinelli, ou, pis encore, dans les romans et les sombres ballades d'outremonts, ou même dans l'histoire de Daru, ou en d'autres écrits plus récents, sans exclure ceux de César Balbo. Nous n'acceptons pas les éloges et l'universelle justification de Charles Botta, mais nous n'acceptons pas non plus les injustes condamnations des autres. Quand toute l'Italie se salissait les genoux, comme on l'a dit avec hardiesse mais avec vérité, sur les traces victorieuses de Bonaparte, Venise mourut sans grandeur, sans dignité, mais aussi sans les lâchetés dont on aurait voulu souiller son glorieux lion : l'audace de la résistance n'ennoblit pas sa chute, mais sa chute était inévitable. Ô patrie calomniée ! Tu mourus de vieillesse, mais non pas, comme on a osé le dire, faute de sagesse, de mœurs et de foi !

Le peuple salua d'une voix étouffée par les sanglots la fin de Saint-Marc, dont le drapeau recevait des Dalmates de Perasto un tribut de regrets qu'aucun autre n'a mérité jusqu'à ce jour ; et à ces patriciens, qui craignaient de ne pouvoir dormir avec sécurité dans leurs lits, plusieurs répondirent en supportant les coups de Brutus avec la dignité de César.

P. G. MOLMENTI
*La Vie privée à Venise*
*depuis les premiers temps*
*jusqu'à la chute de la République*, 1882.

Dans sa jeunesse, elle brillait glorieuse, ainsi qu'une nouvelle Tyr. Tout, chez elle, parlait de ses victoires, jusqu'à sa devise populaire : « Je plante le Lion », cette devise qu'elle porta à travers le feu, à travers le sang, sur la terre et sur la mer assujetties. Elle fit bien des esclaves, mais elle-même restait libre. Elle fut le boulevard de l'Europe contre la puissance ottomane. Sois-en témoin, ô Candie, rivale de Troie ! Redites-le bien haut, flots immortels qui vîtes la bataille de Lépante ! Car vous portez des noms que ni le temps ni l'oppression ne pourront jamais ternir.

Lord BYRON
*Childe Harold*, chant IV, 1818.

Venise n'est qu'un bibelot, un vieux bibelot d'art charmant, pauvre, ruiné, mais fier d'une belle fierté de gloire ancienne.

Guy de MAUPASSANT
*Venise*, 1885.

Venise, ville pétrie d'orgueil et de volupté, est un immense musée : l'art embellit tout de purs chefs-d'œuvre. Dans l'atmosphère ambiante d'une telle richesse, l'esprit se laisse prendre graduellement au charme exquis et inexprimable d'un passé qu'il croit revivre dans le plus beau des décors.

Pierre GUSMAN
*Les Villes d'art célèbre — Venise*, 1913.

De toutes les villes que j'ai visitées en Italie, Venise est, à l'exception de Ravenne, celle qui, au regard de la disparition de la grandeur du passé, provoque la plus grande tristesse ; elle est cependant plus riche que toute autre en beautés qui, à travers les siècles, n'ont pas changé. Le charme lui est resté d'une vie originale et plutôt retirée ; l'éclat de la lagune, la beauté de ses femmes et la poésie séduisante des gondoles. Je n'ai pas trouvé ailleurs un tel accord entre la vie d'aujourd'hui et celle qui s'exprime dans les œuvres d'art de l'époque dorée de Venise, vie où le soleil et la mer sont plus importants que toute histoire.

(...)

Résultat des siècles, la Venise actuelle et son peuple, porteurs inconscients, à demi-conscients, de souvenirs démesurés...

Hermann HESSE
*Voyages en Italie*, 1901.

*Cinquième partie*

# LA FÊTE À VENISE

*Ces beaux messieurs de Venise*
*Les Vénitiennes*
*La Cité d'amour*
*Galanterie*
*Une société pervertie ?*
*Filles de joie*
*Plaisirs nocturnes*
*Plaisirs musicaux*
*Duel théâtral : Gozzi et Goldoni*
*Les masques du carnaval*

## *Ces beaux messieurs de Venise*

La terrasse du Petit Jardin Royal était toute grouillante et bondée d'athlètes, se rassemblant par escouades. La jeunesse de Venise possède un physique au moins aussi superbe qu'on en peut trouver en tout autre lieu. Dans une ville où chacun nage dès le berceau et où presque tout le monde, au-delà de l'âge de cinq ans, rame (bien campé et en poussant, plus qu'en tirant) depuis vingt ou trente générations, — mouvement qui allie l'équilibre avec la force du coup poussé en avant, et avec l'adaptation incessante aux circonstances mouvantes, — vous pouvez voir (sans les chercher) les yeux vifs, prompts, dardés droit, les cous pleins de noblesse et de fermeté, les épaules opulentes, les bras vigoureux, les poitrines absolument magnifiques, les corps agiles et musclés...

Frederick ROLFE, baron CORVO
*Le Désir et la poursuite du Tout*, 1934.

Les hommes, dans toutes les îles de Venise, sont presque aussi beaux que les femmes ; nulle part je n'ai vu autant de séduisantes canailles. À Burano, à Chioggia, ils sont assis à réparer leurs filets, se prélassent au coin des rues, où le verbe est toujours haut, ou bien vous hurlent de prendre un bateau ; et partout ils enrichissent le décor de leurs couleurs splendides — joues et gorges d'un brun aussi profond que les voiles de leurs semaques —, de leurs guenilles mangées de sel qui sont toujours un « costume », de leur doux jargon vénitien, et de la bravade avec laquelle ils portent leur chapeau, élément qui nulle part n'est aussi seyant que sur une masse dense de boucles vénitiennes.

Henry JAMES
*Heures italiennes*, 1909.

On avait généralement adopté les moustaches et la barbiche et l'on portait déjà les cheveux longs en 1665, quand le patricien Vinciguerra de Collalto apporta de France la perruque, qui alors coûtait souvent jusqu'à trois mille francs. La date est historique et tous les chroniqueurs l'ont rapportée. Nous les en remercions, car il importait de savoir l'époque précise de cette révolution de la mode, qui eut tant d'influence sur le costume et peut-être même sur l'art. Mais la mode ne prit pas racine en un jour, le Gouvernement étant peu favorable à cette nouveauté. En effet, le Conseil des Dix, par un décret en date du 29 mai 1668, défendit rigoureusement l'usage de la perruque, et chargea les Inquisiteurs d'État eux-mêmes de faire observer le décret. Mais les Vénitiens, si religieusement soumis aux lois politiques parfois très sévères, semblaient éprouver un secret plaisir à transgresser les lois somptuaires. De sorte que le décret sur les perruques resta, comme d'ordinaire, sans effet. (...)

La perruque, anathématisée par les décrets du Conseil des Dix, devint au XVIIIe siècle la coiffure nationale, et à ne la point porter, on risquait à Venise de passer pour un homme sans considération. Ainsi varient les goûts des hommes !

P. G. MOLMENTI
*La Vie privée à Venise depuis les premiers temps jusqu'à la chute de la République*, 1882.

# *Les Vénitiennes*

Quand on arrive de France à Venise, on trouve aux dames vénitiennes un air si différent de celui de France, qu'on ne croirait pas que les yeux s'y puissent facilement accoutumer.

Alexandre de SAINT-DIDIER
*La Ville et la République de Venise*, 1680.

C'était une splendide créature, la plus belle femme de Venise, et elle se montra très heureuse de leur visite. Sa beauté ne tenait pas seulement à une taille agréable, mais aussi à un merveilleux visage, à un teint aussi blanc que la neige la plus immaculée, avivé par une légère touche de rose, si bien qu'on l'aurait crue faite de lait et de sang. Sa chair évoquait la perle d'Orient et, en la voyant, on pensait à un bouquet de roses et de violettes, nées à l'ombre et cueillies au lever du jour.

Pietro FORTINI
*Antonio Angelini et la Flamande*, XVIe siècle.

Or, je vous disais donc que les Vénitiennes
Sont comme un vrai Giorgione et je maintiens mon point,
Surtout quand on les voit à leur balcon, hautaines,
(La beauté ressort mieux parfois d'un peu plus loin)
S'appuyant à la barre ou, par les persiennes,
Comme dans Goldoni, vous regardant en coin ;
Fort belles, la plupart, j'en porte témoignage,
Mais un peu trop, peut-être, en faisant étalage.

Lord BYRON
*Beppo, histoire vénitienne*, 1818.

Observez les Vénitiennes, ces petites silhouettes noires et fluettes, entortillées dans leurs châles à franges qui passent sans se retourner, glissant furtivement dans les ruelles. Vous surprendrez mille gestes charmants qui vous raviront par leur saveur indigène.

Ferdinand BAC
*Le Mystère vénitien*, 1909.

Tandis qu'il gravissait les degrés du pont, il sentit les élancements et, en redescendant de l'autre côté, il vit deux filles ravissantes. Elles étaient belles, nu-tête, vêtues pauvrement mais avec chic ; elles parlaient très vite entre elles, et tandis qu'elles montaient de leur démarche coulée de Vénitiennes aux longues jambes, le vent balayait leurs cheveux, et le colonel se dit : Je ferais mieux de cesser de zyeuter les vitrines de cette rue et de prendre le prochain pont ; ensuite, deux places plus loin, on braque tout à droite et on continue, jusqu'à ce qu'on soit au Harry's.

Ernest HEMINGWAY
*Au-delà du fleuve et sous les arbres*, 1950.

Les femmes sont plus belles ici qu'en aucun autre endroit, surtout parmi le peuple. Ce n'est pas qu'on y trouve plus qu'ailleurs des beautés ravissantes ; mais communément le grand nombre est joli, et en général elles ont toutes la taille et le teint beaux, la bouche grande et agréable, les dents blanches et bien rangées.

Charles de BROSSES
*Lettres familières écrites d'Italie en 1739 et 1740.*

Il faut bien qu'elles soient belles pour racheter la laideur de leur costume...

Arthur YOUNG
*Voyages en Italie et en Espagne pendant les années 1787 et 1789.*

J'ai entendu maintes fois dire que ces belles et célèbres dames de la Renaissance ne se lavaient que rarement les mains. Il existe certes des informations qui, au moins pour ce qui concerne Venise, semblent prouver le contraire ; je ne conteste pourtant pas aux historiens le droit d'avoir raison. Car les belles dames et demoiselles de la Venise d'aujourd'hui n'ont jamais non plus les mains lavées, ce qui ne les empêche pas d'être jolies. Je les ai à nouveau contemplées aujourd'hui, alors qu'elles se promenaient sur la Riva : elles marchent d'un pas souple avec une nonchalance coquette que l'on ne voit nulle part ailleurs. Certaines femmes, parmi les plus pauvres, portent des jupes vertes et des corsages rouges : vert mousse et rouge cerise, une combinaison d'une puissante beauté qu'aimait déjà Palma Vecchio [1].

Hermann HESSE
*Voyages en Italie*, 1901.

1. Palma Vecchio (1480-1528), peintre vénitien, élève de Giovanni Bellini.

Beaucoup de jeunes filles sont anémiques à Venise. Elles vont boire du sang de bœuf chaud à l'abattoir. On les rencontre le matin, et toujours très coquettes. Elles ont un verre dans leur sac à main ou une timbale en argent marquée à leurs initiales. Il est de bon ton d'offrir une timbale de cette sorte à la jeune fille de la maison, si on la trouve pâle.

Jean GIONO
*Voyage en Italie*, 1954.

La Vénitienne n'est fauve que dans les livres : ainsi le Bucentaure n'est une galère d'or que sur le papier. Les blondes sont rares à Venise, et le furent : on lit, dans les vieux auteurs, que les jeunes femmes se teignent les cheveux, et les exposent longuement au soleil, sur les terrasses, pour leur donner l'ardente couleur de la lumière. Quelle idée de chercher au Grand Canal les filles d'Impéria et la parfaite courtisane. On en voit de bien humbles et qui ont même honte de rire. Celles qu'on rencontre dans les tableaux n'ont rien pour ravir l'imagination ou charmer le désir. Que ce soit la grosse Barbe de Palma le Vieux, ou les dogaresses de Véronèse, ou même la maîtresse du Giorgion, on ferait bien deux ou trois femmes amoureuses avec chacune d'elles. Leurs épaules sont trop larges ; leurs flancs trop vastes. En vérité, elles ont trop de poids. La volupté moderne ne tient pas à la masse. Hormis la Belle du Titien, que ces femmes sont peu séduisantes ! Nulle folie ne viendra d'elles. Leurs bras sont gros et ronds comme des jambes. La graisse gonfle leurs mains. Elles portent une petite tête qui rumine sur un col épais, et le menton fait des plis qui luisent. Elles respirent l'appétit, plus qu'elles ne l'excitent. Elles réclament l'aliment, avec abondance et tranquillité. Elles n'ont pas l'air fort attentives au bonheur qu'elles pourraient donner, et seulement occupées de celui qu'elles comptent prendre ; sans fièvre et jusque dans le baiser, leurs lèvres ne laissent pas oublier qu'avec la bouche on mange. Elles sont mieux faites pour paître l'herbe dans un pré, que pour cueillir aux branches la pêche et le raisin de tout délire. A ces bonnes laitières, je préfère les jeunes filles sans force et sans éclat, un peu languissantes même, pâles quelquefois dans le grand châle triste qui les serre aux coudes, mais les yeux chauds, le regard vif, un cerne aux paupières, et les lèvres douces, qui s'envolent par bandes, au crépuscule, entre la Mercerie et le Rialto.

André SUARÈS
*Voyage du Condottiere — Vers Venise*, 1910.

A Venise, on fait une sorte d'eau blonde vraiment très belle, et qui rend les cheveux blonds très clairs, nuance fort en faveur auprès des patriciennes de ce pays. On prend de cette lessive dans laquelle les teinturiers ont cuit de la soie, et pour chaque livre on met une once de tartre calciné, on s'en lave les cheveux, et l'on demeure au soleil jusqu'à ce qu'ils aient séché. Et comme je vous l'ai dit, les cheveux atteignent une nuance de blond qui s'approche du blanc, ou, pour parler plus juste, du cendré. Une fois qu'ils sont secs, on les passe à une vapeur de soufre jaune ; vous les aurez alors d'un blond plus prononcé. Telle est la mixture dont se servent la plupart des Dames vénitiennes pour se blondir.

Leonardo FIORAVANTI
*Du mode de faire une eau blonde*
*en usage à Venise*, 1675.

Prenez une bonne mesure de cette eau de savon, dont on use pour blanchir la soie ; mettez-la dans un vase d'étain de la plus grande propreté, faites-la bouillir avec un peu d'alun, environ le temps que vous mettriez à réciter un *Pater*. Ajoutez alors deux onces de plomb brûlé, et laissez le tout bouillir jusqu'à ce qu'un morceau d'étoffe blanche que vous y introduirez devienne noir : laissez refroidir. Ensuite, vous transvasez dans un flacon de verre, ajoutez deux onces de savon de Damas en poudre, et tenez le tout au soleil. Quand vous voudrez en faire usage, vous vous baignerez les cheveux avec une éponge imbibée de cette excellente mixture, et en moins d'une heure vos cheveux deviendront aussi blonds que des fils d'or. Si vous préférez les avoir roux, ne les séchez pas tout à fait au soleil, mais roulez-les autour de la tête, lorsque vous leur aurez seulement enlevé un peu de leur humidité. Vous, qui les avez blancs, à raison de votre âge, et qui êtes désireuse de les avoir roux, usez de cette composition, répandez-en une certaine quantité très chaude sur votre tête au fur et à mesure que vous vous peignez, faites que l'eau se répande et pénètre bien également ; dès que vos cheveux seront secs, roulez-les, et vous les aurez roux. Vous pouvez juger par là de toute la valeur de cette *bionda* employée par les dames vénitiennes.

G. MARINELLO
*Gli Ornamenti delle Donne*, 1562.

Le luxe des femmes finit par amener la ruine des familles. Elles demandèrent chaque jour de nouvelles inspirations au miroir, se couvrant dès le matin de jabots, d'affiquets, de guipures, de rubans, de fraises et de voiles. La propreté même du corps dégénéra en raffinement excessif. Les Vénitiennes comme il faut se parfumaient tout le corps, et infusaient dans leurs bains du musc, de l'ambre, de l'aloès, de la myrrhe, des feuilles de cèdre, de la lavande, de la menthe, etc. La pâleur des joues fut relevée par le fard, dont on ne tarda pas à se servir impudemment pour se peindre les seins, que les robes largement décolletées ne cachaient guère aux yeux. Pour conserver l'éclat et la fraîcheur du teint, nos femmes s'appliquaient la nuit sur le visage une tranche de veau cru, qu'on avait fait baigner quelques heures dans le lait. On imprima, en outre, mille étranges recettes et l'on prépara mille onguents pour adoucir et blanchir les mains et les pieds, pour donner aux ongles la teinte des roses, pour rendre lisse et parfumé l'épiderme du corps.

P.G. MOLMENTI
*La Vie privée à Venise depuis les premiers temps jusqu'à la chute de la République*, 1882.

## *La Cité d'amour*

Il y eut jadis à Venise un Maure très vaillant qui, pour avoir donné en temps de guerre, de nombreuses preuves de sa prudence et de sa prompte intelligence était très aimé des seigneurs du gouvernement qui pour récompenser les mérites dépassent toutes les républiques qui ont pu exister.

Or il arriva qu'une femme pleine de vertu et d'une merveilleuse beauté, qui s'appelait Desdémone, attirée non par le désir mais par les mérites du Maure se prit d'amour pour lui...

Giraldi CINZIO
*Histoire du Maure et de Desdémone*, 1565.

BRABANTIO — Quel misérable païen es-tu donc, toi ?

IAGO — Je suis, monsieur, quelqu'un qui vient vous dire que votre fille et le More sont en train de faire la bête à deux dos.

BRABANTIO — Tu es un manant.

IAGO — Vous êtes... un sénateur.

BRABANTIO, *à Roderigo* — Tu me répondras de ceci ! Je te connais, toi, Roderigo !

RODERIGO — Monsieur, je vous répondrai de tout. Mais, de grâce, une question ! Est-ce d'après votre désir et votre consentement réfléchi, comme je commence à le croire, que votre charmante fille, à cette heure indue, par une nuit si épaisse, est allée, sous la garde pure et simple d'un maraud de louage, d'un gondolier, se livrer aux étreintes grossières d'un More lascif ? Si cela est connu et permis par vous, alors nous avons eu envers vous le tort d'une impudente indiscrétion. Mais, si cela se passe à votre insu, mon savoir-vivre me dit que nous recevons à tort vos reproches. Ne croyez pas que, m'écartant de toute civilité, j'aie voulu jouer et plaisanter avec Votre Honneur ! Votre fille, si vous ne l'avez pas autorisée, je le répète, a fait une grosse révolte, en attachant ses devoirs, sa beauté, son esprit, sa fortune, à un vagabond, à un étranger qui a roulé ici et partout. Edifiez-vous par vous-même tout de suite. Si elle est dans sa chambre et dans votre maison, faites tomber sur moi la justice de l'État pour vous avoir ainsi abusé.

William SHAKESPEARE
*Othello*, 1604.

« Sais-tu qui tient ici le bureau de la poste restante ? c'est l'Amour, l'Amour qui, sans demander de passeport aux amoureux, délivre tant d'espoirs, et tant de belles joies, et de petits papiers à lire à deux genoux, et de tous petits mots qui sont de grands serments, et l'avenir promis et le présent donné, et le monde et le ciel tenant dans un chiffon ! Sais-tu qu'ici les oreillers des vierges cachent encre, plume, papier, et petites bougies ; et quand seul le ciel veille, quand seules les étoiles ont des yeux, sais-tu combien de ces petits papiers où, à l'aube, le boulanger met le pain, le long des vieux palais, descendent du bonheur et remontent de la fièvre !... »

Edmond et Jules de GONCOURT
« Venise la nuit », *L'Italie d'hier — Notes de voyages*, 1855-1856.

Mon père se tut un instant, puis reprit :

« J'ai beaucoup voyagé, Monsieur l'abbé, et avant d'épouser la femme admirable que j'ai uniquement et passionnément aimée et dont la perte cruelle m'a rendu inconsolable au point de demeurer indifférent à l'avenir que nous préparent des esprits turbulents et présomptueux, avant donc d'être le plus fidèle des époux, je fus le plus aventureux des amants. L'amour m'intéressait et fut de ma part l'objet, si je puis dire, d'une étude attentive. Mes voyages me permirent d'étendre les recherches et de multiplier les expériences de ma curiosité. J'ai fait l'amour, Monsieur l'abbé, dans les pays les plus divers et avec les femmes les plus différentes. Je ne vous conterai pas par le menu les essais nombreux que j'ai tentés, à Londres comme à Varsovie, à Madrid comme à Constantinople, dans les Flandres et dans les Allemagnes. Je vous dirai seulement que le fruit de mes comparaisons amoureuses fut de me mettre en l'esprit que la ville du monde la plus experte à l'amour et où il est compris et pratiqué avec le plus de perfection est la ville de Venise. Là tout est fait pour donner aux plaisirs des sens leur pleine satisfaction. La cité tout entière, ses mœurs, ses usages, la façon dont elle est construite, la manière dont on y vit, tout y concourt à en faire la ville amoureuse par excellence. Venise est merveilleusement combinée pour l'intrigue et l'aventure, tant par le labyrinthe de ses canaux et le lacis de ses ruelles que par le mystère flottant de ses gondoles. Il y règne une sorte d'oisiveté heureuse infiniment favorable à la volupté. Je ne vous parle pas des facilités admirables qu'y ajoute son carnaval et qu'augmente encore le port du masque. Quelle aisance donne aux amants ce travestissement opportun et dont le secret est inviolable ! Oui, Monsieur, Venise est la ville des amours. Elle fait, d'aimer, sa principale et sérieuse occupation. A cette œuvre de volupté, la nation entière collabore. Les dames de Venise sont à la hauteur de leur mission, tant ses patriciennes que ses courtisanes. Celles-là surtout, Monsieur l'abbé, y sont incomparables et méritent leur célébrité universelle que rien ne dépasse ni n'égale. C'est donc à elles, comme vous l'avez sans doute deviné, que j'entends confier le soin d'instruire mon fils dans l'art d'aimer, et c'est vous, Monsieur l'abbé, que je charge de veiller sur ce que je nommerais volontiers “l’initiation vénitienne” de votre élève. »

Henri de Régnier
*Le Voyage d’amour*
*ou l’initiation vénitienne*, 1930.

Sur la place Saint-Marc, cette plaine de marbre, entre les Procuraties, au sourire de Venise il me semble parfois reconnaître le sourire de tant de femmes blessées. Secrète cependant, pleine de détours et de masques, humide et brûlante, combien Venise est propice aux amants. (Un pont et un canal au bout d’une ruelle, c’est un masque sur l’eau.) Elle leur offre le silence, où tout amour aspire ; elle leur donne l’ombre fuyante, l’oreiller le plus mol aux caresses ; elle leur prodigue, surtout, le charme de la nuit : dans la lumière même des longs jours, pourquoi Venise est-elle nocturne ? C’est qu’on y glisse, qu’on n’y est point coude à coude avec les réalités fatales, et qu’à loisir enfin on y rêve sur soi.

André Suarès
*Voyage du Condottiere — Vers Venise*, 1910.

Tu disais que tu aimais cette ville, dans l’amalgame des treuils et des poulies, toute cette machinerie de théâtre qui engloutissait tant de mémoires oubliées, décomposées, dans un sol si spongieux, tant de corps amoureux, perdus, ces corps jetés au fond des canaux, cette odeur de peste, ce périmètre du désir construit là, sur le liquide même, pour rien.

Alain Vircondelet
*Amore Veneziano*, 1979.

## *Galanterie*

Je vis entrer un gondolier qui, après avoir promené ses regards autour de lui avec un air de mystère, me fit signe de sortir et de le suivre ; il m'entraîna sur le bord d'un canal voisin, et me fit entrer dans une barque stationnée en face du café ; ne doutant point qu'il ne me fût envoyé par ma maîtresse, qui souvent venait à ma rencontre à cette même place, je m'assis en silence auprès de la femme qui s'y trouvait. La nuit était sombre, et lorsque la portière de la gondole fut retombée, les ténèbres devinrent complètes...

Lorenzo DA PONTE
*Mémoires*, 1820.

A Venise, ce sont vingt baisers plaisants ; tout est sous-entendu, vif, joyeux, allègre. Le fils du doge est aussi gai que le gondolier ; ses intrigues sont aussi publiques. En vous donnant des nouvelles de quelqu'un, on ne manque jamais de nommer la dame qu'il *sert*. Lorsqu'on cite une partie faite il y a dix ans, à Fusina ou à l'île de Murano, on ne manque jamais de rappeler, même devant les maris, qu'alors la Peppina était *servie* par un tel ; que c'était l'époque où la Marietta était jalouse de Priuli, etc.

STENDHAL
*Rome, Naples et Florence*, juin 1817.

Quelques jours auparavant, nous avions rencontré, sur la place Saint-Marc, un ruffian qui nous proposait des téguments en baudruche ; à quoi nous répondîmes que nous étions nous-mêmes des négociants en intestins de moutons, et que le moindre con ferait mieux notre affaire. Cet animal nous promit que, le soir, il nous trouverait des étuis à pine, des moules à redingotes. C'est-à-dire des putains idéales, genre magique, des Paul Véronèse, des Titien découpés, dans les prix doux. Le soir, il se mit en marche d'un pas affairé et mystérieux ; nous le suivîmes discrètement ; il s'enfonça dans un dédale de ruelles inextricables et dans une succession de coupe-gorge variés...

Théophile GAUTIER
*Lettre à la Présidente*, 1850.

Suivant commission reçue, je me suis rendu samedi après dîner au Lido, en un lieu dit « La Gierola », où se trouve, dès qu'on descend de gondole, une hôtellerie avec des cabines à peu de distance, situées au débouché de la rue qui mène à l'endroit où les gens vont se baigner en mer. Je suis allé dans ces cabines et j'ai entamé une conversation à propos des personnes qui viennent se baigner ; j'ai cherché à savoir quelles gens, femmes, gentilhommes ou personnes civiles, venaient là se déshabiller et se mettre en tenue pour aller dans l'eau. On m'a répondu que nul n'osait faire des choses semblables, qu'il n'y avait que des laquais pour venir se changer en cet endroit après avoir couru.

Je demeurai quelque temps à converser sur la mer avec mon hôte, et il me raconta qu'on voit des personnes civiles aller se baigner, mais pas avec des femmes ; que les seules femmes qui vont dans l'eau sont des courtisanes, lesquelles certains jours ne manquent pas ; que s'il vient parfois des gentilshommes et que si des femmes se trouvent en leur compagnie, elles s'arrêtent à quelque distance pour regarder ceux qui sont dans la mer.

Ces jours derniers se produisit un fait qui fit beaucoup de bruit : deux hommes de bonne apparence entrèrent dans l'eau avec une femme proprement vêtue. Quand ils se furent déshabillés, ils lui enlevèrent son vêtement, lui passèrent une longue chemise, la prirent chacun par un bras et la conduisirent dans l'eau, où ils restèrent jusqu'à ce que la nuit fût avancée. Un si grand nombre de gens s'attroupèrent en ce lieu que je n'ai jamais pu savoir quel genre de personnes étaient ces baigneurs.

M'arrêtant ensuite à discourir dans une hôtellerie avec un Bergamasque qui disait être le cousin de l'hôte, patron de la boulangerie au campo delle Gatte, et qui avait l'habitude de venir presque tous les jours chez son cousin, il me raconta que, revenant de la mer, il y avait environ quinze jours, il avait rencontré la susdite femme, qui était jeune, belle, et portait un magnifique habit très ouvert. Elle était accompagnée de ces deux hommes, qui semblaient appartenir à une condition élevée et être âgés de plus de trente-cinq ans. Ils étaient suivis de deux bateliers, qui portaient deux grands paquets d'effets blancs.

Quand ils passèrent près de lui, la femme lui demanda si l'eau était chaude ou froide, à quoi il répondit qu'il ne le savait pas. S'imaginant qu'ils allaient se baigner, il retourna par curiosité vers la mer, où se trouvaient, en un même endroit, environ soixante-dix personnes, tant des religieux que des séculiers. Quand les deux hommes furent arrivés en ce lieu, servis par des bateliers, ils se déshabillèrent et prirent des caleçons blancs ; après quoi, sans nul égard pour tant de personnes présentes, ils enlevèrent à la femme sa robe et lui passèrent une sorte de chemise qui descendait jusqu'à terre ; puis ils la prirent chacun d'un côté et entrèrent dans l'eau. Peu après, ils lui enlevèrent sa chemise, et elle resta nue ; mais à la suite des plaisanteries et des insolences que ces deux hommes lui adressèrent, elle sortit de l'eau jusqu'aux cuisses et, les laissant scandalisés, s'en alla.

Il me dit aussi que ces deux gentilshommes, s'ils n'étaient pas certainement des étrangers, étaient du moins jugés tels et que la femme devait être une dame entretenue ; que les bateliers étaient revêtus de *corsetti* de livrées, mais que nul n'a pu savoir qui ils servaient.

Cherchant à connaître l'origine des sièges qui étaient là, il me dit que vers la mi-juillet, comme il était venu à la Gierola, on lui avait raconté que des jeunes gens avaient pris des sièges sur la plage pour bavarder, mais qu'ils n'étaient pas gentilshommes ;

qu'on n'a pas pu savoir s'il s'agissait de sièges trouvés là ou apportés de Venise ; qu'on voit continuellement les choses les plus déshonnêtes et les plus scélérates qui se puissent imaginer. Si j'ai bien compris, beaucoup de personnes ont l'habitude, les dimanches, lundis et jeudis, durant l'été, de se rendre à ladite hôtellerie de la Gierola ; il y vient quelquefois en barque des femmes de mauvaise vie, qui apportent avec elles des sièges pour s'installer plus commodément dans le bateau ; elles viennent manger et boire et ensuite vont se baigner en mer.

Giovanni COMISSO<br>*Les Agents secrets de Venise*,<br>billet de l'agent G.B. Manuzzi du 30 août 1762.

Venise sait offrir à ses hôtes généreux des agréments plus rares. A la faveur du masque et moyennant certaines précautions, on pouvait prétendre s'introduire dans l'un de ces casinos privés où les belles patriciennes, amies du mystère et de l'aventure, viennent se livrer secrètement à toutes les fantaisies de la volupté. La délicatesse du mobilier et des atours pimente les délices de ces rendez-vous, et les privilégiés admis à célébrer le culte brûlant de la Vénus clandestine trouvent en son temple l'oubli de tous les soucis et la satisfaction de tous les désirs.

Henri de RÉGNIER<br>*Le Voyage d'amour*<br>*ou l'initiation vénitienne*, 1930.

Si solennels que paraissent de jour magistrats ou sénateurs, le soir venu ils rangent soigneusement dans leurs armoires perruques, robes et gravité ; ils s'en vont en gondole intriguer de-ci, de-là, en prenant sous le bras la sultane régnante ; ils vagabondent ainsi de par la ville, de plus en plus gais à mesure que le jour décline. Nombre de nobles vénitiens ont une petite suite d'appartements dans quelque coin discret à proximité de la grand'place mais leurs familles en ignorent tout. Ils s'y rendent en catimini au crépuscule ; ils s'y amusent sans être dérangés avec leurs compagnons de plaisir. Même la jalousie est impuissante à découvrir les venelles, les passages tortueux, les portes insoupçonnées qui mènent à ces retraites. Un amant infortuné dont la maîtresse a disparu soudain avec un rival heureux cherche en vain leur lieu de refuge. Les gondoliers eux-mêmes souvent maîtres-intrigants connaissent rarement ces appartements discrets. Quand un galant songe à envelopper ses aventures de mystère, il se fait conduire à la piazza, prescrit à son embarcation de l'attendre, rencontre sa déesse dans la foule et disparaît avec elle aux yeux de tous. Venise est la ville de l'univers la mieux faite pour accroître l'expérience d'un diable boiteux. Que de cachettes il pourrait dévoiler d'un seul coup de béquille !

William BECKFORD
*Voyage d'un rêveur éveillé*, août 1780.

Le libertinage à l'égard des femmes est tourné en coutume si grande et si générale qu'à dire naïvement la chose on a oublié et anéanti tout sentiment du péché sur cela. Comme un des grands traits de la politique d'ici est d'élever tout le monde dans la mollesse et particulièrement les jeunes nobles, les mères sont les premières à chercher des courtisanes à leurs enfants, afin de s'assurer qu'ils ne se jetteront pas dans des abîmes de contagion. Et quand elles ont fait marché avec les père et mère de quelque pauvre jeune fille, toute la parenté l'en vient féliciter avec le même sang-froid que si c'était pour un mariage bien contracté.

Henry VAN BULDEREN
*Nouveau Voyage d'Italie,*
*avec un mémoire contenant des avis utiles*
*à ceux qui voudront faire le même voyage*, 1698.

Dès qu'une fille, entre nobles, est promise, elle met un masque, et personne ne la voit plus, que son futur ou ceux à qui il le permet, ce qui est fort rare. En se mariant, elle devient un meuble de communauté pour toute la famille, chose assez bien imaginée, puisque cela supprime l'embarras de la précaution, et que l'on est sûr d'avoir des héritiers du sang. C'est souvent l'apanage du cadet de porter le nom de mari ; mais, outre cela, il est de règle qu'il y ait un amant ; ce serait même une espèce de déshonneur à une femme si elle n'avait pas un homme publiquement sur son compte. Mais, halte-là, la politique a grande part à ceci. La famille en use comme le roi de France à l'élection de l'abbé de Cîteaux ; on laisse choisir la femme en donnant l'exclusion à tels ou tels. Il ne faut pas qu'elle s'avise de prendre aucun autre qu'un noble, et parmi ceux-ci, un homme qui ait entrée dans le *Pregadi* ou Sénat et dans les conseils, dont la famille soit assez puissante pour pouvoir favoriser les brigues, et à qui l'on puisse dire : Monsieur, il me faut demain matin tant de voix pour mon beau-frère ou pour mon mari. Avec cela, une femme a la liberté tout entière et peut faire tout ce qu'elle veut. Il faut cependant rendre justice à la vérité ; notre ambassadeur me disait, l'autre jour, qu'il ne connaissait pas plus d'une cinquantaine de femmes de qualité qui couchassent avec leurs amants. Le reste est retenu par la dévotion. Les confesseurs ont traité avec elles qu'elles s'abstiendraient de l'article essentiel, moyennant quoi ils leur font bon marché du reste tout aussi loin qu'il puisse s'étendre.

Voilà quel est le train courant de la galanterie, où les étrangers n'ont pas beau jeu. Les nobles ne les admettent guère ni dans leurs maisons ni dans leurs parties. Ils veulent vivre entre eux et avoir leurs coudées franches pour parler, devant leurs femmes, de brigues et de ballottages, articles sur lesquels le *tacet* s'observe exactement devant l'étranger. Cependant, lorsque deux personnes s'entendent, il n'est pas impossible de faire un coup fourré à la faveur des gondoles, où les dames entrent toujours seules, sans surveillants ; c'est un asile sacré. Il est inouï qu'un gondolier de Madame se soit laissé gagner par Monsieur ; il serait noyé le lendemain par ses camarades. Cette pratique actuelle des dames a beaucoup diminué les profits des religieuses, qui étaient jadis en possession de la galanterie. Cependant il y en a encore bon nombre qui s'en tirent aujourd'hui avec distinction, je pourrais dire avec émulation, puisque actuellement que je vous parle, il y a une furieuse brigue entre trois couvents de la ville, pour savoir lequel aura l'avantage de donner une maîtresse au nouveau nonce qui vient d'arriver. En vérité, ce serait du côté des religieuses que je me tournerais le plus volontiers, si j'avais un long séjour à faire ici. Toutes celles que j'ai vues à la messe, au travers de la grille, causer tant qu'elle durait et rire ensemble, m'ont paru jolies au possible et mises de manière à faire bien valoir leur beauté. Elles ont une petite coiffure charmante, un habit simple, mais bien entendu, presque toujours blanc, qui leur découvre les épaules et la gorge ni plus ni moins que les habits à la romaine de nos comédiennes.

Charles de BROSSES
*Lettres familières écrites d'Italie*
*en 1739 et 1740.*

L'usage des concubines est tellement reçu que la plupart des femmes vivent en bonne intelligence avec leurs rivales, et c'est ainsi que les hommes remédient aux défauts personnels des filles qu'ils épousent. Il y a aussi une autre sorte de concubinage fort usité parmi ceux qui sont sujets à quelques scrupules de conscience, chose à la vérité fort rare à Venise, c'est une espèce de mariage clandestin dont la cérémonie ne se fait que longtemps après la consommation, et pour l'ordinaire, quelques jours seulement ou quelques heures avant la mort de l'une des parties. Les hommes trouvent cette manière commode, parce qu'elle gêne extrêmement les femmes et qu'elle leur donne un esprit de complaisance perpétuelle dans la crainte qu'elles ont toujours d'être renvoyées. Je connais un riche marchand qui vit ainsi depuis vingt ans avec sa compagne : quand il est en bonne humeur, il lui promet de l'épouser en mourant et de faire leurs enfants héritiers.

Henry VAN BULDEREN
*Nouveau Voyage d'Italie,*
*avec un mémoire contenant des avis utiles*
*à ceux qui voudront faire le même voyage*, 1698.

## *Une société pervertie ?*

Soyons d'accord avec les bigots de tous ordres : Venise est un lieu de perdition. On y est en effet perdu pour tout le monde sauf pour soi-même. Il faut toujours revenir aux statistiques. Les partis politiques extrêmes y sont fort peu représentés. Ils comptent évidemment un certain nombre de membres mais c'est simplement que Venise est en Italie et que l'Italie est prudente. Comme il faut jouer sur tous les tableaux, chacun met plus ou moins une mise sur les partis extrêmes. *On ne sait jamais* : voilà la formule qui explique bien des choses. Un Robespierre ne trouverait pas ici un menuisier susceptible de lui faire un tréteau assez solide pour pouvoir supporter une guillotine. Le menuisier a autre chose à faire.

Jean GIONO
*Voyage en Italie*, 1954.

— Connaissez-vous, Perdita, demanda soudain Stelio, connaissez-vous au monde un autre lieu qui possède autant que Venise, à certaines heures, la vertu de stimuler l'énergie de la vie humaine jusqu'à la fièvre par l'exaltation de tous les désirs ? Connaissez-vous une plus redoutable tentatrice ?

Gabriele D'ANNUNZIO
*Le Feu*, 1899.

Mes yeux sont très satisfaits à Venise ; mon cœur et mon esprit ne le sont point. Je n'aime point une ville où rien n'engage à se rendre aimable ni vertueux. Les plaisirs même que l'on nous donne, pour suppléer à tout ce qu'on nous ôte, commencent à me déplaire, et, à la différence de Messaline, on est rassasié sans être las.

MONTESQUIEU
*Voyages*, 1728-1731.

Voici nos aventures à *Venise* :

En regardant des jaserons dans une boutique, nous vîmes une jolie fille en chemise, vêtue seulement d'un bout de châle, dont la pointe lui baisait le cul ; point de bas, des savates aux pieds, le téton au vent, un œil qui lui faisait sept fois le tour de la tête, une bouche qui semblait avoir trois rangées de dents, comme les requins, et, à la nuque, un chignon composé d'un tas de nattes, enroulées comme une chaîne d'ancre sur le tillac d'un vaisseau à trois ponts. (...)

Nous tirâmes la jeune fille à pile ou face...

Théophile GAUTIER
*Lettre à la Présidente*, 1850.

Il n'y a pas de lieu au monde où la liberté et la licence règnent plus souverainement qu'ici. Ne vous mêlez pas du gouvernement, et faites d'ailleurs tout ce que vous voudrez. Je ne parle pas de la chose dont nous tirons nos plaisirs et notre origine, de la chose proprement dite par excellence. On ne s'en choque pas plus ici que de toute autre opération naturelle. C'est une bonne police qui devrait être reçue partout. Mais pour tout ce qui, en saine morale, doit s'appeler méchante action l'impunité y est entière. Cependant le sang est si doux ici que, malgré la facilité que donnent les masques, les allures de la nuit, les rues étroites, et surtout les ponts sans garde-fous, d'où l'on peut pousser un homme dans la mer sans qu'il s'en aperçoive, il n'arrive pas quatre accidents par an ; encore n'est-ce qu'entre étrangers. Vous pouvez juger par là combien les idées que l'on a sur les stylets vénitiens sont mal fondées aujourd'hui.

Charles de BROSSES
*Lettres familières écrites d'Italie en 1739 et 1740.*

Je rends compte à V. S.Ill. du scandale général causé par certains hommes habillés en femmes, dits vulgairement *gnaghe*, qui proféraient des paroles obscènes. La chose produisit de la stupeur et de l'étonnement chez tous, mais on s'étonna surtout que cela pût être toléré. Ce sont pour la plupart des jeunes gens d'âge tendre ; on les voit se promener sur la Piazza, sous les Procuraties, aller dans les hôtelleries, les *casini*, les Bals, et l'on tient pour certain qu'ils pratiquent la sodomie. En somme, dans tout le pays et pour qui que ce soit, ils sont un objet d'étonnement et de scandale, autant par leurs discours obscènes que par leur conduite honteuse sur la Piazza. Des étrangers disent que même à Genève, qui est un pays de calvinistes et de luthériens, le scandale que donnent ces *gnaghe* n'existe pas ; que l'on emprisonne les courtisanes, mais qu'on ferait mieux d'arrêter et d'interdire ces susdits masques qui pratiquent la sodomie.

Giovanni COMISSO
*Les Agents secrets de Venise*,
billet de l'agent Angelo Tamiazzo, 6 février 1782.

La sodomie était punie par la peine de mort, signe indubitable de la gravité du mal. En 1482, Bernardin Correr, patricien, et en 1545 François Fabrizio, prêtre, furent condamnés, pour ce délit honteux, à être décapités entre les deux colonnes de la *Piazzetta*.

On brûla ensuite leurs cadavres. Les peines les plus sévères, les précautions les plus intelligentes furent employées pour extirper ce vice abominable. On infligea plus d'une fois aux sodomites le supplice de la *cheba*[1]. Une loi du 16 mai 1455 accordait l'usage des armes aux deux nobles élus par chaque quartier pour détruire *vitium sodomiae* ; une autre du 22 mars 1458 ordonnait que le Collège, chargé de procéder contre les Sodomites, dût se réunir tous les vendredis ; enfin quelques auteurs parlent de certaine prescription bizarre faite par le Gouvernement aux courtisanes, qui devaient se tenir à la fenêtre la gorge nue, afin d'attirer les hommes et de les détourner du péché contre nature.

P.G. MOLMENTI
*La Vie privée à Venise depuis les premiers temps jusqu'à la chute de la République*, 1882.

Une vie charmante, enivrante, sans force, sans principes, sans vergogne, pleine de poisons, de parfums, de délices. Les gens qui vivent dans cette atmosphère en jouissent sans savoir de quoi ils meurent.

Philarète CHASLES
*Portraits contemporains, mœurs et théâtres*, 1875.

1. La *cheba* était une cage de bois, que l'on suspendait à mi-hauteur du clocher de Saint-Marc. Là, on enfermait les coupables, exposés aux rigueurs des saisons et aux insultes de la plèbe. Les condamnés recevaient le pain et l'eau, qu'on leur donnait pour nourriture, au moyen d'une petite corde. Ce supplice dura jusqu'en 1518, année où, comme le raconte le chroniqueur Erizzo, P. François de S. Polo essaya de s'échapper en brisant la cage où on l'avait enfermé.

## *Filles de joie*

Il y a, depuis vingt ans, 10 000 p... à Venise, de moins ; ce qui ne vient pas d'une réformation dans les mœurs, mais de l'affreuse diminution des étrangers.

MONTESQUIEU
*Voyages*, 1728-1731.

Il y a des rues toutes entières pour les filles de joie qui se donnent à tous venants. Et au lieu que tout est noir et sombre dans les habits des autres personnes, celles-ci sont vêtues de rouge et de jaune, comme des tulipes, la gorge fort ouverte, un pied de fard sur le nez, et toujours un bouquet sur l'oreille. On les voit par douzaine aux portes et aux fenêtres. Et ceux qui passent par là n'en échappent guère sans avoir quelque manche déchirée.

Henry VAN BULDEREN
*Nouveau Voyage d'Italie*
*avec un mémoire contenant des avis utiles*
*à ceux qui voudront faire le même voyage*, 1698.

A quelques pas de mon auberge, est une maison à la porte de laquelle se balancent, pour enseigne, trois ou quatre malheureuses assez belles et demi-nues. Un caporal *schlagen* collé le long de la muraille, les bras allongés, la paume des deux mains appliquée au fémur, la poitrine effacée, le cou roide, la tête fixe, ne la tournant ni à droite ni à gauche, est en faction devant ces demoiselles qui se moquent de lui, et cherchent à lui faire violer sa consigne. Il voit entrer et sortir les *Pourchois*, avertissant par sa présence que tout se doit passer sans scandale et sans bruit : on ne s'est pas encore avisé en France de mettre l'obéissance de nos conscrits à cette épreuve.

François-René de CHATEAUBRIAND
*Mémoires d'outre-tombe*, 1850.

Ce n'est qu'ici au monde que l'on peut voir ce que j'ai vu : un homme, ministre et prêtre, dans un spectacle public, en présence de quatre mille personnes, badiner d'une fenêtre à l'autre avec la plus fameuse catin d'une ville, et se faire donner des coups d'éventail sur le nez. Savez-vous bien que je trouvai un jour à cette princesse un poignard dans sa poche ! Elle prétendit que, dans sa profession, on était en droit de le porter pour la manutention de la police dans la maison. J'en suis moins surpris depuis que je sais que les religieuses en portent, et que j'ai appris qu'une abbesse, aujourd'hui vivante, s'était jadis battue à coups de poignard contre une autre dame, pour l'abbé de Pomponne. L'aventure ne laissa pas de faire quelque éclat, car elle ne s'était pas passée dans le couvent.

L'Agatina est la plus splendide de toutes les courtisanes de Venise. Elle est logée dans un petit palais, meublé superbement, et parée de bijoux comme une nymphe. A la vérité, c'est la moins jolie de toutes celles de premier ordre ; mais, d'un autre côté, qui peut nier que les faveurs d'une main couverte de diamants ne soient véritablement précieuses ?

Charles de BROSSES
*Lettres familières écrites d'Italie en 1739 et 1740.*

La Padoana, chez qui nous allâmes, était d'une assez jolie figure, belle même, mais non pas d'une beauté qui me plût. Dominique me laissa chez elle ; je fis venir des *sorbetti*, je la fis chanter, et au bout d'une demi-heure je voulus m'en aller, en laissant sur la table un ducat ; mais elle eut le singulier scrupule de n'en vouloir point qu'elle ne l'eût gagné, et moi la singulière bêtise de lever son scrupule. Je m'en revins au palais si persuadé que j'étais poivré, que la première chose que je fis en arrivant fut d'envoyer chercher le chirurgien pour lui demander des tisanes. Rien ne peut égaler le malaise d'esprit que je souffris durant trois semaines, sans qu'aucune incommodité réelle, aucun signe apparent le justifiât. Je ne pouvais concevoir qu'on pût sortir impunément des bras de la Padoana.

Jean-Jacques ROUSSEAU
*Les Confessions*, 1769.

— Savez-vous à qui vous avez loué votre maison ? me lance-t-il.

— A Domenico Bianchi, gondolier du sieur Colombo, et à son épouse en mal d'enfant.

— Quel Bianchi ? Quel Colombo ? Quel gondolier ? Quelle femme enceinte ? s'écrie le prêtre de plus en plus outré. Il n'y a pas de Domenico Bianchi : il y a le roi des ruffians. L'épouse est une pouffiasse : elle portait un coussin sur le ventre pour simuler la grossesse, quand vous l'avez vue. Votre maison, à cette heure, sert d'auberge à trois putains qui racolent tous les passants : on y vend du vin, on s'y bagarre, c'est bel et bien un bordel, et les voisins, scandalisés, viennent protester chez moi. Votre devoir de bon chrétien est de mettre fin à ce désordre.

J'étais au comble de la stupéfaction.

Carlo GOZZI
*Mémoires inutiles*, 1797-1798.

## *Plaisirs nocturnes*

On passe une partie de la nuit à la place Saint-Marc pour voir le beau monde qui ne sort que la nuit et ne se couche que vers les deux ou trois heures.

August von PLATEN
*Lettre à ses parents*, 12 septembre 1824.

Dans toute l'Italie, et surtout à Venise, le climat et le goût particulier des habitants ont établi la coutume d'employer les trois-quarts de la nuit à des occupations auxquelles la nature semble avoir destiné les heures du jour. C'est la nuit que les sociétés se réunissent dans les Palais ou les Casins (ou salles d'assemblée de la noblesse et de la riche bourgeoisie). L'heure des divertissements publics est réglée d'après cette coutume. Le peuple même s'y conforme dans la poursuite de ses affaires, et les rues étroites qu'il habite sont aussi vivantes, aussi bruyantes à minuit, que pendant le jour. Malheur à l'étranger qui n'est point fait à ce bruit. Les véritables gens d'affaires craindraient même qu'on leur reprochât de les négliger, s'ils paraissaient le jour dans les lieux publics. Pour réparer la perte du sommeil dans les moments qui partout ailleurs lui sont consacrés, ils font une longue *sieste*, d'où résulte une stagnation des affaires publiques et privées pendant plusieurs heures de l'après-midi.

Frédéric-Jean-Laurent MEYER
*Voyage en Italie*, 1803.

A cette époque existait à Venise la célèbre maison de jeu connue sous le nom de *Ridotto*, dans laquelle les nobles riches avaient le privilège exclusif de tenir la banque avec leur propre argent, et les nobles pauvres avec celui d'autrui, le plus souvent celui des descendants d'Abraham. Nous y passions toutes les nuits, et presque toujours, en rentrant chez nous, nous maudissions le jeu et ceux qui l'avaient inventé.

Cette maison n'était ouverte que pendant le carnaval. Nous étions juste au dernier jour, et nous n'avions ni argent ni moyen de nous en procurer. Poussés par cette passion funeste, et soutenus par l'espérance, ce fatal mirage des joueurs, nous engageâmes ou vendîmes les derniers effets qui nous restaient. Réunissant ainsi une dizaine de sequins, nous courûmes au Ridotto ; en un clin d'œil tout fut perdu...

Lorenzo DA PONTE
*Mémoires*, 1823-1827.

Les Vénitiens, m'a-t-on assuré, sont étonnamment pleins de verve, si ardents dans la poursuite de leurs plaisirs qu'à peine prennent-ils le temps de dormir. Certains, après avoir déclamé au sénat, s'être promenés une heure sur la piazzetta, s'être rendus d'un casino à l'autre sans pouvoir se tenir en place jusqu'à l'aube, s'embarqueront alors dans une gondole, navigueront à travers les lagunes pour prendre la poste à Mestre ou à Fusina, cahotant sur un pavé rompu jusqu'à Trévise ; ils y déjeunent en hâte et reviennent avec fracas comme s'ils avaient le diable aux trousses. A onze heures on est de retour à Venise ; on revêt robe et perruque pour entrer au Conseil. Voilà qui est peut-être vrai mais je ne donnerai jamais en exemple les Vénitiens pour leur vivacité. Leurs nerfs détendus par les maladies honteuses et une débauche précoce interdisent toute activité d'esprit, au mieux ils permettent quelques moments de fausse et de fiévreuse activité. L'approche du repos retardé par un usage immodéré de café les rend trop faibles, trop apathiques pour aimer quelque sport exigeant de l'énergie. Enfin la facilité à se faire transporter d'un endroit à l'autre en gondole n'ajoute pas peu à cette indolence. Bref les Vénitiens s'ils dorment moins que le restant de l'Univers passent en fin de compte leur vie dans une perpétuelle somnolence.

William BECKFORD
*Voyage d'un rêveur éveillé*, 1783.

## *Plaisirs musicaux*

Vivaldi s'est fait de mes amis intimes, pour me vendre des concertos bien chers. Il y a en partie réussi ; et moi, à ce que je désirais, qui était de l'entendre et d'avoir souvent de bonnes récréations musicales : c'est un *vecchio*, qui a une furie de composition prodigieuse. Je l'ai ouï se faire fort de composer un concerto, avec toutes ses parties, plus promptement qu'un copiste ne le pourrait copier. J'ai trouvé, à mon grand étonnement, qu'il n'est pas aussi estimé qu'il le mérite en ce pays-ci, où tout est de mode, où l'on entend ses ouvrages depuis trop longtemps, et où la musique de l'année précédente n'est plus de recette.

Charles de BROSSES
*Lettres familières écrites d'Italie en 1739 et 1740.*

Je ne crois pas que de grands musiciens soient nés à Venise, car on ne peut compter de ce nombre l'aimable Galuppi qui naquit dans l'île de Burano, mais de grands musiciens y ont laissé trace de leur passage. Monteverde y vécut une partie de sa vie et Cimarosa y vint finir la sienne. On voit encore sa maison sur le campo Sant'Angelo ; de même le Palais Giustiniani et le Palais Vendramin conservent le souvenir de Wagner. C'est au Giustiniani qu'il composa le deuxième acte de *Tristan* et c'est au Vendramin qu'il expira, chargé de gloire et d'années. Si donc Venise n'a pas ses grands musiciens, la musique n'y fut pas moins en honneur. N'a-t-elle pas encore son Conservatoire installé dans le Palais Pisani à San Stefano ? De tout temps, Venise fut sensible au charme des instruments et des voix.

Henri de RÉGNIER
*L'Altana ou la vie vénitienne*,
septembre 1906.

Une musique à mon gré bien supérieure à celle des opéras, et qui n'a pas sa semblable en Italie ni dans le reste du monde, est celle des *scuole*. Les *scuole* sont des maisons de charité établies pour donner l'éducation à de jeunes filles sans bien, et que la république dote ensuite, soit pour le mariage, soit pour le cloître. Parmi les talents qu'on cultive dans les jeunes filles, la musique est au premier rang. Tous les dimanches, à l'église de chacune de ces quatre *scuole*, on a durant les vêpres des motets à grand chœur et en grand orchestre, composés et dirigés par les plus grands maîtres de l'Italie, exécutés dans des tribunes grillées uniquement par des filles dont la plus vieille n'a pas vingt ans. Je n'ai l'idée de rien d'aussi voluptueux, d'aussi touchant que cette musique : les richesses de l'art, le goût exquis des chants, la beauté des voix, la justesse de l'exécution, tout dans ces délicieux concerts concourt à produire une impression qui n'est assurément pas du bon costume, mais dont je doute qu'aucun cœur d'homme soit à l'abri. Jamais Carrio ni moi ne manquions ces vêpres aux *Mendicati*, et nous n'étions pas les seuls. L'église était toujours pleine d'amateurs : les acteurs mêmes de l'Opéra venaient se former au vrai goût du chant sur ces excellents modèles. Ce qui me désolait étaient ces maudites grilles, qui ne laissaient passer que des sons, et me cachaient les anges de beauté dont ils étaient dignes. Je ne parlais d'autre chose. Un jour que j'en parlais chez M. Le Blond : Si vous êtes si curieux, me dit-il, de voir ces petites filles, il est aisé de vous contenter. Je suis un des administrateurs de la maison. Je veux vous y donner à goûter avec elles. Je ne le laissai pas en repos qu'il ne m'eût tenu parole. En entrant dans le salon qui renfermait ces beautés si convoitées, je sentis un frémissement d'amour que je n'avais jamais éprouvé. M. Le Blond me présenta l'une après l'autre ces chanteuses célèbres, dont la voix et le nom étaient tout ce qui m'était connu. *Venez, Sophie*... Elle était horrible. *Venez, Cattina*... Elle était borgne. *Venez, Bettina*... La petite vérole l'avait défigurée. Presque pas une n'était sans quelque notable défaut. Le bourreau riait de ma cruelle surprise. Deux ou trois cependant me parurent passables : elles ne chantaient que dans les chœurs. J'étais désolé. Durant le goûter on les agaça ; elles s'égayèrent. La laideur n'exclut pas les grâces ; je leur en trouvai. Je me disais : On ne chante pas ainsi sans âme ; elles en ont. Enfin ma façon de les voir changea si bien, que je sortis presque amoureux de tous ces laiderons. J'osais à peine retourner à leurs vêpres. J'eus de quoi me rassurer. Je continuai de trouver leurs chants délicieux, et leurs voix fardaient si bien leurs visages, que tant qu'elles chantaient je m'obstinais, en dépit de mes yeux, à les trouver belles.

Jean-Jacques ROUSSEAU
*Les Confessions*, 1769.

# *Duel théâtral : Gozzi et Goldoni*

La mode régnait donc de la licence et de l'irrégularité : les esprits dévoyés et confus avaient perdu l'aptitude à distinguer ce qui est bien écrit de ce qui ne l'est point ; par ignorance ou par peur de manquer le coche, ils applaudissaient tout, le pire comme le meilleur. La grossièreté, l'enflure et le méli-mélo régnaient, et l'écriture pure et cultivée passait pour être de la fadeur ou de l'affectation.

La contagion se répandant, on en vint à trouver bons, mieux encore, à applaudir et acclamer, en leur attribuant la qualité d'écrivains italiens excellents, jusqu'à l'avocat Carlo Goldoni et à l'abbé Pietro Chiari, qui vont créer et entretenir, durant quelques lustres, une mode qui était la négation même de la littérature châtiée et soignée.

Ces deux auteurs, chacun de son côté, à la fois concurrents et rivaux, surent mettre en ébullition les cerveaux de nos Vénitiens, qui se partageaient en deux coteries et en venaient presque aux mains, pour exalter les ouvrages sublimes de l'un ou de l'autre.

Une tornade de comédies, de tragi-comédies, de tragédies, amas d'imperfections portées tour à tour à la scène, par ces deux génies de l'inculte, s'abattit sur Venise : l'immense influence que produisaient leurs recueils de pièces, romans, épîtres critiques, cantates, apologies de l'un ou de l'autre gâte-sauce noyait la ville, éblouissant la jeunesse et la dévoyant.

Seule notre Académie des Ineptes ne fut point atteinte par cette mode.

Nous ne craignions pas de fréquenter les théâtres et nous n'étions pas injustes au point de refuser à Goldoni le mérite qui lui revenait en matière de spectacles, à l'encontre de son rival Chiari, à qui nous n'accordions pas l'ombre d'un bout de talent : mais nous ne pouvions pas nous empêcher de porter un œil de rieuse commisération sur les tables des dames, sur les écritoires des messieurs, sur les bancs des boutiquiers ou aux mains des promeneurs, des écoliers et jusque des religieuses, où nous voyions figurer, à l'instar de miroirs de la pensée riche et de l'écriture élégante, les pièces de Goldoni et de Chiari, ainsi que les romans de ce dernier, escortés de toutes les autres productions triviales et poétiques de ces deux gâcheurs d'encre.

Carlo GOZZI
*Mémoires inutiles*, 1797-1798.

Goldoni est un quasi-anagramme de gondole...

Alberto SAVINIO
*Encyclopédie nouvelle*, 1980.

— Et de Goldoni que dites-vous ?
— C'est notre Molière.
— Pourquoi s'appelle-t-il poète du duc de Parme ?
— Pour se donner un titre, car le duc n'en sait rien. Il s'appelle aussi avocat et il ne l'est qu'en puissance. Il est bon auteur de comédies, et voilà tout. Je suis son ami, et toute Venise le sait. En société il ne brille pas, il est insipide et doux comme de la guimauve.
— On me l'a écrit. Il est pauvre, et il veut quitter Venise. Cela doit déplaire aux maîtres des théâtres où on joue ses pièces.

— On a parlé de lui faire une pension ; mais on a décidé pour la négative. On a cru qu'ayant une pension il ne travaillerait plus.

CASANOVA DE SEINGALT
*Histoire de ma vie,* 1789.

Un citoyen vénitien félicitait Goldoni pour la réussite d'une de ses pièces, après quoi, comme honteux de s'être abaissé à en faire l'éloge, il s'empressait d'ajouter :

— Il est vrai que ces ouvrages sont des couillonnades qui ne méritent pas réflexion, mais je conçois que vous ayez été ravi de votre succès...

Carlo GOZZI
*Mémoires inutiles*, 1797-1798.

## *Les masques du carnaval*

Ce n'est point avec le froc et le chapelet, c'est avec le tambour de basque et l'habit de fou que j'entreprends, moi, la vie, ce pèlerinage à la mort !

Notre troupe bruyante est accourue sur la place Saint-Marc, de l'hôtellerie du signor Arlecchino qui nous avait tous conviés à un régal de macaronis à l'huile et de polenta à l'ail.

Marions nos mains, toi qui, monarque éphémère, ceins la couronne de papier doré, et vous, ses grotesques sujets, qui lui formez un cortège de vos manteaux de mille pièces, de vos barbes de filasse et de vos épées de bois.

Marions nos mains pour chanter et danser une ronde, oubliés de l'inquisiteur, à la splendeur magique des girandoles de cette nuit rieuse comme le jour.

Chantons et dansons, nous qui sommes joyeux, tandis que ces mélancoliques descendent le canal sur le banc des gondoliers, et pleurent en voyant pleurer les étoiles.

Dansons et chantons, nous qui n'avons rien à perdre, et que

derrière le rideau où se dessine l'ennui de leurs fronts penchés, nos patriciens jouent d'un coup de cartes palais et maîtresses !

Aloysius BERTRAND
« La chanson du masque », *Gaspard de la Nuit*, 1842.

Le carnaval commence toujours la seconde fête de Noël, c'est-à-dire qu'alors il est permis de prendre le masque et d'ouvrir les théâtres et les brelans. Alors on pousse à bout le libertinage ordinaire, on raffine sur tous les plaisirs : on s'y plonge jusqu'à la gorge. Toute la ville est déguisée. Le vice et la vertu se masquent aussi mieux que jamais et changent absolument de nom et d'usage. La place de S. Marc se remplit de mille sortes de bateleurs. Les étrangers et les courtisanes accourent par milliers à Venise de tous les coins de l'Europe : c'est un remuement et une confusion générale. Vous diriez que le monde est devenu fou tout d'un coup.

Henry VAN BULDEREN
*Nouveau Voyage d'Italie*
*avec un mémoire contenant des avis utiles*
*à ceux qui voudront faire le même voyage*, 1698.

Je voudrais bien pouvoir vous parler savamment du carnaval. On nous presse fort ici d'y revenir passer ce temps, et l'on nous promet de nous faire voir une tout autre Venise ; mais je n'imagine pas que nous lui donnions la préférence sur nos affaires et sur nos amis. Ce carnaval commence dès le 5 octobre, et il y en a un autre petit de quinze jours à l'Ascension ; de sorte que l'on peut compter ici environ six mois où qui que ce soit ne va autrement qu'en masque ; prêtres ou autres, même le nonce et le gardien des capucins. Ne pensez pas que je raille, c'est l'habit d'ordonnance ; et les curés seraient, dit-on, méconnus de leurs paroissiens, l'archevêque de son clergé, s'ils n'avaient le masque à la main ou sur le nez.

Charles de BROSSES
*Lettres familières écrites d'Italie*
*en 1739 et 1740.*

Ce n'était pas au travestissement que le Carnaval de Venise devait son caractère particulier. Son insigne propre était le masque, ce masque blanc, si étrange et qu'encapuchonnait la dentelle et le satin noirs de la bauta. Sous le masque, il n'y avait plus de différences de rang. Masqué, on pouvait entrer partout, dans les salons comme dans les couvents, au Palais Ducal comme au Ridotto. Le faquin devenait l'égal du patricien, le pauvre du riche, et tous, sous l'abri inviolable de la maschera n'avaient plus qu'un même souci : le plaisir. Le masque est l'incognito, le secret, l'impunité assurée. Il est l'indépendance momentanée, l'oubli de tout dans l'oubli de tous, la liberté dans la fantaisie.

(...)

Ah ! comme j'aurais voulu m'envelopper de la sombre étoffe et me couvrir le visage de la blanche maschera et, par la vertu magique, pouvoir aller me mêler, au fond du passé, à la foule de jadis, qui, sous les mêmes atours, discrets et funèbres, emplissait de sa gaîté carnavalesque les mille détours de la ville où, même en habits modernes, on goûte le mieux l'oubli de soi-même et la mystérieuse illusion d'être un autre.

Henri de RÉGNIER
*L'Altana ou la vie vénitienne*,
mai-juin 1912.

Jovial et mélancolique,
Ah ! vieux thème du carnaval,
Où le rire aux larmes réplique,
Que ton charme m'a fait de mal !

Théophile GAUTIER
« Variations sur le carnaval de Venise »,
*Emaux et Camées*, 1852.

Il maniait maintenant les légers édifices de gaze et de soie peinte des jolis masques vénitiens.

« Voici un Cocodrilla, un capitaine Fracasso, un Pantalone, et un Matamore. Les nez seuls diffèrent et l'ébouriffement des moustaches, si vous y regardez de près. Ce masque de soie blanche avec d'énormes bésicles, dégage-t-il un effroi assez comique ? C'est un docteur Curucucu, un vrai fantoche de contes d'Hoffmann. Quant à celui-ci, tout en crin noir, avec ce long nez en spatule, l'air d'un bec de cigogne se terminant en cuiller, pouvez-vous imaginer quelque chose de plus épouvantable ? C'est un masque de duègne. Une amoureuse était bien gardée quand elle courait la ville, flanquée d'une matrulle ornée d'un appendice pareil. C'est tout le carnaval de Venise qui défile en parade devant nous sous le camail et le domino, embusqué derrière ces masques, *epope !*

Jean LORRAIN
*Monsieur de Phocas*, 1901.

J'écris toujours avec un masque sur le visage ;
Oui, un masque à l'ancienne mode de Venise,
Long, au front déprimé,
Pareil à un grand mufle de satin blanc,
Assis à ma table et relevant la tête,
Je me contemple dans le miroir, en face

Et tourné de trois-quarts, je m'y vois
Ce profil enfantin et bestial que j'aime.
Oh, qu'un lecteur, mon frère, à qui je parle
A travers ce masque pâle et brillant,
Y vienne déposer un baiser lourd et lent
Sur ce front déprimé et cette joue si pâle,
Afin d'appuyer plus fortement sur ma figure
Cette autre figure creuse et parfumée.

Valery LARBAUD
« Le masque », *A.O. Barnabooth*, 1913.

Quant au péché, on trouve partout des masques, ou plus exactement des demi-masques, des loups. Ce très bel objet de taffetas, de moire ou de soie, dissimule le front, les yeux, le nez et laisse la bouche à découvert. Dans ce demi-visage noir, impassible, le regard vient directement de l'âge d'or. J'ai essayé quelques-uns de ces masques sur moi-même pour voir quel état d'esprit cela donnait. Cela en donne un dont je me refuse de parler. Mais, en me regardant dans une glace, j'ai constaté que le loup me faisait proie moins facile à posséder et que même mon rire aux éclats était changé en sourire ambigu. Quel jeu magnifique ce serait dans la vie courante ! L'admirable c'est qu'ici on pourrait porter en temps normal un masque dans la rue sans scandale. On ne ferait que pitié.

Jean GIONO
*Voyage en Italie*, 1954.

*Sixième partie*

# VIVRE À VENISE

## *Être Vénitien*

On chante dans les places, dans les rues, et sur les canaux. Les marchands chantent en débitant leurs marchandises, les ouvriers chantent en quittant leurs travaux, les gondoliers chantent en attendant leurs maîtres. Le fond du caractère de la nation est la gaîté, et le fond du langage vénitien est la plaisanterie.

Carlo GOLDONI
*Mémoires*, 1761-1768.

Quel bon peuple bavarde sur le campiello, autour du puits, ou à la porte de l'église. L'air un peu mol, un peu las, les femmes causent avec les enfants et discutent avec les vieux. Elles sont gaies et disertes. Ils sont doux entre eux, et parlent avec agrément. Même dans la colère, ils ont purgé l'humeur brutale. Ils sont polis et câlins. Parce qu'ils veulent plaire, ils ont passé pour fourbes aux yeux des violents. Ils ont le ton naturel et le geste aimable. Ils sont pleins de gentillesse. Jusque dans la misère, on sent qu'ils aiment fort la vie. Ils sont rieurs et spirituels. Ils goûtent le mot qui peint, le trait comique plutôt que le bouffon. Ils ont de la mélancolie sans noirceur. Ils sont ironiques avec indulgence : ils n'ont rien de l'âpreté romaine et marseillaise. Leur journal populaire est riche en facéties : et même contre les riches, il est sans venin.

Ils sont sociables, et à tout propos se forment en confréries. Ce peuple fin est encore raffiné par la fièvre. Le sang des seigneurs a fait le reste. Ils ont vécu de longs siècles soumis aux patriciens. Leurs filles n'ont pas de gros os. Ils ont le sourire voluptueux. Je leur vois moins de passion que de fougue au plaisir et de tendresse. Ils préfèrent les baisers tranquilles à la frénésie. Ils ont la parole et l'intention tendres. Ils se donnent une quantité de surnoms, tous plaisants et qui moquent, dans ce joli dialecte zézayant, qui multiple les « x », et qui semble l'italien de folles petites filles.

André SUARÈS
*Voyage du Condottiere — Vers Venise*, 1910.

Dans la Merceria, l'autre matin, j'ai été étonné des regards admiratifs qui se portaient sur moi. Il y avait même des déclarations d'amour fort claires. Je me suis demandé ce qui m'arrivait. J'ai mis aussi très longtemps à comprendre. C'était finalement ce qui, partout ailleurs, aurait fait rire. Il y avait, deux pas devant moi, un immense gendarme rehaussé d'un bonnet à poil et d'un plumet rouge qui marchait noblement en balançant un manteau pourpre. Machinalement, je lui avais emboîté le pas et il semblait être mon majordome chargé d'écarter la foule. On y croyait, et un vieux monsieur très coquet m'a salué. J'ai fait durer la plaisanterie jusqu'à la Banca d'Italia où j'ai feint d'avoir à entrer. J'ai raconté l'histoire et l'on m'a félicité pour cette malice. Il aurait été impoli de détromper trop brusquement des gens qui, m'a-t-on dit, *s'étaient donnés*.

Jean GIONO
*Voyage en Italie*, 1954.

Je ne sais comment il se fit qu'à cette occasion, je fus plus frappé que jamais de cette curieuse allure de cousinage, de sociabilité et de vie de famille qui est pour la moitié dans l'expression de Venise. Sans rues et sans véhicules, sans le bruit des roues ni la brutalité des chevaux, avec ses petites voies tortueuses où les gens s'attroupent à la moindre occasion, où les voix résonnent comme dans les corridors d'une maison, où les passants circulent soigneusement comme pour respecter les angles d'un mobilier, et où les chaussures ne s'usent jamais, la ville donne l'impression d'un immense appartement collectif, dans lequel la place Saint-Marc est la pièce la plus ornée, et où les autres constructions, palais et églises, jouent le rôle de grands divans en repos, de tables de jeux de société, de motifs décoratifs. Et, en quelque façon aussi, le splendide domicile commun, familier domestique et sonore, ressemble encore à un théâtre avec ses acteurs sautillant sur les ponts et trottinant le long des *fondamenti* en procession décousue. Tandis que vous demeurez assis dans votre gondole, les trottoirs qui, à certains endroits, bordent les canaux, prennent l'importance d'une scène, qui se présente sous l'angle habituel, et les personnages vénitiens, allant et venant devant le décor éraillé de leurs petites maisons de théâtre, vous représentent les membres d'une troupe dramatique infinie.

Henry JAMES
*Les Papiers de Jeffrey Aspern*, 1887.

Les Vénitiens, avec tout leur faste et leurs palais, ne savent ce que c'est que de donner un poulet à personne. J'ai été quelquefois à la *conversation* chez la procuratesse Foscarini, maison d'une richesse immense, et femme très gracieuse d'ailleurs ; pour tout régal, sur les trois heures, c'est-à-dire à onze heures du soir de France, vingt valets apportent dans un plat d'argent démesuré une grosse citrouille coupée en quartiers, que l'on qualifie du nom de *melon d'eau*, mets détestable s'il en fut jamais. Une pile d'assiettes d'argent l'accompagnent ; chacun se jette sur un quartier, prend par-dessus une petite tasse de café, et s'en retourne à minuit souper chez soi, la tête libre et le ventre creux.

Charles de BROSSES
*Lettres familières écrites d'Italie en 1739 et 1740.*

Aucune tribu n'aime les étrangers et les Vénitiens, non contents d'être des insulaires, ont un esprit éminemment tribal.

Joseph BRODSKY
*Acqua alta*, 1992.

## *Le bestiaire de Venise*

Venise est l'arche de Noé.

L'ARÉTIN
*La Courtisane*,
acte III, 1534.

Je revois les pigeons de Saint-Marc :
La place est silencieuse ; le matin s'y repose.
Indolemment j'envoie mes chants, au sein de la douce
[fraîcheur,
Comme des essaims de pigeons dans l'azur
Puis les rappelle
Pour accrocher une rime de plus à leur plumage.
— O mon bonheur ! O mon bonheur !

Friedrich NIETZSCHE
« Chansons du prince hors la loi »,
*Le Gai Savoir,* 1881-1887.

Les gens du peuple, à Venise, sont pauvres, très pauvres. Aussi leurs frères, les pigeons de la place Saint-Marc, se méfientils. Les chats aussi se méfient. Parfois, me promenant le soir, j'ai vu un homme penché dans l'ombre, et puis une longue plainte ; l'homme serrait avec ses deux mains.

Maurice BARRÈS
« La Mort de Venise »,
*Amori et dolori sacrum*, 1903.

L'opinion la plus généralement répandue relativement à l'origine des *pigeons de Saint-Marc*, serait que dans les anciens temps de Venise il était d'usage, au jour des Rameaux, de lâcher de la galerie qui domine la basilique de Saint-Marc (d'autres prétendent du campanile) des pigeons portant une entrave qui ralentissait leur vol, et les forçait à se débattre terre à terre ; alors malgré les efforts que faisaient ces petits animaux pour se soutenir en l'air, le peuple se les disputait avec violence, jouissant de cette distribution en nature qui les forçait à un exercice dont s'amusait les patriciens. Or il serait advenu que plusieurs de ces pigeons ayant réussi à s'affranchir de l'entrave qui les contraignait à tomber à terre, se seraient réfugiés sur les toits des édifices voisins de la place, y auraient multiplié et seraient devenus intéressants aux yeux du peuple, qui les aurait pris sous sa protection et nourris, jusqu'au moment où la République greva son budget du soin de l'entretien des estomacs de ces sujets aériens et emplumés. Cette version peut être vraisemblable, et nous ne songeons pas à la rejeter : seulement nous en avons trouvé une autre que nous rapporterons : le lecteur examinera et jugera.

On sait que les Orientaux ont de tout temps été dans l'usage d'élever des pigeons, pour porter des messages au loin dans les lieux que la guerre ou la nature des terrains rendaient inaccessibles. Un peu avant la prise de Candie, les troupes vénitiennes, sous le commandement de Reinier Dandolo et de Roger Premareni, bloquaient la ville qui, soutenue par les soldats du comte de Malte, que les Génois avaient mis en avant, semblait devoir résister aux efforts des assiégeants. Sans doute ce siège devait être long et fatigant, car les Candiotes étaient parfaitement approvisionnés ; mais l'incident le plus futile vint livrer la ville aux Vénitiens en peu de jours. Plusieurs fois les officiers de Dandolo avaient remarqué des pigeons qui traversaient le camp, en se dirigeant de Candie vers la flotte génoise qui était mouillée près le mont Ida, à l'entrée de l'Archipel. Connaissant l'usage où étaient les Orientaux d'utiliser ce moyen de correspondance, et se défiant de toute ruse de guerre des Génois, que les Vénitiens avaient appris à reconnaître comme peu sincères, le général ordonna qu'on fît tout pour s'emparer de quelques-uns de ces animaux, qui lui parurent des messagers mystérieux. Une grêle de flèches en fit choir sept ou huit à leur passage, tout étourdis, ou plus ou moins grièvement blessés. Ce que Dandolo avait prévu se réalisa : tous avaient sous l'aile un billet qui témoignait de l'accord des Génois avec les Candiotes et ce billet avait été multiplié à l'infini, pour assurer la sécurité du message transmis. Sans perdre de temps, Dandolo donna l'assaut le soir même à l'île qui se rendit dans la nuit, avant que le comte de Malte, eût eu le temps de se renforcer. On trouva dans le palais du gouvernement une quantité de ces pigeons d'espèce orientale, que le chef de l'armée ordonna de transporter à Venise, en mémoire du service qu'ils avaient rendu, à l'Etat, en livrant le secret de l'île et de la perfidie des Génois appelés à les secourir.

Que devinrent ces pigeons ? La grave histoire n'en dit rien, n'est-il pas naturel de croire que dans les mœurs superstitieuses du temps, dans l'enthousiasme particulier aux Vénitiens, ils devinrent l'objet de quelque mesure, de quelque sollicitude populaire ? Serons-nous trop exigeant en réclamant la moitié de ceux qu'on voit aujourd'hui comme ayant leur origine dans le fait que nous avons rapporté ?

Au reste, quoi qu'il en soit, ces pigeons sont restés en vénération dans les mœurs des Vénitiens, et presque un objet de superstition pour le peuple. Personne n'ose y toucher, et il n'y a pas d'exemple que la misère ait tenté de reconnaître si leur chair est aussi dure qu'on le prétend. Il y a quelques années, un étranger qui partait, parvint à corrompre un barcarole pour qu'il lui en procurât deux, destinés sans doute à fonder, dans une de ses terres, une dynastie de pigeons de Saint-Marc. Mais l'imprudent marin ayant été surpris dans sa tentative presque sacrilège, faillit être assommé par les gens de la Riva des Esclavons.

Jules LECOMTE
*L'Italie des gens du monde — Venise*, 1844.

Il y a cent ans, la place Saint-Marc était « pavée de courtisanes », comme l'enfer est pavé de bonnes intentions : aujourd'hui on n'y voit plus courir que des colombes. On rencontre des colombes à Venise comme on rencontre des chiens à Paris. On sait qu'aux anciens temps, le jour des Rameaux, il était d'usage de lâcher, « d'au-dessus du portail de Saint-Marc, une multitude de pigeons avec un petit rouleau de papier à la patte, ce qui les forçait de tomber après quelques instants de lutte ». Le peuple se ruait dessus et leur tordait le cou pour souper. C'était la poule au pot d'Henri IV. Il arriva que chaque année trois ou quatre pigeons échappèrent à cette Saint-Barthélemy et se réfugièrent sur les plombs du palais ducal, comme pour se consoler dans l'espoir avec les prisonniers. Ils se multiplièrent à l'infini. Le Conseil des Dix, attendri, rendit un décret portant qu'ils seraient nourris aux frais de la république. Aujourd'hui, il n'y a plus de prisonniers sous les plombs, et les pigeons apprivoisés se promènent nonchalamment en manchettes sur la place Saint-Marc comme des bourgeois endimanchés.

Arsène HOUSSAYE,
*Voyage à Venise*, 1850.

La matinée d'automne où la vue de cet inconnu me frappa pour la première fois, sur la place Saint-Marc, remonte déjà à environ deux mois. Sur la vaste piazza, peu de gens circulaient, mais les oriflammes flottaient à la brise marine au-dessus du prodigieux édifice bariolé dont les contours somptueux et féeriques se découpaient dans une ravissante clarté sur un ciel délicat, d'un bleu limpide. Devant le principal portail, autour d'une jeune fille qui égrenait du maïs, un immense vol de pigeons s'était abattu, tandis que d'autres accouraient de toutes parts. Une vision de fête, d'une incomparable beauté.

Thomas MANN
« Déception », *Déception et autres nouvelles*, 1896.

Les pigeons, morceaux de marbre fous. Ces grands nerveux à quelle épreuve soumis. Photographiés, nourris par des touristes eux-mêmes énervés, ils ont l'égarement des êtres vivants astreints à faire couleur locale. Ils marchent entre les jambes des Anglaises mais à chaque sonnerie de cloche, s'envolent en ronds fous, une grande étoffe claquante. Je suis sûr qu'ils jouent la peur : pensez, ça fait un siècle que ça dure. Ils sont divisés en deux sections, l'une mime l'affolement pour faire rire les étrangers, et l'autre moitié picore tranquillement les miettes de pain ou les grains de maïs qu'on leur jette. Ce soir c'est l'autre équipe qui travaille, la première bouffe et se repose.

Jean-Paul SARTRE
*La Reine Albemarle*
*ou le dernier touriste*, 1952.

— Des poissons dans le canal, je n'en avais jamais vu, disait-elle, mais avant-hier avec la marée, j'ai commencé à observer un remue-ménage inhabituel chez les rats du palais Zorzi. Je les connais bien, toute une famille qui sort le matin, pour ramasser ce qui est tombé de la péniche des éboueurs, mais ce jour-là, ils couraient jusqu'à l'arche du pont, et revenaient sous les portes d'eau du palais, avec des lambeaux de poissons entre les dents. Au pied du pont, du côté de la lagune, il y avait un paquet d'anguilles mortes apportées par la marée que les rats venaient déchiqueter. Aujourd'hui c'est différent, j'ai vu des anguilles nager, et les rats ne pouvaient plus les attraper...

Jean THUILLIER
*Campo morto*, 1992.

Venise est pleine de lions en pierre, et de chats paisiblement assis, au seuil des maisons, dans l'orbe de leur queue. Les chats font des yeux heureux dans la voluptueuse Venise, et leur fourrure brille.

André SUARÈS
*Voyage du Condottiere — Vers Venise*, 1910.

Le couchant répandait une lumière d'or sur les pentes des toits où s'accroupissaient des chats ; il brillait sur le linge qui séchait entre les maisons ou devant les fenêtres, illuminait les cheminées, le faîte des églises couronnées de saints et, très haut dans le ciel, l'ange d'or. Au niveau de cette *altana*, une des plus élevées de la ville, l'on ne voyait ni les canaux ni le bas des maisons, à moins de se pencher sur le parapet de la terrasse, pour apercevoir la ligne d'un canal comme un mince fossé vert et les rues comme d'étroits abîmes au-dessus desquels les chats de Venise sautaient de toit en toit.

Pier-Maria PASINETTI
*Rouge vénitien*, 1960.

Ces chats vénitiens ne se dérangent jamais, eux non plus, n'ayant rien à redouter des voitures ; ce que je reproche aux chats, c'est de ne jamais dire bonjour. Les chats vénitiens ont l'air de faire partie du sol ; ils n'ont pas de collerette ; leur ventre est un biniou dégonflé, dans cette cité sans arbres ils ne savent plus grimper ; ils sont dégoûtés de la vie, car il y a trop de souris, trop de pigeons.

Paul MORAND
*Venises*, 1971.

On se gardera de dormir les fenêtres ouvertes, à cause des moustiques ; on en est le mieux garanti par un lit à rideaux de gaze fermés. Des bougies parfumées *(fidibus contro le zanzàre)* que l'on trouve dans les pharmacies, servent aussi à chasser cette plaie nocturne intolérable.

K. BAEDEKER
*L'Italie, Manuel du Voyageur*, 1870.

## *De la santé et du climat*

Quand il y a un jour de pluie, c'est une boue insupportable, tout le monde jure et peste, en montant et en descendant les ponts on salit les manteaux, les « tabarri » dont on s'enroule toute l'année, et, comme tout le monde court en souliers et en bas, on s'éclabousse et l'on enrage, car on n'est pas souillé d'une boue ordinaire, mais d'une boue corrosive. Mais le temps redevient-il beau, plus personne ne songe à la propreté. Combien il est vrai de dire que le public se plaint toujours d'être mal servi, et qu'il ne sait pas comment s'y prendre pour que le service soit mieux fait ! Ici il dépendrait seulement de la volonté du souverain que tout fût fait immédiatement.

GOETHE
*Voyage en Italie*, octobre 1786.

L'air de Venise est sain, les femmes y vieillissent moins vite que dans les autres climats chauds de l'Italie, et les hommes y conservent de la fraîcheur et de la force jusqu'à un âge très avancé.

M. PERROT
*Nouvel Itinéraire portatif d'Italie*, 1827.

A quel âge devient-on vieux dans ce pays ? songea le colonel. Les gens ne vieillissent pas à Venise, mais ils mûrissent très vite. Moi-même j'ai eu tôt fait de mûrir, en Vénétie, et je n'ai jamais été aussi vieux qu'à vingt et un ans.

Ernest HEMINGWAY,
*Au-delà du fleuve et sous les arbres*, 1950.

C'est ici lieu de parler de ces différents textes, liés l'un à l'autre par le besoin de bien-être matériel, après lequel courent les gens en santé, et particulièrement les malades voyageurs.

Du climat d'abord :

On pourrait être tenté de croire que, située comme l'est cette ville, au sein des lagunes, son air fût empreint de vapeurs et d'humidité pernicieuses : il n'en est rien pourtant, et les études les plus sérieuses, faites par des hommes éminents dans la science, prouvent que l'air de Venise est excellent. Il est continuellement renouvelé par les vents d'*est* et de *sud-est*, qui le dépouillent de tout gaz nuisible. Le célèbre docteur vénitien Brera, et le médecin français Thouvenel, qui ont beaucoup étudié le climat de Venise, attestent qu'il est doux, égal, léger, et, au total, infiniment moins humide que celui de Milan et même que celui de Padoue. Les malades atteints de phtisie pulmonaire, les scrofuleux, les rachitiques trouvent, dans les émanations salines de son atmosphère, une respiration très favorable à leur guérison. Les vases et les algues des lagunes donnent aux bains de mer une qualité extrêmement efficace pour la disparition d'une foule d'affections, et ils sont, pour les gens en santé, un fortifiant éprouvé.

A l'époque où les pestes, venues d'Orient, ravagèrent en grande partie l'Italie, sévissant avec un acharnement particulier sur Milan et Florence, Venise fut des moins maltraitées parmi les villes soumises au fléau. Plus récemment, le choléra-morbus l'épargna aussi plus que les autres cités d'outre-Alpes.

*Vivre à Venise*

En somme, le climat de Venise est *conservateur*, et la santé générale y est remarquable. — On y parvient communément à un âge avancé, et on y cite quelques centenaires.

Jules LECOMTE
*L'Italie des gens du monde — Venise*, 1844.

## *Hygiène publique*

La lagune était immobile et putride sous la chaleur, les marées n'y changeaient rien, des effluves saumâtres montaient des canaux ; les écorces de pastèques jetées la nuit n'étaient pas entraînées par le reflux des eaux et on les retrouvait le matin, là où elles avaient été jetées, formant sur l'eau comme un tapis rouge et vert.

Giovanni COMISSO
*Au vent de l'Adriatique*, 1928.

Ce n'est pas sans effroi que les maîtresses de maison voient apparaître à leur porte de service le plein bateau de respectables messieurs en pardessus qui inscrivent en rouge un numéro sur les murs : cela signifie que le canal ne va pas tarder à être drainé et que le fond de son lit va apparaître dans toute son horreur. Le quartier est alors envahi d'une odeur épouvantable, les habitants ferment fenêtres et volets et on les voit se hâter, un mouchoir sur la bouche. Tout au fond du canal vidé, sous les portes sculptées et les marches de marbre des palais, des ouvriers peinent dans la fange. Ils ont installé un petit chariot monté sur des rails et pataugent dans la boue noire et gluante qui leur monte aux genoux ; ils emplissent des camions à bennes verseuses dont le contenu sera ensuite chargé sur des péniches. Leurs corps, leurs vêtements, leurs visages sont tout barbouillés de matière, et si vous tentez d'engager avec eux une conversation ils vous répondent sur un ton de résignation transie qui n'est pas dépourvu de causticité.

James MORRIS
*Visa pour Venise*, 1964.

Dans les rues, l'odeur était épouvantable. Tout le quartier était envahi par une puanteur pestilentielle. A la fermentation habituelle des ordures et des débris, amalgamés à la vase qui emplissait le lit des canaux, étaient venus s'ajouter les cadavres de centaines et de milliers d'anguilles aux yeux rouges qui, désertant la lagune, étaient venues mourir dans la cité. Au fond des canaux vidés de leur eau, le long des quais et sous les ponts, les éboueurs revêtus de cuissardes pataugeaient dans la boue noire et gluante où ils s'enfonçaient jusqu'aux genoux. Pour extraire un peu de cette fange de l'affreux bourbier, ils avaient installé sur des rails amovibles des chariots qu'ils remplissaient d'immondices et de poissons morts ou agonisants, que l'on poussait vers des camions à benne, qui allaient attendre les péniches du lendemain. Crottés, éclaboussés, envasés, les hommes restaient joyeux et bavards, paraissant insensibles aux effluves fétides qui se répandaient partout.

Jean THUILLIER
*Campo morto*, 1992.

Je me suis promené par la ville en l'examinant à divers points de vue ; et, comme on était justement au dimanche, je fus frappé par la grande malpropreté des rues, sur laquelle je me vis amené à faire mes réflexions. Il y a bien une espèce de police pour cela, les gens repoussent les immondices dans les coins, je vois aussi aller et venir de grands bateaux qui s'arrêtent à maints endroits et emportent les ordures, ce sont des gens des îles d'alentour qui ont besoin d'engrais. Mais il n'y a dans ces mesures ni esprit de suite ni sévérité, et la malpropreté de la ville est d'autant plus impardonnable que celle-ci est tout à fait disposée de manière à pouvoir être tenue propre, aussi bien que n'importe quelle ville hollandaise. Toutes les rues sont dallées, même dans les quartiers les plus éloignés elles sont au moins pavées de briques posées de champ, et là où c'est nécessaire elles sont un peu plus élevées au milieu, avec des dépressions des côtés pour recueillir l'eau et la déverser dans les canaux couverts. D'autres dispositions architectoniques de la construction primitive très bien conçue prouvent l'intention d'excellents architectes de faire de Venise la ville la plus propre comme elle est la plus singulière. Je ne pus m'empêcher de faire tout de suite un projet d'ordonnance à ce sujet et de préparer en pensées la voie à un chef de police qui prendrait cette tâche au sérieux. C'est ainsi qu'on sent toujours le besoin et l'envie de balayer devant les portes d'autrui.

GOETHE
*Voyage en Italie*, octobre 1786.

## *Gastronomie*

Un beau jour, entre l'Oglio et le Brenta,
Vint au monde la polenta.

*Chanson populaire de Vénétie*,
début du XXe siècle.

Nous emplirons d'eau une grande marmite et nous la poserons sur les flammes. Quand l'eau commencera à murmurer, je prendrai cette poudre belle comme de l'or qu'on appelle farine jaune et petit à petit je la ferai tomber dans la marmite dans laquelle tu traceras des cercles et des lignes de ta cuillère savante. Quand la matière deviendra dense, nous l'enlèverons du feu et tous deux ensemble, avec une cuillère chacun, nous la ferons passer de la marmite sur un plat. Nous étalerons ensuite une abondante portion de beurre frais, jaune et délicat, puis autant de fromage gras, jaune et bien râpé, et ensuite ? Et ensuite Arlequin et Rosaura, l'un d'un côté, l'autre de l'autre, chacun une fourchette à la main, prendront deux ou trois bouchées d'un seul coup de cette polenta fameuse et feront un festin de roi...

Carlo GOLDONI
*La Donna di garbo*, 1743.

La première quinzaine de mon séjour au palais Altinengo se passa sans aucun incident notable. Le matin, la signora Verana m'apportait mon déjeuner. Il se composait d'un chocolat savamment cuit, de tartines largement beurrées et de quelques grappes de ce raisin noir que l'on appelle « Fragola », parce qu'il a un goût de fraise assez prononcé. Quant à mes repas du matin et du soir, je les prenais dans un des nombreux restaurants de Venise. Je fréquentais tour à tour le « Vapore », le « Capello Nero », la « Città di Firenze », l'« Anticho Cavalletto » et même la « Bella Venezia », dont j'aimais la salle sombre, boisée à mi-hauteur des murs et qui sentait le vin et la saumure.

Henri de RÉGNIER
« L'entrevue », *Histoires incertaines*, 1919.

Qui n'a pas vu un Vénitien d'origine mordre dans un *schiappeto* (c'est un brouillamini de pâte frite, de rahat-loukoum et de crème montée) en se baladant Corso Larga ne saura jamais se débarrasser de l'appareil puéril et honnête de la vie. C'est aller droit à l'essentiel, sans penser au qu'en-dira-t-on. On comprend que ces gens-là devaient être coriaces, même sur le chapitre de la messe. Il n'y a pas une volupté, cataloguée ou non, à laquelle ils n'aient le courage simple de s'abandonner en pleine rue et en plein jour si besoin est. De là, une sorte de terreur délicieuse et permanente qui est le contraire formel de l'ennui.

Jean GIONO
*Voyage en Italie*, 1954.

Midi ; personne ne parle plus ; les Vénitiens ont des spaghetti plein la bouche ; ils y ajoutent tant de fruits de mer que les nouilles deviennent algues.

Paul MORAND
*Venises*, 1971.

## *Commerçants et artisans*

Qui habite Venise ? Artisans. Vernisseurs au tampon, menuisiers, fabricants de meubles, verreries. Petit commerce. Cheminots et entrepôts. Chaussures : ils les font sur mesure. Les chemises sur mesure. Costumes et tailleurs : apportés par le touriste.

(...)

Une ville d'armateurs et de gros commerçants occupée par des artisans et du commerce de luxe. Aristocratie d'anciens commerçants ruinés. Il y a un rapport de l'artisanat à l'époque des maisons, qui font un tout mais mensonger. Car cet artisanat n'est nullement *ce qu'il y avait*. Il y avait les formes les plus hautes du capitalisme commercial. Venise devait étonner comme New York. Aujourd'hui la vie est à Mestre. Municipalité communiste.

Jean-Paul SARTRE
*La Reine Albemarle*
*ou le dernier touriste*, 1952.

Au Moyen Age, aucun visiteur de bon sens ne quittait Venise sans emporter une bouteille de Teriaca, célèbre potion qui guérissait pratiquement tout (sauf la peste, comme en convenaient ses fabricants). Cette panacée contenait de la gomme arabique, du poivre, de la cannelle, du fenouil, des pétales de roses, de l'opium, de l'ambre, des feuilles aromatiques d'Orient et plus de soixante espèces de plantes médicinales. Elle était préparée à une certaine époque de l'année, sous le contrôle de l'État, dans de grands chaudrons, près des officines d'apothicaires ; devant une boutique de pharmaciens du Campo Santo Stefano, vous pouvez encore voir, creusées dans le sol, les traces des pieds des chaudrons. Une version édulcorée de la drogue est encore vendue à Venise, à la pharmacie de la Tête d'Or, près du pont du Rialto. Un beau chat énigmatique, bien dans l'esprit de la légende, est assis sur le comptoir de la boutique et la Teriaca est puisée dans une grande jarre de verre, sur une tablette contre le mur. L'emballage porte une tête d'or couronnée de lauriers et la notice précise que la mixture doit être prise aux repas pour les affections « de l'intestin, des nerfs, de l'estomac et comme antiparasites ». Il y a ensuite un gros papier d'emballage, et la Teriaca se trouve dans un flacon cylindrique en métal qui ressemble à une grosse cartouchière. Une sorte de mélasse brune suinte du couvercle de cette boîte. Est-ce là l'ancienne mixture, ou simplement une espèce de substance adhésive, je suis incapable de le dire : à la vérité, je n'ai jamais eu le courage d'enlever le bouchon.

James MORRIS
*Visa pour Venise*, 1964.

Je reviens en ce moment de Murano, où j'ai été voir travailler à la manufacture des glaces. Elles ne sont pas aussi grandes ni aussi blanches que les nôtres, mais elles sont plus transparentes et moins sujettes à avoir des défauts. On ne les coule pas sur des tables de cuivre comme les nôtres ; on les souffle comme des bouteilles. Il faut des ouvriers extrêmement grands et robustes pour travailler à cet ouvrage, surtout pour balancer en l'air ces gros globes de cristal qui tiennent à la longue verge de fer qui sert à les souffler.

L'ouvrier prend dans le creuset du fourneau une grosse quantité de matière fondue, au bout de sa verge creuse : cette matière est alors gluante et en consistance de gomme. L'ouvrier, en soufflant, en fait un globe creux ; puis, à force de le balancer en l'air et de le présenter à tout moment à la bouche du fourneau, afin d'y entretenir un certain degré de fusion, toujours en le tournant fort vite, pour empêcher que la matière présentée au feu ne coule plus d'un côté que d'un autre, il parvient à en faire un long ovale. Alors un autre ouvrier, avec la pointe d'une paire de ciseaux faits comme des forces à tondre les moutons, c'est-à-dire qui s'élargissent en relâchant la main, perce l'ovale par son extrémité. Le premier ouvrier, qui tient la verge à laquelle est attaché ce globe, le tourne fort vite, tandis que le second lâche peu à peu la main qui tient les ciseaux. De cette manière l'ovale s'ouvre en entier par l'un des bouts, comme un marli de verre. Alors on le détache de la première verge de fer, et on le scelle de nouveau, par le bout ouvert, à une autre verge faite exprès ; puis on l'ouvre par l'autre bout avec le même mécanisme que celui décrit ci-dessus. Il en résulte un long cylindre de glace d'un large diamètre, qu'on représente, en le tournant à la bouche du fourneau, pour l'amollir un peu de nouveau ; et, au sortir de là, tout en un clin d'œil, d'un seul coup de ciseau, l'on coupe la glace en long, et promptement on l'étend tout à plat sur une table de cuivre. Il ne faut plus après que la recuire davantage dans un autre four, puis la polir et l'étamer à l'ordinaire.

Charles de BROSSES
*Lettres familières écrites d'Italie*
*en 1739 et 1740.*

Verreries et dentelles ! Comment ne pas rapporter de Venise quelque entre-deux ou quelque miroir ? Un miroir n'est-il pas un peu comme un morceau de Lagune ? Aussi est-ce un miroir qui fut, je crois bien, mon premier achat dans les salles du Ridotto. Mais les miroirs s'attirent l'un l'autre et ce sont de bons compagnons de rêverie. Ils ne vous présentent pas tous la même image de vous-même. Il y en a où l'on s'apparaît tout proche et d'autres où l'on se voit très lointain. Les objets qui s'y répètent n'ont pas dans tous le même reflet. Certains de ces miroirs sont quelque peu magiques. Il en est de si ternes que le temps semble les avoir rendus presque aveugles, et les plus anciens ont un étrange attrait. Ils sont savants de tant de passé qu'ils doivent bien connaître quelque chose de l'avenir. Aussi interrogé-je souvent ceux qui sont suspendus autour de moi. Je vais de l'un à l'autre ; tous, ils me rappellent quelque douce heure vénitienne. J'écoute dans leur miroitant silence leur éloquence taciturne...

En voici un. Il est octogonal et entouré d'une large bordure de laque rouge. Le marchand qui me l'a vendu l'avait trouvé dans une ferme de la Brenta dont il ornait la cuisine, tout encrassé de suie et de poussière. Il avait sans doute connu une destinée plus relevée, mais les choses, comme les êtres, ont leurs infortunes. Mon miroir ne se ressent plus de la sienne et il achève chez moi sa vie tranquille et muette, non loin d'un de ses frères en reflets, dont le cadre laqué de jaune est peint d'ornements rouges, semé de fleurettes et animé de petites vignettes sous un couronnement découpé où s'agite un personnage de la Comédie italienne.

Henri de RÉGNIER
*L'Altana ou la vie vénitienne*, 1922.

Deux cents jeunes filles, un métier sur les genoux, étaient courbées, faisant marcher sans trêve leurs frêles doigts agiles. Les toisons sombres, les chevelures blondes et rousses, tranchaient sur la clarté des murs, sur la blancheur immaculée des tabliers qui couvraient tous ces bustes penchés. La salle entière, de tant de pureté répandue, semblait emplie de lumière et de dévotion. Un silence complet régnait. C'est à peine si par instants un visage levait furtivement, vers les inconnus, des yeux craintifs, pour les abaisser aussitôt sur les fragiles arabesques qui naissaient sur le tambour de toile cirée.

On était en train de confectionner une robe de cour pour une souveraine. Là-bas, tout au bout, une jeune fille semblait à demi ensevelie sous cette neige précieuse. C'est elle qui rassemblait les mille petits morceaux que des doigts infatigables lui amenaient, grossissant sans cesse ces flots qui tombaient autour d'elle, s'étalant sur le sol en de larges traînées transparentes. Dans le passage, laissé libre, une dame en robe de soie grise, mi-religieuse, mi-femme de salon, glissait sur le miroir du parquet, circulait sans bruit entre les rangées des dentellières, un sourire dans un pâle visage. Elle parlait d'une voix douce, allant et venant, se multipliant. Pour maintenir ce bon ton, sa seule présence semblait suffire. Aux murs clairs et luisants, quelques portraits seulement des doyennes, les *exemplaires*, vieilles ouvrières de la région, très dignes dans leur bonnet blanc.

Les étrangers se trouvaient dans l'Ecole royale des dentellières de Burano.

Ferdinand BAC
*Le Mystère vénitien*, 1909.

Les boutiques de Venise sont approvisionnées en objets les plus curieux. On peut s'y procurer des fixe-moustaches, de petites arches d'acier qui soutiennent la voûte plantaire et suppriment les pieds plats, des suspensoirs, des scapulaires en flanelle, des allumettes parfumées, un produit pour faire craquer les souliers, un autre qui donne du flou aux cravates, des plastrons pour bomber le torse sans fatigue, des chaussettes arachnéennes en nylon pour bronzer le pied dans les sandales et d'invraisemblables dents noires en taffetas. Je connais une très jolie femme qui use souvent de ce dernier article et se fait brèche-dent pour avoir quelquefois la paix dans la rue. On m'a dit que certains très beaux hommes faisaient de même. Dans une petite rue autour de San Giorgio degli Schiavoni on vend une sorte de portefeuille qui partout ailleurs serait considéré comme une attrape, et ici est pris très au sérieux : c'est un portefeuille artificiellement gonflé et dont les bords sont frangés d'un dépassement de faux billets. Cela s'appelle un *colosseo* (c'est un mot qui ne signifie rien). On m'a fait remarquer la légèreté de ce *colosseo* qu'on peut porter sur soi sans inconvénient même par les plus grandes chaleurs dans une poche de chemise ou de pantalon. Tout le monde est au fait comme on voit ; personne ne s'y laisse *entièrement* prendre ; ces *colosseo* font cependant, paraît-il, merveille dans un grand nombre de cas. Comme je prétendais que leur usage devait attirer quelques inconvénients, on m'a fait remarquer la légèreté de l'air et de cette lumière de sable qui prédispose à l'indulgence par la satisfaction des sens.

Jean GIONO
*Voyage en Italie*, 1954.

## *Les quatre saisons de Venise*

Le mois de mai à Venise est meilleur que le mois d'avril, mais le mois de juin est le meilleur de tous. Alors les journées sont chaudes, mais non trop chaudes, et les nuits sont plus belles que les journées. Alors Venise est le matin plus rose que jamais, et plus dorée que jamais à la tombée du jour. Elle semble se dilater et s'évaporer, multiplier tous ses reflets et toutes ses irisations. Alors la vie de sa population et l'étrangeté de sa configuration deviennent une perpétuelle comédie, ou du moins du théâtre perpétuel. Alors la gondole est votre unique habitation, et vous passez vos journées entre mer et ciel.

Henry JAMES
*Heures italiennes*, 1909.

Je ne viendrais jamais ici en été, même sous la menace. Je supporte très mal la chaleur, et plus mal encore les émanations brutes d'hydrocarbures et d'aisselles. Les hordes court vêtues, en particulier celles qui hennissent en allemand, me portent également sur les nerfs à cause de l'infériorité de leur anatomie — comme de toute anatomie — face aux colonnes, aux pilastres et aux statues ; à cause de ce que leur mobilité — et tout ce qui l'alimente — projette contre l'immobilité du marbre. Je dois être de ceux qui préfèrent un choix à un flux, or la pierre est toujours un choix. Pour moi, un corps dans cette ville doit, si bien fait soit-il, être voilé d'un vêtement, ne serait-ce que parce qu'il bouge. Les vêtements sont peut-être notre seule approximation du choix fait par le marbre.

Joseph BRODSKY
*Acqua alta*, 1992.

Septembre à Venise est lumineux et confus. L'eau de la marée haute envahit le portail de Saint-Marc, du côté du café Quadri et arrive jusqu'au centre de la place, tout contre la terrasse du Florian. Les gens, avec des vêtements sombres, marchent sur des planches en bois forestier, rustiques et noueuses dans les joints. Venise est un palais océanique avec des passerelles.

Pere GIMFERRER
*Fortuny*, 1983.

Je pensais naguère, un après-midi, en revenant des Jardins par ce tiède rivage des Esclavons où l'âme des poètes errants croit voir parfois je ne sais quel magique pont d'or s'allonger sur une mer de lumière et de silence vers un rêve infini de Beauté, je pensais, ou plutôt j'assistais dans ma pensée, comme à un spectacle intime, à l'alliance nuptiale de Venise et de l'Automne sous les cieux.

Gabriele D'ANNUNZIO
*Le Feu*, 1899.

La molle Venise de septembre prend, à ces fins de novembre, une figure plus sévère et plus grave. Elle ne cache plus ses mélancolies sous les fards favorables de sa magique lumière. Elle se laisse voir telle qu'elle est et comme nue. Parfois les longues larmes de la pluie ruissellent sur le marbre vieilli de ses façades, mais elle ne perd rien de sa fierté. Elle se retrouve plus elle-même qu'aux jours où elle s'offre à la curiosité des touristes et aux regards indiscrets de ceux qui ne cherchent en elle qu'un décor et un prétexte à leurs vulgaires sentimentalismes et à leurs banales exaltations romanesques.

Henri de RÉGNIER
*L'Altana ou la vie vénitienne*, 1901.

L'hiver dans cette ville, le dimanche surtout, vous vous réveillez au carillon de cloches innombrables comme si, derrière les rideaux de gaze, un gigantesque service en porcelaine vibrait sur un plateau d'argent dans le ciel gris perle. Vous ouvrez grand la fenêtre et la chambre s'emplit en un instant de cette brume extérieure chargée de sons de cloches, faite d'oxygène moite, de café et de prières. Peu importe quel genre de pilules il va vous falloir avaler ce matin et combien : vous sentez que tout n'est pas encore fini pour vous.

Joseph BRODSKY
*Acqua alta*, 1992.

La fin de l'année s'est passée dans le brouillard et la froidure. Jamais la cité ne m'avait paru aussi dépeuplée, morne et grise. Rarement le soleil s'était montré aussi pâle, avec une lumière filtrée par des nuages ou des brumes denses. Le froid tenace qui raidissait toutes choses, chassait les gens des rues, et sur les places désertes, qui ressemblaient à des champs clos, les statues équestres, les groupes de sculptures, les cariatides soutenant les porches, semblaient de sinistres fantômes convoqués à un festin de pierres. Il neigea le jour de l'An, et les flocons qui saupoudraient la ville atténuèrent la rigueur du froid, qui peu à peu céda la place à des brumes glacées.

Jean THUILLIER
*Campo morto*, 1992.

Lorsque les pluies ont commencé à Venise, la nostalgie y est si forte pour le voyageur qu'il doit quitter la ville dans les vingt-quatre heures ou qu'il y reste comme un animal pris au piège, dans une stupeur qu'on hésite à considérer comme un charme. L'eau du ciel se confondant avec celle des canaux, le monde est une éponge de pierre dont les alvéoles étroites et ruisselantes sont à peine des rues quand le vent se met de la partie. Mais alors tout l'artificiel de Venise disparaît, tout ce qui y fait carte postale, sa poésie pour étrangers.

Louis ARAGON
*Les Voyageurs de l'impériale*, 1942.

## *Invitation à la paresse*

Je me suis baladé toute la journée dans la ville et le long de la lagune, contemplant l'eau fort agitée, la pluie et la tempête manquant presque de me renverser. C'est chouette comme on apprend ici l'art de traîner et de paresser !

Hermann HESSE
*Voyages en Italie*, 1901.

Il n'y a pas d'autos. Il faut se le redire sans cesse, notamment quand on voit des gens calmes. Le propriétaire de la plus belle voiture du dernier modèle est méconnaissable après huit jours de ruelles et de canaux, surtout s'il n'est plus retourné à Autorimessa. (Et le garage de verre donne une telle impression de sécurité et de confort qu'on y oublie sans remords la voiture la mieux aimée.) Des gens torturés de tics deviennent beaux. Quinze jours de promenades coupées de repos en gondoles donnent à la démarche une nonchalance royale. Il faut tout faire lentement et l'on n'entend plus que des bruits soyeux. Dans la conversation, il n'y a plus de reparties vives. Cela permet de voir clair et de n'être dupe qu'une fois sur deux de son esprit. On ne *plafonne* jamais ; ainsi les paresseux ne sont pas sans ressources et défendent leur bonheur avec une énergie qui surprend.

Jean GIONO
*Voyage en Italie*, 1954.

Les fenêtres et les balcons vénitiens ont un attrait redoutable, et tandis que vous posez vos coudes sur les rebords capitonnés, les heures précieuses s'envolent. En vérité, Venise, par beau temps, n'est pas un endroit propice à la concentration d'esprit. L'effort requis pour s'asseoir à une table de travail est héroïque, et la page la plus brillante de votre manuscrit paraît bien terne à côté de l'éclat de ce qui vous entoure.

Henry JAMES
*Heures italiennes*, 1909.

# *À pied dans Venise*

Jadis, le *Gazzettino* de Venise publiait la liste des gens tombés à l'eau dans la journée ; cette rubrique a été supprimée. Choit-on moins ?

Paul MORAND
*Venises*, 1971.

Il marcha d'un bon pas, traversa le pont de l'Académie et alla jusqu'aux Jardins Publics, vers l'est. Vers vingt-trois heures, la pluie dégénéra en bruine. Il fit demi-tour, se dirigea vers l'ouest, par Santazustina, Sanzanipolo, et des miriades de petites ruelles perdues, jusqu'au long quai solitaire de Santamaria Odorifera, puis, traversant le Ghetto, jusqu'au pont à trois arches de Cannarezo. Là, il fit de nouveau demi-tour, franchit le pont métallique proche de la gare, et fit le tour, par Santachiara, Santandrei et Sanraffael, jusqu'à l'extrémité, côté Marittima, des Zattere. Il avait marché, jusqu'alors, du pas d'un homme qui a un but déterminé ; mais il ralentit à présent sa marche, pour prendre un pas de flâneur. Il n'y avait qu'à passer une nuit sans susciter l'attention. Quand viendrait le matin, il s'arrangerait mieux pour l'avenir.

Tout le quai des Zattere s'étendait devant lui. Il se mit en devoir de le parcourir de bout en bout. La bruine cessa, et une brume tiède s'épanouit sur la nuit. Il marcha constamment, afin de laisser sécher ses vêtements trempés.

Minuit sonna, puis le coup solitaire d'une heure. Les derniers bacs quittèrent les pontons voisins de l'église des Gesuati.

Frederick ROLFE, baron CORVO
*Le Désir et la poursuite du Tout*, 1934.

A Venise, il est humble de marcher.

Henry JAMES
*Les Ailes de la colombe*, 1902.

Venise le tirait par la manche — la ferveur jaillissante des fleurs aux éventaires dans le vent léger, les flaques de soleil opportunes, cet immense musée à l'architecture neigeuse, l'allègre printemps, les femmes ambrées... en très peu de temps il se persuada qu'il était guéri ; son cœur était aussi léger qu'une plume. Il était prêt à passer la soirée seul. Hourra, oui, seul. Flâner et dîner tard sous un auvent de toile rayée en bordure des canaux clapotant sous l'étrave des gondoles...

Lawrence DURRELL
*Monsieur ou Le Prince des Ténèbres*, 1974.

Evidemment, chacun de nous possède, dans l'ombre de la grande patrie vénitienne, son point d'élection, et, il est, en revanche, des régions où l'on va rarement ou jamais ; pour ma mère surtout, la ville se divisait selon des critères rigoureux. Aussi ignorait-elle les quartiers où je menais des combats à coups de pierres avec des bandes de jeunes fous ; ils étaient situés derrière l'hôpital municipal, au nord de la lagune et le long de la rangée de maisons qui se termine à ce qu'on appelle le Casino des Fantômes. Il y avait aussi l'île du cimetière. Ma mère y repose à présent mais elle détestait ces endroits ou les connaissait à peine. Certains noms de localités comme « Les Jésuites » ou « La Miséricorde » avaient sur ses lèvres l'air d'appartenir à une géographie étrangère. De sorte que la question qu'elle me posait le soir : « Où astu été ? » devait contenir une nuance de désespoir et de curiosité dégoûtée.

Pier-Maria PASINETTI
*Rouge vénitien*, 1960.

Dans les rues étroites les Vénitiens ferment leur parapluie. Non qu'ils soient à l'abri mais pour ne pas éborgner ou érafler le mur.

Jean-Paul SARTRE
*La Reine Albemarle*
*ou le dernier touriste*, 1952.

## *Jardins de Venise*

Dans cette Giudecca habitée assez pauvrement j'avais découvert un vaste jardin qui occupait presque entièrement une de ses extrémités. C'était un enclos cultivé en potager et en jardin fleuriste et qui contenait une petite prairie où paissaient deux vaches. Des allées bordées d'arbres fruitiers, d'autres plantées de vignes formant berceaux ou de coquelourdes grimpant à des treillages, des légumes, des fleurs, quelque bétail, des bourdonnements d'abeilles dans le silence, quelques sons de cloches lointaines, tout cela composait un tableau champêtre qui plaisait infiniment à ma rusticité. Quelle joie de frapper du talon une terre véritable, de cueillir une fleur ou un brin d'herbe ! Cela me consolait de l'insipide Venise, de ses marbres, de ses eaux.

Henri de RÉGNIER
*Le Voyage d'amour*
*ou l'initiation vénitienne*, 1930.

A Venise, le « Rivus » et la « Ripa » latins s'adoucirent en Rio et Riva, du temps des eaux courantes, non des « canaux » encore, mais des petits bras de mer captifs, « lympha fugax », des rivières d'eau de mer fuyant en tourbillons scintillants, non au milieu de quais, mais entre les pâturages, et les doux « campi », dont cet automne encore je vis effacer les derniers vestiges au pré Sainte-

Marguerite. Ainsi, hier matin, 26 février, on enleva de devant ma porte un arbrisseau qui me plaisait, et dont les racines avaient un peu déplacé les pavés de la rue ; je vis disparaître aussi, près de l'Académie, l'ombre fuyante de quelques branches abattues pour rendre la rue « più bello », comme disait le bourreau. « Comment sera-t-elle donc plus jolie en été sans verdure ? » osais-je demander, et il me fut répondu : « Non è bello il verde » ; prophétie véritable bien qu'inconsciente, voix de la moderne église de Venise qui s'est rangée sous le drapeau de l'abîme.

John Ruskin
*Le Repos de Saint-Marc*, 1877-1884.

Une lueur jaunâtre se répandait vers les dunes solitaires qui se dessinaient en minces linéaments, comme les veines sombres dans les agates. En arrière, vers la Salute, le ciel était parsemé de légères vapeurs roses et violettes, qui le rendaient semblable à une mer glauque peuplée de méduses. Des Jardins tout proches descendaient les effluves du feuillage saturé de lumière et de chaleur, si lourds qu'on croyait presque les voir flotter sur l'eau bronzée comme des huiles aromatiques.

Gabriele D'Annunzio
*Le Feu*, 1899.

Les jardins sont en prison. Entre deux canaux, au carrefour, une geôle flottante. Trois murs de brique font les trois côtés visibles. Celui de face est percé d'un trou fermé par une grille. On aperçoit entre les barreaux, humide, serrée, mystérieuse et mélancolique, la végétation captive qui parfois se penche au-dessus d'un mur, calamiteuse, en longue chevelure rouge ou verte, pendante. La végétation, dans cette ville de pierre, est si précieuse qu'on la cache, on l'enferme, c'est le luxe secret de Venise, on passe le long d'un mur de brique, on devine la respiration des arbres, derrière. C'est aussi son silence et comme le produit de la pourriture des pierres. Quand par hasard on peut voir un jardin d'une fenêtre, il semble tropical. En fait, petit jardin de banlieue, il est pauvre et gris mais les arbres et les buissons sont enserrés dans un si petit espace qu'on croirait un épanouissement exubérant. Tristes jardins cachés : deux marches humides, tapotées par l'eau, une grille, on devine une terre noire, humide. La terre : seule chose qu'on ne voit jamais. Près du pont de l'Académie, il y a des arbres qui sortent du sol de pierre gondolé mais ils sortent de la pierre, le sol est caché. C'est le seul mystère de Venise — qui fut si mystérieuse — cette terre rare et noire (je l'imagine telle) et qu'on cache.

Jean-Paul SARTRE
*La Reine Albemarle*
*ou le dernier touriste*, 1952.

## *Nuits vénitiennes*

En plein jour, il n'y a guère de poésie dans Venise, mais sous la lune charitable ses palais déchus redeviennent blancs, leurs sculptures délabrées sont cachées dans les ombres et la vieille cité semble à nouveau couronnée de la grandeur qui était la sienne il y a cinq cents ans. Une fois de plus elle est la plus magnifique des nations de la terre.

Mark TWAIN
*Le Voyage des innocents*, 1869.

Derrière les îles, la lune, encore invisible, qui montait, faisait ressortir avec netteté le contour du pignon de la Giudecca. L'harmonieuse silhouette d'un noir profond de San Giorgio Maggiore émergeait de l'eau comme un incroyable décor de légende ; beau comme dans un rêve, l'univers insulaire se découpait sur le ciel. Entre les deux, l'eau sombre et lisse comme un miroir s'embrasait furtivement au gré des sillages argentés des bateaux et des reflets rouges et crénelés des lanternes. Cet univers imprécis, qui somnolait dans une beauté à demi cachée, semblait attendre le lever de la lune comme un désensorcellement libérateur. De la place Saint-Marc parvenaient jusqu'à nous les dernières mesures du concert du soir ; la double façade pâle du Palais des Doges lançait des lueurs mates, comme si le marbre bicolore avait conservé un peu de soleil absorbé pendant la journée.

C'est alors que, juste à côté du campanile de San Giorgio, s'éleva la lune, grosse et brillante. Des reflets blancs et éclatants fusèrent par-dessus le clocher et le toit de l'église. La lagune se couvrit d'une douce et vaporeuse lumière ; quelques petites vagues soulevées par des barques scintillèrent avec un brusque éclat.

Hermann Hesse
*Voyages en Italie*, 1901.

La lente avancée du bateau à travers la nuit était comme le passage d'une pensée cohérente à travers le subconscient. Des deux côtés, baignant dans l'eau d'encre, se dressaient les énormes coffres sculptés de sombres palazzi remplis d'insondables trésors — de l'or assurément, à en juger par la faible lueur électrique jaune qui sourdait parfois par les fentes des volets. L'atmosphère de tout cela était mythologique, cyclopéenne pour être précis : j'étais entré dans cet infini que j'avais contemplé sur les marches de la *stazione* et voilà que je passais au milieu de ses habitants, devant une troupe de cyclopes endormis reposant dans l'eau noire et qui, de temps à autre, se dressaient et soulevaient une paupière.

Joseph Brodsky
*Acqua alta*, 1992.

On ne nous avait certainement pas assez vanté la beauté du ciel et les délices des nuits de Venise. La lagune est si calme dans les beaux soirs que les étoiles n'y tremblent pas. Quand on est au milieu, elle est si bleue, si unie, que l'œil ne saisit plus la ligne de l'horizon, et que l'eau et le ciel ne font plus qu'un voile d'azur, où la rêverie se perd et s'endort. L'air est si transparent et si pur que l'on découvre au ciel cinq cent mille fois plus d'étoiles qu'on n'en peut apercevoir dans notre France septentrionale. J'ai vu ici des nuits étoilées au point que le blanc argenté des astres occupait plus de place que le bleu de l'éther dans la voûte du firmament. C'était un semis de diamants qui éclairait presque aussi bien que la lune à Paris. (...) Ici la nature, plus vigoureuse dans son influence, impose peut-être un peu trop de silence à l'esprit. Elle endort la pensée, agite le cœur et domine les sens. Il ne faut guère songer, à moins d'être un homme de génie, à écrire des poèmes durant ces nuits voluptueuses : il faut aimer ou dormir.

George SAND
*Lettres d'un voyageur*, 1837.

Je passais peu de soirées dans la maison, car aussitôt que j'essayais de me livrer à une occupation quelconque dans mes appartements, la lumière de la lampe y attirait une nuée d'insupportables insectes, et la chaleur était trop forte pour demeurer les fenêtres fermées. Je passais les heures de nuit, ou sur l'eau — les clairs de lune de Venise sont célèbres — ou sur cette place splendide qui sert comme de cour d'honneur à l'étrange vieille basilique de Saint-Marc. Je m'asseyais au café Florian, savourant des glaces, écoutant la musique, causant avec quelque connaissance. Tout voyageur se rappelle l'immense amas de tables et de chaises qui avance comme un promontoire dans ce lac uni que représente la Piazza.

Les soirs d'été, à la lueur des étoiles et de toutes ses lampes, avec le bruit des voix et des pas légers sur le marbre (seuls sons répercutés par les vastes arcades qui l'entourent), cette place est un salon de plein air, consacré aux boissons fraîches et à la dégustation, plus délicate encore, des impressions magnifiques reçues le jour durant.

Henry JAMES
*Les Papiers de Jeffrey Aspern*, 1887.

A la Fenice, la musique dissoute en éclats nocturnes et aquatiques, tremblant comme un joyau de chose vivante dans les ombres au cœur de la nuit vénitienne.

Pere GIMFERRER
*Fortuny*, 1983.

Nuls mots ne se peuvent combiner pour produire une correcte impression des nuits à Venise, bien qu'ils puissent assurément la donner mieux que ne le peut la peinture. Ce n'était ici que l'une d'entre les mille espèces différentes de la nuit à Venise — une merveilleuse nuit bleue, bleue de calme velouté, d'odeur fraîche, et de large vastitude magnifique, tachée de masses plus bleues, plus bleues encore, qui étaient la basilique, le palais et le campanile, parsemée et chinée de points et de traits de lumière citron provenant des places et des quais, illuminée de torches et étoilée de falots glissant sur une eau bleue noire. Lisez cela, et contemplez la nuit vénitienne — un seul type de nuit vénitienne, ne l'oubliez pas — et courez alors au Palazzo Pesaro, et voyez ce que peut faire de la nuit à Venise la Galerie d'Art Moderne. Elle en rend tout, sauf la lumière étoilée, bleue et ondulante, la largeur, la tranquillité et l'odeur, et la profondeur d'un velouté brillant.

Frederick ROLFE, baron CORVO
*Le Désir et la poursuite du Tout*, 1934.

La nuit avait étendu son voile ; la lune parcourait sa paisible carrière au milieu d'une foule de nuages légers blanchis par ses rayons, tandis que la mer Adriatique répétait ce tableau majestueux. La nature était calme et silencieuse. Le souffle du vent de la nuit ridait à peine la surface de l'onde, et murmurait en parcourant les superbes portiques de Venise.

Matthew Gregory LEWIS
*Le Brigand de Venise*, 1804.

Je fis le tour du *Pont de Rialto* et de la place Saint-Marc, et je jouis du spectacle charmant de cette ville encore plus admirable de nuit que de jour.

Je n'avais pas encore vu Paris, je venais de voir plusieurs villes, où le soir on se promène dans les ténèbres. Je trouvai que les lanternes de Venise formaient une décoration utile et agréable, d'autant plus que les particuliers n'en sont pas chargés, puisqu'un tirage de plus par an de la Loterie est destiné pour en faire les frais.

Indépendamment de cette illumination générale, il y a celle des boutiques, qui de tout temps sont ouvertes jusqu'à dix heures du soir, et dont une grande partie ne se ferme qu'à minuit, et plusieurs autres ne se ferment pas du tout.

On trouve à Venise, à minuit, comme en plein midi, les comestibles étalés, tous les cabarets ouverts, et des soupés tout prêts dans les auberges et dans les hôtels garnis ; car les dîners et les soupers de société ne sont pas communs à Venise, mais les parties de plaisirs et les piqueniques rassemblent les sociétés avec plus de liberté et plus de gaîté.

En temps d'été la place Saint-Marc et ses environs sont fréquentés la nuit comme le jour. Les cafés sont remplis de beau monde, hommes et femmes de toute espèce.

Carlo GOLDONI
*Mémoires*, 1761-1768.

*Nuits vénitiennes*

Le soir tombait sur l'un des pontons de la Giudecca... On mangeait des glaces... Un long et lent pétrolier, le *Merzario Arabia*, de Panama, tiré par les remorqueurs *Novus* et *Pardus*, passait devant nous, jaune sur l'eau violette.

Philippe SOLLERS
*Le Cœur absolu*, 1987.

## *Au café*

On s'assoit au café Florian, dans de petits cabinets lambrissés de glaces et de riantes figures allégoriques, les yeux mi-clos, on suit intérieurement les images de la journée qui s'arrangent et se transforment comme un rêve, on laisse fondre dans sa bouche des sorbets parfumés, puis on les réchauffe d'un café exquis, tel qu'on n'en trouve point ailleurs en Europe, on fume du tabac d'Orient, et on voit arriver des bouquetières en robes de soie, gracieuses, parées, qui posent sans rien dire sur la table des narcisses ou des violettes.

Hippolyte TAINE
« À Venise », *Voyage en Italie*, 1866.

Le café Florian est à Venise une indéfinissable institution. Les négociants y font leurs affaires, et les avocats y donnent des rendez-vous pour y traiter leurs consultations les plus épineuses. Florian est tout à la fois une Bourse, un foyer de théâtre, un cabinet de lecture, un club, un confessionnal, et convient si bien à la simplicité des affaires du pays, que certaines femmes vénitiennes ignorent complètement le genre d'occupations de leurs maris, car s'ils ont une lettre à faire, ils vont l'écrire à ce café. Naturellement les espions abondent à Florian, mais leur présence aiguise le génie vénitien, qui peut dans ce lieu exercer cette prudence autrefois si célèbre. Beaucoup de personnes passent toute leur journée à Florian ; enfin Florian est un tel besoin pour certaines gens, que pendant les entractes, ils quittent la loge de leurs amies pour y faire un tour et savoir ce qui s'y dit.

Honoré de BALZAC
*Massimilla Doni*, 1839.

« A cinq heures sous le Chinois... »

C'est un charmant personnage que le Chinois. Sur le mur où il est peint à fresque, il se dresse aimable, souriant et fier. Il est vêtu d'une courte robe de soie bleue que ferment des boutons de corail et chaussé de souliers précieusement arrondis. Il a le visage de sa race et il a le teint agréablement jaune. Ses longues et fines moustaches de mandarin sont tombantes comme il sied et selon la mode de ses congénères des potiches. Les manches de son vêtement sont naturellement « pagodes ». De la toque qui le coiffe s'échappe une belle natte bien tressée. Ses yeux obliques et bridés vous regardent avec un air d'affabilité souriante qui n'est pas sans ironie. Il est fier et il a raison de l'être, car il n'est pas seulement un Chinois ; il est le Chinois ; il est même l'Asiatique, car il représente l'Asie en compagnie des autres figures costumées qui symbolisent sur les autres panneaux les Parties du Monde et qui forment la décoration d'une des salles du café Florian où nous venons souvent nous asseoir dans le coin qu'il occupe et qu'il semble nous réserver. Aussi est-il devenu une sorte de point de ralliement, et la phrase : « A cinq heures, sous le Chinois » veut dire que l'on se retrouvera au Florian, à ce moment de la journée, sur la banquette de velours rouge, devant la table de marbre où l'on nous servira le punch à l'alkermès ou quelque petit verre de marasquin, puisque la grappa est proscrite des cafés « comme il faut » de Venise.

Henri de RÉGNIER
*L'Altana ou la vie vénitienne*,
octobre 1909.

Dans un des derniers ouvrages écrits sur l'Italie, il est dit que l'avant-dernier propriétaire de ce café, mort en 1813, était anciennement l'homme de confiance, l'agent, le factotum de la noblesse vénitienne. Au retour d'un voyage, dit le livre auquel nous empruntons ce détail, le Vénitien passait d'abord chez Florian, pour avoir des nouvelles de ses amis, de ses connaissances ; car Florian savait l'époque de leur retour, et ce qu'en son absence ils avaient fait ou étaient devenus. L'arrivant trouvait là ses lettres, ses cartes de visites et peut-être aussi les mémoires de ses créanciers, s'il en avait. Florian mettait dans ce soin des affaires de ses divers habitués toute la discrétion et l'intelligence possible. Canova n'oublia jamais les services les plus essentiels qu'il en avait reçus au commencement de sa carrière, lorsqu'il avait besoin de se produire, de révéler son talent ; aussi resta-t-il toujours son ami. Florian était à la fin de sa vie tourmenté de la goutte qui se portait souvent aux pieds ; Canova fit le modèle de sa jambe, afin qu'on lui fabriquât un appareil qui l'aidât à marcher, et aussi pour que le cordonnier pût lui faire des chaussures qui ne le fissent pas souffrir. Cette jambe de limonadier, ajoute l'auteur que nous citons, ne fait pas moins honneur à Canova que son Thésée... Il est doux d'estimer l'homme après avoir admiré l'artiste.

Jules LECOMTE
*L'Italie des gens du monde — Venise*, 1844.

Protocoles : au Florian, le plateau est ovale, la tasse à café accompagnée du salvateur verre d'eau, et d'un autre, où sont disposées deux pailles et une serviette de papier en cornet, puis une carafe. Les verres sont étroits et longs.

Au Quadri, s'ajoute à cela un petit plateau, monogrammé, de gâteaux, dont un strudel, une tranche de cake, un moka, et des pâtisseries à la semoule ; le tout disposé avec un souci presque japonais de la forme (les gâteaux sont petits, sur le mode italien : assimilables à la « bouchée » baignée de liqueur et d'arômes, petit foudroiement de sucre, qui s'oppose à l'étagement, au jeu calculé des saveurs propres à la pâtisserie française).

Vestons droits des garçons du Florian, spencer et nœud papillon au Quadri : tout semble concourir à la sublime balance rhétorique élaborée de part et d'autre des Procuraties : couleurs tendres, vert amande et jaune paille, transparentes, sur lesquelles se détachent le bois des meubles, grands miroirs ovales, rinceaux colorés, arabesques de stuc : espace clair du Quadri, contre la turquerie enfumée, le long couloir étroit, marqueté d'acajou, donnant sur de petits cabinets, du Florian.

Patrick MAURIÈS
*Quelques cafés italiens*, 1987.

Il n'y avait personne au Harry's à l'exception de quelques buveurs matinaux que le colonel ne connaissait pas, et deux hommes qui traitaient des affaires au fond du bar.

Il y avait des heures où le Harry's se remplissait de gens qu'on connaissait, avec la même impétueuse régularité que la marée montante au Mont-Saint-Michel. A cela près, songea le colonel, que les heures des marées changent chaque jour avec la lune, tandis que les heures du Harry's sont comme le méridien de Greenwich, ou le mètre-étalon de Paris, ou la bonne opinion qu'ont d'eux-mêmes les militaires français.

Ernest HEMINGWAY,
*Au-delà du fleuve et sous les arbres*, 1950.

Mon café de la nuit, c'est à la Fenice. La placette contient deux églises, le théâtre, un grand restaurant et le bar du théâtre. De quoi tout jouer, sur cette place, depuis Gozzi jusqu'à du Courteline. Un épais tapis de polygonums à fleurs blanches cache les lanternes, tamise la fumée qui sort du comptoir plein de hippies, très vagues, très drogués, l'air d'hommes-grenouilles oubliés au fond de l'eau. La place est éclairée par des projecteurs qui noircissent le ruban de ciel et font éclater le poli de la pierre, sortir de l'ombre les colonnes ; entre Dieu et les Muses c'est à qui soutiendra le plus de gloire ; tout y est créé par l'homme, pour l'homme ; tout si équilibré, si bien assis sur l'eau invisible, tous les plans s'entendent si bien à construire l'harmonie qu'on se sent aussi heureux que si on avait bu.

Paul MORAND
*Venises*, 1971.

## *Piazza et Piazzetta*

— La place Saint-Marc, c'est là où il y a des pigeons et cette grande cathédrale qui a l'air d'une espèce de ciné-palace, non ?
— C'est cela même, Jackson. Vous y êtes en plein. Vu sous cet angle, en tout cas.

Ernest HEMINGWAY
*Au-delà du fleuve et sous les arbres*, 1950.

La place Saint-Marc est insurpassable pour l'agrément. Une salle de bal publique — pas d'heures. Lumières. Les femmes prennent des rafraîchissements dehors (le matin elles prennent le petit déjeuner du côté ensoleillé). Musiciens, chanteurs, soldats, etc. Parfaite bienséance. Belle architecture.

Herman MELVILLE,
*Carnets de voyage*, 1856-1857.

Je sortis de sous les arcades et balayai la piazza du regard. Elle était absolument déserte, pas une âme. Ses quatre cents fenêtres arrondies poursuivaient leur course folle, telles des vagues idéalisées. Ce spectacle me faisait chaque fois penser au Colisée à Rome où, selon l'expression d'un de mes amis, l'inventeur de l'arc n'avait pas su s'arrêter.

Joseph BRODSKY
*Acqua alta*, 1992.

On traverse la *Piazzetta*... Sur cette même *Piazzetta*, au mois de septembre passé, un mendiant m'avait adressé ces singulières paroles :

— On voit bien que monsieur est étranger ; mais je ne puis comprendre pourquoi monsieur et tous les étrangers admirent ce lieu : pour moi c'est un lieu de malheur, et je n'y passe jamais que par nécessité.

Silvio PELLICO
*Mes Prisons*, 1832.

La place Saint-Marc à deux heures. — Une musique allemande par un régiment hongrois, aux guêtres bleues. — A la porte du café Florian, la réunion de la société aristocratique, des descendants masculins des nobles familles, des Morosini et des Colonna, qui ont l'air des *gras* et des *maigres* d'une ancienne image. — Les grandes dames de la société vénitienne se promenant sous des toilettes parisiennes en retard, mettant un endimanchement bourgeois à leur beauté, fiévreusement sculpturale. — Ce monde, à tout moment, traversé par des marchands ambulants de fruits confits, de pruneaux, de nèfles, d'écorces de citron, glacés de sucre, enfilés le long d'une petite baguette. — Trois jeunes filles suivies d'une gouvernante, au nez de Hyacinthe, et d'un petit laquais, les jambes en manches de veste dans une culotte collante, et, son maigre torse dans une redingote étriquée, le faisant ressembler à un *i* qui badauderait en gaminant.

Edmond et Jules de GONCOURT
*L'Italie d'hier — Notes de voyages*, 1855-1856.

Sans Campanile, il n'est point de Venise. Le clou d'or roux du clocher en aiguille, lui seul, fixe la sirène changeante. Il pique l'heure pour la folle oublieuse. Dès l'aube, il rive la flottante Venise au matin bleu ; et le soir, le Campanile est le mât de brocart rose et d'or à la barque amarrée pour Vénus, sur la lagune.

André SUARÈS
*Voyage du Condottiere — Vers Venise*, 1910.

Je n'avais pas vu Venise depuis le Campanile de la place Saint-Marc reconstruit [1]. Son aspect de neuf lui donne l'air d'un intrus, l'air d'un géant qui serait venu de l'étranger demander en mariage la basilique et demeurerait là gauche et figé, en costume trop neuf... On aurait pu teinter ses pierres, le peindre à l'ancienne. On s'est abstenu par respect pour la vérité, on n'a pas voulu faire un faux. C'est un scrupule honorable, mais alors comment justifier la reconstitution elle-même ? Les Athéniens n'ont pas rétabli le temple d'Athénée, brûlé par les Perses ; sur ses décombres précieux, ils ont construit le Parthénon de Périclès. Les Vénitiens de jadis auraient inventé quelque chose de nouveau qu'ils auraient pensé eux-mêmes.

Maurice BARRÈS
*Dix jours en Italie*, 1916.

1. Le Campanile s'effondra le 14 juillet 1902 et fut reconstruit en 1912.

Certaines parties de la galerie étaient pavées de marbre rouge, que les embruns avaient rendu visqueux ; et la place tout entière, dans son énorme élégance, la grâce de son dessin et la beauté de ses détails, ressemblait à un vaste salon, le salon de l'Europe, profané par quelques revers de fortune. Il frôlait des hommes bruns dont les chapeaux obliques, les manches flottantes des vestons pendants, les faisaient ressembler à des masques mélancoliques. Les tables et les chaises qui débordaient des cafés étaient groupées, avec un semblant d'ordre, sous les arcades, et çà et là, un Allemand à lunettes, au col de veston retroussé, prenait en public sa part de nourriture et de philosophie.

Henry JAMES
*Les Ailes de la colombe*, 1902.

Votre Piazzetta, votre Piazzetta : c'est une des choses qui ont agi sur moi comme les astres qui, en nous touchant de loin avec indifférence, transforment quelque coin de notre cœur et, nous surpassant, se reflètent dans notre avenir. Quelle belle et terrible chose !

Rainer Maria RILKE
*Lettres à une amie vénitienne*,
décembre 1911.

# *Le Rialto*

Le pont du Rialto montra son large dos chargé de boutiques, déjà tout bruyant de vie populaire, fleurant les légumes et le poisson, pareil à une grande corne d'abondance qui verserait sur les quais d'alentour les nourritures terrestres et marines destinées à rassasier la Ville reine.

Gabriele D'ANNUNZIO
*Le Feu*, 1899.

Je ne sais pourquoi on s'extasie si fort en parlant de ce pont ; on pourrait se contenter de dire qu'il est assez beau. Il est vrai qu'il n'y a qu'une arcade ; mais le lieu n'en exige pas davantage, et elle n'est pas plus large qu'une de celles du pont Saint-Esprit. Il est vrai aussi qu'il est tout de marbre blanc et fort large ; car il y a dessus trois rues et quatre rangs de boutiques, à la vérité épaisses comme des lames de couteau, et les rues à l'avenant. Tout cela ne fait pas un tiers en sus de la largeur du Pont-Neuf.

Charles de BROSSES
*Lettres familières écrites d'Italie*
*en 1739 et 1740.*

*Vivre à Venise*

Le pont du Rialto se pare d'un nom prestigieux mais, à honnêtement parler, il n'est guère le joyau de la composition. Il y a deux façons de le prendre, soit sur le passage du bord de l'eau, soit sur le passage supérieur, dont les petites boutiques et les petites baraques abondent en caractère vénitien. Mais on le perçoit mieux comme un élément de l'ensemble lorsqu'on le voit d'une gondole ou de l'affreux *vaporetto.* La grande courbe de son arche unique mérite beaucoup d'éloges, surtout vue du côté de la lagune, lorsque sa ligne précise encadre le parfait tableau que propose le Canal de l'autre côté. Vues de là, les boutiques forment un amoncellement sans grâce ; c'est lorsqu'on est au milieu d'elles qu'elles sont divertissantes. La grande arche du pont — comme les arches de tous les ponts — est l'amie du batelier par mauvais temps. Les gondoles, lorsqu'il pleut, se blottissent parmi l'agitation des autres embarcations, et les jeunes dames sortant des hôtels se plaignent, vaguement nerveuses, d'une promiscuité qui relève de la vie des insectes. Il se trouve ici à coup sûr un peu de tout, et les bijoutiers de cette zone célèbre — leur position est immémoriale — donnent un spectacle presque aussi élaboré que celui des fruitiers. C'est un marché universel, un bon endroit pour étudier les types vénitiens. Toute la production des îles se décharge ici ; les marchands de poisson annoncent vigoureusement leur présence. Tous les sens sont sollicités. C'est un ensemble chaud et coloré, plein de bruits et d'odeurs.

Henry JAMES
*Heures italiennes*, 1909.

## *D'île en île...*

Il était toujours aussi sale, le petit canal de Torcello ; les égoûts et les latrines des vieilles maisons qui le bordent s'y déversent, et ses eaux épaisses et jaunâtres laissent découverts des rives boueuses où restent accrochés des détritus. Malgré l'odeur âcre de l'eau croupissante, je respirais mieux à Torcello que dans la cité, et les grosses araignées jaunes qui tissaient leurs toiles sous le soleil pâle, entre les branches des bosquets du chemin, m'étaient plus agréables à regarder ce jour-là que les décorations du palais Zorzi.

Jean THUILLIER
*Campo morto*, 1992.

Torcello est une île verte et triste. Rien de tragique en cette désolation tranquille et comme champêtre où l'air a de la mollesse en sa fadeur marécageuse. Nous abordons. On suit à pied un petit canal où croissent des plantes dans un peu d'eau vaseuse et que traverse un pont à demi rompu dont la brique est rose d'un fard de malade et dont les débris de marbre semblent les ossements. Quelques pas encore et nous voici devant les églises, sur une étroite place déserte, auprès de deux pauvres maisons.

Entrons. Dès la porte, elle s'offre tout entière, l'antique cathédrale de Torcello, avec ses trois nefs et son chœur à gradins que domine le siège épiscopal. On marche sur un magnifique pavement de mosaïque, bossué et montueux. L'humidité en avive les couleurs, une humidité dont on respire la fraîcheur mouillée. Aux murs, d'autres mosaïques aux figures naïves ou terribles en leur hiératisme byzantin. Dans la coupole de l'abside, une longue Vierge, en sa robe d'orfèvrerie, joint les mains et vous regarde de ses immenses yeux. Byzantine aussi et aussi romane et arabe, la singulière petite église voisine de Santa Fosca. Les pas résonnent sur le dallage et on a honte de leur bruit humain. Vierge de Torcello, vous êtes Notre-Dame de l'Abandon !

Henri de RÉGNIER
*L'Altana ou la vie vénitienne*,
octobre 1909.

Au bout d'une allée, bordé par un canal à l'eau mouvante, le peu de ce qui restait de Torcello se révéla tout d'un coup, en une trinité de tons si simples que le pauvre étudiant y découvrit aussitôt son atmosphère : des édifices rouges dans du vert tendre, sous la nappe unie et bleue du ciel.

Ces trois couleurs d'une gamme dégradée, à qui la vieille brique prêtait son ardeur, quelques plans géométriques, quelques pleins cintres, et voilà la fière ville, dernier asile des Romains contre les Lombards ! Comme un legs des Maures d'Espagne, des murs crénelés et hérissés brillaient d'un feu sombre, vestiges d'une enceinte qui par places fermait encore cette pauvre survivance d'une cité illustre. A droite le Baptistère roman, prêt à s'écrouler mollement sur le tapis d'une prairie où gisait en mille fragments épars ce qui fut et ce qui ne sera jamais plus...

Ferdinand BAC
*Le Mystère vénitien*, 1909.

Pour Murano, c'est un lieu sinistre. Cette île des verriers d'où sortent toutes ces choses soufflées et dorées, ces perles folles, ces fleurs délirantes, ces lustres et ces glaces, ces bougeoirs de sucre candi et ces berlingots de rêve, est à peine une ville autour des fabriques, bien qu'à l'église de San Pietro Martire on conserve depuis la fin du XVe siècle une Madone de Bellini qui est la Vénus chrétienne de cette écume de verre. Rien de plus délabré, de plus misérable, de plus lépreux que Murano. A la pitié des murs s'ajoutent la misère humaine, la dégradation du travail, la phtisie universelle, la déchéance des enfants, l'exsangue d'une race épuisée par le soufflage.

Louis ARAGON
*Les Voyageurs de l'impériale*, 1942.

Le Lido m'apparut, couvert en son milieu de laides villas en modern style allemand et d'horribles palaces-hôtels germano-suisses. Heureusement, la gondole, comme irritée de ces choses, décrivit un quart de cercle et je ne vis plus ces maçonneries de Teutons en délire.

Jean de LA HIRE
*A Venise, dans l'ombre de Byron*, 1915.

Lido ! Lido ! j'ai vu tes grèves désolées,
Ton sable jaune et fin, où confuses, mêlées,
On retrouve le soir les traces des serpents
Au soleil de midi déroulés et rampants :
Ici venait Byron ; d'un œil mélancolique
Il regardait au loin briller l'Adriatique,
Où, pour dompter son âme, il poussait au galop
Son coursier hennissant au bruit de chaque flot ;

Et le noble animal écrasait les vipères
Qui gagnaient en sifflant leurs venimeux repaires...

Auguste BRIZEUX
« Le Lido », *Œuvres complètes*, 1860.

Nous avons choisi de nous installer dans le principal hôtel du Lido, une île aux plages spacieuses à un quart d'heure en motoscafo de la ville. Vous êtes tous les deux émerveillés, dès le départ de la gare dans un canot à moteur, verni, aux cuivres étincelants, très rapide qu'on appelle ailleurs des criss-crafts. Vous dévorez des yeux tous ces bateaux se faufilant entre les vaporetti surchargés qui font penser à des tramways aquatiques et les romantiques gondoles.

Notre appartement est spacieux, la table excellente et vous connaissez bientôt tous les garçons d'ascenseur et les barmen, car vous avez souvent soif. Sur la plage, les cabines ne sont pas des cages à déshabillage, comme presque partout ailleurs, mais de vrais bungalows de deux pièces, sur un seul rang, face à la mer, assez espacés les uns des autres.

Vous faites vite ami-ami avec les deux sauveteurs, au large chapeau de paille noire, immobiles du matin au soir dans leur barque que la mer balance. Le soleil leur a tellement cuit la peau que de loin, la première fois, vous nous avez demandé s'ils étaient nègres.

Georges SIMENON
*Mémoires intimes*, 1981.

Ne se baigner qu'à la marée montante, pour ne pas s'exposer à être inondé de l'eau bourbeuse des lagunes. Les bains du Lido sont les plus recommandables. Un bateau à vapeur y conduit d'heure en heure en été ; trajet de 12 min., retour au bout d'une

1/2 h. On a encore 15 min. à marcher du débarcadère aux bains. Le bain coûte 1 fr., moins cher par abonnement.

K. BAEDEKER
*L'Italie, Manuel du Voyageur*, 1870.

Tôt le matin, plage de l'Hôtel des Bains. Deux gros camions ramassent rapidement la bouillie gélatineuse du bord de l'eau avant l'arrivée des baigneurs. Les hommes travaillent sans un mot, avec des pelles mécaniques et des bêches ; mais ils ramassent peu de chose ; l'écume ne se laisse pas attraper, et elle n'en finit plus : sur l'eau et sur la rive, jaunâtre, floconneuse, gluante, à perte de vue, comme les volutes d'une immense cervelle en décomposition. Vue d'ici, à hauteur d'homme, sur la plage, la mer a disparu.

Paolo BARBARO
*Lunaisons vénitiennes*, 1990.

La lagune a le dense éclat du jade vert.
Le noir allongement incliné des gondoles
Passe sur cette eau glauque, et sous le ciel couvert.
— Ce rose bâtiment, c'est la maison des folles.

Fleur de la passion, île de Saint-Clément,
Que de secrets bûchers dans votre enceinte ardente !
La terre desséchée exhale un fier tourment,
Et l'eau se fige autour comme un cercle de Dante.

Anna de NOAILLES
*Les Vivants et les Morts*, 1913.

## *La horde des touristes*

— Tu te le figurais comme ça, toi, Venise ?
— Non.
— Alors, comment ?
— Je ne sais pas. C'est une ville drôle qui pue.
— Qu'est-ce que tu prends ?
— Un brandy-citron.

On sert. La dame goûte à ce breuvage, fait la grimace, laisse tomber sa cuillère d'un coup sec. L'homme boit, fait aussi la grimace, paie, laisse retomber sa monnaie dans son gilet. Puis ils se lèvent, bousculent des chaises et partent d'un pas pressé vers le Molo de San Marco. Ils disparaissent ainsi, emportant sur leur yacht de plaisance le seul souvenir d'un apéritif manqué...

Ferdinand Bac
*Le Mystère vénitien*, 1909.

Le touriste a fait de cette ville un décor à usage de touriste. Ruskin s'en est mêlé, et Wagner, et D'Annunzio, et le Duce, et maintenant Laurel et Hardy ; si on ne sait pas qu'elle est surtout une ville à usage de Vénitiens, on ne la voit guère. J'ai visité les musées, comme tout le monde, et je me suis baladé en gondole sur le grand canal. J'en ai eu vite assez. On croise des Allemands, des Anglais, des Français, des Chinois, des Turcs (pas d'Espagnols toutefois).

Ils ont des têtes montées sur pivot ; ils regardent de tous les côtés, comme si le temps pressait (et, en effet, il les presse).

Jean GIONO
*Voyage en Italie*, 1954.

Venise, si opprimée et si abâtardie, offrait peu d'intérêt, et les ruines magnifiques de cette ville prodigieuse n'abritaient plus qu'une station balnéaire prête à se vendre aux étrangers.

Richard WAGNER
*Ma Vie*, 1870-1874.

(Les touristes) s'allongeaient sur les gradins de marbre pour dévorer des monceaux de beaux fruits mûrs et toutes sortes de petits sandwiches, en transformant la Piazza, la place unique au monde, en pittoresque bivouac international.

Aldo PALAZZESCHI
*Le Doge*, 1967.

Don s'engagea dans la Calle dei Fabri. La boutique de Manrico Rossi était située dans une étroite ruelle, près du pont du Rialto.

Il tomba en arrivant sur une nuée de touristes, épuisés et transpirants, qui sortaient de la boutique après avoir tout examiné, palpé, tripoté, déplacé. Il attendit que le dernier fût parti, puis pénétra dans la longue pièce au plafond garni de lustres étincelants et aux murs ornés de délicates pendeloques de cristal qui ressemblait à une grotte obscure.

James Hadley CHASE
*Voir Venise... et crever*, 1954.

La faute de Venise est que s'il est facile de l'admirer, il n'est pas facile d'y mener la vie qu'ailleurs on compte mener. Après que vous y avez passé une semaine et que l'éclosion de la nouveauté s'est dissipée, vous vous demandez si vous pourrez vous accoutumer à des conditions aussi particulières. Vos vieilles habitudes deviennent impraticables, et vous vous trouvez obligé d'en former de nouvelles, indésirables et infructueuses. Vous êtes fatigué de votre gondole (ou pensez l'être) ; vous avez vu tous les tableaux importants, entendu une douzaine de fois les noms de tous les palais énumérés par votre gondolier, lequel les énonce avec autant de solennité qu'un maître d'hôtel aboyant les titres dans un salon anglais. Vous avez plusieurs centaines de fois fait le tour de la Piazza, et vous avez acheté des moissons de photographies. Vous avez rendu visite aux antiquaires dont les horribles enseignes déshonorent quelques-unes des plus nobles perspectives du Grand Canal ; vous êtes allé à l'opéra, et l'avez trouvé mauvais ; vous vous êtes baigné au Lido, et l'eau était plate. Peu à peu s'est installée l'impression que vous êtes sur un navire, dont la Piazza est l'énorme salon, et la Riva degli Schiavoni le pont des passagers. Vous êtes entravé, en cage ; votre désir d'espace est insatisfait ; votre exercice familier vous manque. Vous tentez de faire une promenade, et vous échouez ; car, dans l'intervalle, vous en êtes venu à considérer votre gondole comme une sorte de berceau démesuré. Vous n'avez aucun désir qu'elle vous endorme de ses oscillations, même si vous pensez être tenu suffisamment éveillé, en fixant vos yeux sur la mince couche de la lagune, par l'irritation que provoque en vous l'attitude de votre éternel gondolier, avec ses orteils écartés, sa mâchoire protubérante, son coup de rame absurdement irrationnel. Les canaux ont une odeur horrible, et la sempiternelle Piazza où vous avez regardé à cent reprises chaque article dans chaque vitrine en n'y voyant que de la camelote, où les jeunes Vénitiens qui vendent des bracelets de perles et des « panoramas » ne cessent de vous barrer le passage avec leur marchandise, où les mêmes officiers boutonnés jusqu'au menton mâchonnent perpétuellement le même tabac noir devant les mêmes cafés — la Piazza, dis-je, s'est réduite au décor magnifique d'une mortelle routine.

Tel est l'état de ces curieux superficiels qui estiment que Venise est tout à fait bien pour une semaine ; et si c'est dans un pareil état d'esprit que vous prenez le départ, alors votre impétuosité est fatale. C'est vous qui y perdez, d'ailleurs ; ce n'est pas — avec tous les égards dus à vos attraits personnels — vos compagnons restés sur place ; car quoiqu'il y ait certaines choses désagréables à Venise, rien n'y est aussi désagréable que ses visiteurs. Les conditions y sont particulières, mais toute intolérance à leur encontre s'évanouit avant qu'elles aient eu le temps de devenir un préjudice. Une fois que vous aurez demandé votre note d'hôtel, payez-la, et restez ; et, le lendemain, vous découvrirez que vous êtes profondément attaché à Venise. C'est en y vivant jour après jour que vous ressentez la plénitude de son charme, que vous laissez son influence exquise s'emparer de votre esprit. Cette créature a les variations d'une femme nerveuse, qu'on ne connaît que lorsqu'on a fait le tour de tous les aspects de sa beauté. Elle a l'esprit élevé ou bas, elle est pâle ou elle est rouge, grise ou rose, fraîche ou blafarde, suivant le temps et suivant l'heure. Elle est toujours intéressante et presque toujours triste ; mais elle a un millier de grâces incidentes, et elle est toujours sujette à d'heureux accidents. Vous commencez à éprouver une extraordinaire affection pour ces choses ; vous comptez sur elles ; elles font partie de votre vie. Votre affection devient de la tendresse ; il y a quelque chose d'indéfinissable dans ces rapports personnels et intenses qui s'établissent peu à peu. L'endroit paraît se personnifier, devenir humain, sensible, et conscient à votre affection. Vous avez le désir de l'embrasser, de le caresser, de le posséder ; et c'est finalement un doux sentiment de possession qui s'élève ; votre séjour devient une perpétuelle affaire amoureuse.

Henry JAMES
*Heures italiennes*, 1909.

Peut-être finirai-je par m'attacher tout à fait à ma chambre ici, c'est la vue qu'elle offre qui m'y fait vivre et qui, à l'aube surtout, présente une belle ordonnance et de beaux lointains. En somme j'aimerais rester enfermé longtemps chez moi ; les touristes pullulent, et gare si l'on traverse la place San-Marco, le soir, et qu'on les trouve alors sous l'éclairage des illuminations : ce stupide superlatif de lumière efface les moindres traits de leurs physionomies ; tous, ils vous ont un air de faire : « Ah-Ah-Ah », sans nuance ; je ne sais point comment ils peuvent se reconnaître entre eux : probablement grâce au garçon de café qui se tient auprès.

Rainer Maria RILKE
*Correspondance avec Marie de La Tour et Taxis*,
14 mai 1912.

Je vois au quai des Schiavoni le vapeur du Lido, chargé de *misses* froides et de touristes aux gestes agaçants. Une barque sous le plein soleil s'approche. Une fille de dix-sept ans, debout, avec aisance y chantait une chanson, éclatante comme ces vagues qui nous brûlaient les yeux. Venise, l'atmosphère bleue et or, l'Adriatique qui fuit en s'attristant et cette voix nerveuse vers le ciel faisaient si cruellement ressortir la morne hébétude de ces marchands sans âme que je bénis l'ordre des choses de m'avoir distingué de ces hommes dont je portais le costume.

Maurice BARRÈS
*Un homme libre*, 1889.

Quand il a contrôlé que tous ses protégés, jusqu'au dernier, sont bien montés sur le vaporetto (Vite, vite, madame Dupont !), Mr. Silvera se pousse en avant dans la cohue et se retrouve derrière un petit groupe de Russes aux nuques charnues, rasées. Collée à ses talons, il y a la jeune Portugaise, qui baisse les yeux en rougissant quand il se retourne pour lui demander si tout va bien, tudo okay ?

Dans chaque groupe, il y a toujours une adolescente qui tombe amoureuse de Mr. Silvera, toujours une paire de vieilles demoiselles à l'inépuisable énergie, toujours un couple de conjoints querelleurs, toujours un hypocondriaque, toujours un tatillon pédant et mécontent de tout, toujours un fouinard cancanier. C'est comme voyager avec un échantillonnage, pense Mr. Silvera, qui dans sa carrière itinérante a été aussi représentant en bijoux de fantaisie. D'une fois sur l'autre, les pierres, les modèles, les métaux changent, mais les colliers sont toujours des colliers et les broches, des broches.

En qualité de chef de groupe, il est déjà passé par Venise à d'autres reprises, mais il connaît bien la cité pour y être venu précédemment et en des circonstances moins superficielles. Toutefois, de ses autres Venise, Mr. Silvera ne parle jamais, il les tient rigoureusement à l'écart, ne s'en sert pas pour son travail actuel. Il pourrait indiquer aux vingt-huit un palazzo moins évident, enrichir d'une anecdote un campanile, attirer l'attention sur certain jardin, illuminer certaine coupole ; mais il s'en tient au minimum indispensable, pont des Scalzi, canal de Cannaregio, Fondaco dei Turchi, Ca' d'Oro, pont du Rialto... Il omet la Riva del Vin, et, après un instant d'hésitation, également le palazzo Bernardo.

— Look, look, Mr. Silvera, a real gondola !

— Ah, dit Mr. Silvera, yes, indeed.

Il connaît d'autres noms d'embarcations locales (gondolino, carolina, mascareta...) mais ne les révèle point. Parce que ce serait gaspiller son souffle, se dit-il, parce que certaines choses n'intéressent plus personne, et ses vingt-huit moins que quiconque.

Mais la vérité est que sa Venise secrète de brocarts, d'ors, de pourpres, de cristaux, on ne peut pas même l'effleurer sans peine, et que, surtout, elle n'a rien en commun avec la Venise schématique, impersonnelle, de l'Impérial.

Carlo FRUTTERO & Franco LUCENTINI
*L'Amant sans domicile fixe*, 1986.

Le point essentiel et le précepte fondamental en est de vivre à Venise comme on vivrait partout ailleurs, d'y rester soi-même et de ne pas s'y faire une âme factice. Si vous aimez voir des églises, visitez des églises ; si vous aimez voir des tableaux, regardez des tableaux, mais ne vous y croyez pas obligé. Venise n'oblige à rien, pas plus à se grimer en romantique qu'à se déguiser en esthète. Si vous aimez contempler les couchers de soleil ou les clairs de lune, ils sont à votre disposition, mais ils peuvent fort bien se passer de vous. Si vous préférez flâner devant les boutiques, donnez-vous-en le plaisir ; si vous préférez visiter les antiquaires, visitez-les. Aimez-vous le café ? asseyez-vous aux petites tables du Florian ou du Quadri. Avez-vous envie de lire ou d'écrire ? enfermez-vous dans votre chambre. Ne posez pas devant vous-même, un pigeon sur chaque bras. Marcher vous plaît, ne prenez pas de gondole. Ne sacrifiez pas vos aises et vos goûts au souci de la couleur locale. Ne demandez à Venise que votre agrément. Êtes-vous amateur des beaux jeux de lumière sur les pierres et sur les eaux ? elle vous en offrira. Recherchez-vous le silence ? elle vous le donnera. Venise ne s'impose pas, elle se prête. Contentez-vous d'être heureux des beautés qu'elle vous propose. Ne vous efforcez pas à l'évoquer dans son passé plus ou moins lointain, si elle vous suffit dans son présent. Ne gémissez pas parce qu'on n'y rencontre plus de masques et que son Carnaval est mort avec la Sérénissime République, mais imaginez-vous ce temps si ces imaginations vous divertissent. Venise vous offre l'occasion de vous laisser aller à toutes vos fantaisies d'esprit et de cœur. Elle est un repos, un détachement momentané de ce qui nous occupe d'ordinaire. Elle est propre à certaines heures de rêverie tendre ou mélancolique. Accueillez-les si elles se présentent à vous. Elle vous permet d'oublier que vous vivez à l'époque des chemins de fer et des tramways, mais elle n'est pas seulement une ville d'art et de passé, elle a aussi sa vie actuelle et quotidienne où se superposent de l'hier et de l'aujourd'hui, et ce mélange est un de ses charmes. Elle continue humblement sa glorieuse destinée. Elle n'est pas toute aux touristes, et sa vie populaire est charmante à observer. Si vous êtes en route vers quelque église ou quelque musée et que vous vous arrêtiez à telle silhouette pittoresque, à tel amusant détail, ne considérez pas cela comme du temps perdu. Vous n'êtes pas sous la conduite de Cook et sous la domination de Baedeker. Obéissez à votre fantaisie, au libre cours de vos pensées, à vos goûts. Recueillez docilement les impressions de beauté que vous éprouvez et n'en tirez pas de vanité. Vous n'êtes ni le premier ni le dernier à les ressentir. Être à Venise ne constitue pas un fait extraordinaire. Cent cinquante mille êtres humains jouissent continuellement de ce privilège, sans compter les chevaux de Saint-Marc, les pigeons, les chiens et les chats.

Henri de RÉGNIER
*L'Altana ou la vie vénitienne*,
avril 1903.

## *Quelques visiteurs célèbres*

Le *Valéry* est un très bon guide, mais quand on est sur les lieux, on voit qu'il ne vous a rien fait voir. Ma mémoire, au reste, m'avait été fidèle et, après vingt-six ans, je ne me trompe pas d'un pas ou d'un jugement sur un monument. Je conçois que Lord Byron ait voulu passer de longues années ici. Moi, j'y finirais volontiers ma vie, si vous voulez y venir. Mme de Chateaubriand aime Venise.

François-René de CHATEAUBRIAND
*Lettre à Madame Récamier*,
12 septembre 1833.

Venise au XIXe siècle fait encore des conquêtes. Le politique l'abandonne à sa décadence, mais Wagner, Taine, Gautier, Léopold Robert, Sand, Musset, Byron, Chateaubriand et Goethe forment son « Conseil des Dix ».

— Ils ne sont que neuf, me dit un lecteur.

— Qu'on réserve le dixième siège. Je connais telle candidature.

Maurice BARRÈS
« La Mort de Venise »,
*Amori et dolori sacrum*, 1903.

— En ce cas, repris-je avec vivacité, vous avez connu Alfred de Musset, il a logé ici ?

— Alfred de Musset ? répéta M. Danieli, comme cherchant à se souvenir.

— Oui, repartis-je, un poète français.

— Ce qu'il y a de certain, poursuivit M. Danieli, c'est que j'ai eu chez moi un de vos auteurs célèbres, M. de Balzac ; il m'a même donné un de ses romans. Mais l'autre son nom ne me revient pas...

— Rappelez-vous, monsieur Danieli ! C'était un jeune homme blond !

— Oh ! oui, s'écria l'hôtelier, un jeune homme blond qui a été malade chez moi, bien malade. Mais veuillez bien m'attendre un moment, je vais vous répondre avec certitude.

M. Danieli sortit, laissant en suspens ma curiosité ; il reparut presque aussitôt, tenant dans ses mains un énorme registre.

— Cherchez dans l'année 1834, lui dis-je, ou à la fin de celle de 1833.

M. Danieli tourna quelques feuilles :

— M'y voilà, dit-il, et il me désigna une signature qui me fit tressaillir.

*Alfred de Musset, de Paris, 7 décembre 1833.*

Louise Colet
*L'Italie des Italiens*, 1862-1864.

Marcel Proust est descendu de la gondole aux abords de la Piazzetta. Il vient de la lumière du Grand Canal qui lui fraie un sentier dans l'eau, croisant d'autres embarcations, comme les victorias se promenant dans les allées profondes du bois de Boulogne. Le chemin de Marcel Proust, foulant les dalles, commence par être droit et précis, sous l'abri de l'éclat pétré du palais ducal. En arrivant au campanile, le chemin biaise ; sous les porches, Marcel Proust passe tout près des vitres du Florian, parvient au fond de la place, nue comme le corps de bronze d'une esclave, dorée et douce comme un harnais d'or sous l'enclume du soleil déclinant.

Pere GIMFERRER
*Fortuny*, 1983.

Comme à l'Hôtel Danieli, nous n'avions trouvé que des chambres donnant sur les petits canaux, mon premier soin, le lendemain matin, fut de chercher un logement pour un séjour prolongé. J'appris que l'un des trois palais Giustiniani, non loin du Palazzo Foscari, était libre pour le moment. Là, je trouvai des pièces immenses dont on me dit qu'elles resteraient toutes inhabitées ; j'y louai donc une grande salle imposante avec une vaste chambre attenante, et, le soir du 20 août, je me dis qu'à présent, j'habitais à Venise. — J'écrivis aussitôt à Zurich pour que l'on m'expédiât mon piano Erard et mon lit. Le mur badigeonné de gris de ma grande salle ne tarda pas à m'écœurer, car il allait fort mal avec le plafond entièrement peint Al Fresco. Je décidai de faire recouvrir cette grande pièce d'une tapisserie rouge sombre. Ces tracas domestiques étaient le prix de mon bonheur quand, de mon balcon, admirant le merveilleux canal, je me disais que je voulais achever ici le *Tristan*. En dehors de cela, je fis encore tapisser quelques petites choses ; en particulier, pour recouvrir les portes, je me procurai des portières grenat, encore que taillées dans l'indienne la moins chère. L'ameublement était assez théâtral : il y avait, en effet, des chaises dorées, mais surtout un beau guéridon doré et ciselé malencontreusement recouvert d'un vulgaire plateau de sapin que j'escamotai sous un tapis rouge — Enfin mon Erard arriva ; on le plaça au milieu de la grande salla et, dès lors, je pus affronter la merveilleuse Venise.

Richard WAGNER
*Ma Vie*, 1870-1874.

Reynaldo Hahn, qui est à Venise en ce moment, nous a promis un divertissement musical plus délicat et plus raffiné. Il nous a promis de nous chanter les ravissantes chansons vénitiennes qu'il a composées, et de les chanter, comme il sait chanter, non dans le salon du *Nirvana*, mais en plein air, à l'angle de quelque rio, le long de quelque fondamenta, auprès de quelque campo, sous l'arche de quelque pont, dans le sonore silence de la Venise nocturne. C'est ce plaisir que nous attendons et auquel prendront part de rares privilégiés, mais il faut attendre qu'il soit tard, attendre l'heure où Venise endormie est le séjour de l'ombre, du mystère et du silence.

Le rendez-vous pris est à Santa Maria Formosa. Notre gondole glisse sur l'eau obscure. Deux autres gondoles nous suivent. La nuit est douce, tiède et tranquille. Aux façades qui surplombent les étroits rii où nous nous engageons, quelques fenêtres sont encore éclairées. Sur les fondamente se hâtent de rares passants. Voici Santa Maria Formosa. Accostée au quai, une grosse peotte noire bombe sa coque pansue. Reynaldo Hahn y a fait installer un piano. Il est là qui nous attend. Lourdement la lourde barque démarre, son bordage racle le marbre du quai. Puis on n'entend plus que le bruit mouillé des rames dans l'eau. Soudain quelques accords préludent, et, dans la nuit, une voix monte, une voix singulière, à la fois précise et souple, indolente et nerveuse, une voix qui chante et qui s'élève vers les obscures façades des vieux palais muets, se prolonge en échos, et dont la sonorité, comme épurée par le silence, l'emplit de son charme tendre et de la grâce des fines paroles vénitiennes.

Henri de Régnier
*L'Altana ou la vie vénitienne*,
septembre 1906.

Le feldmaréchal Radetzky ! Une légende ambulante. Quatre-vingt-trois ans, chenu et agile, débarqué le 30 août 1849 sur la Piazzetta de San Marco dans le sirocco lagunaire, au milieu des volettements de pigeons mal nourris, œil bleu pâle et fixe, nez droit et court au-dessus du large buisson de la moustache, poitrine cuirassée de blancheur dans une vareuse où s'expose toute une bimbeloterie de croix, de cordons, de médailles ; simple et sobre, l'homme pourtant : dans son pas, dans ses actes ; « distingué », même. Et affable, dans ses salutations aux notables, au patriarche Monico, au podestat Correr ; l'un d'eux prend les clés d'or, symbole de la ville, sur le coussin qu'un subalterne lui tend et où elles reposent comme un petit cadavre d'enfant, et il les présente au vieillard. Tout autour, des haies d'uniformes en quadrilatère, baïonnette au fusil ; et, peut-être, se devinant sous les arcades du palais des Doges, de petits canons trapus pointés sur des fantômes de foules restées chez elles.

Pier-Maria PASINETTI
*Partition vénitienne*, 1993.

Parfois Annunzio, sous ses verres et ses bandeaux, hésitait longuement et je le menaçais de faire connaître au monde que le poète du *Feu* est incapable de retrouver tout seul le chemin de la place Saint-Marc.

Maurice BARRÈS
*Dix jours en Italie*, 1916.

A Venise, en 1889, dans le palais de Ca' Rezzonico, telle une ombre de plus dans la chaise à porteurs, au-dessus de l'or céleste du salon de bal désaffecté, est mort Robert Browning, lui qui rêva dans un poème le tintement jamais audible d'une toccata incorporelle, avec des masques et des sabres dans la nuit enflammée.

Pere GIMFERRER
*Fortuny*, 1983.

Mon cher ami,

Pris par le travail, je n'ai pu vous écrire, laissant à ma femme le soin de vous donner des nouvelles. Elle a dû vous dire mon enthousiasme pour Venise. Eh bien ! cela n'a fait que croître et, le moment de quitter cette lumière unique approchant, je m'en attriste. C'est si beau, mais il faut se faire une raison ; bien des choses nous obligent à réintégrer le domicile. Je m'en console à la pensée d'y revenir l'an prochain, car je n'ai pu faire que des essais, des commencements. Mais quel malheur de n'être pas venu ici quand j'étais plus jeune, quand j'avais toutes les audaces ! Enfin... Mais j'ai passé ici des moments délicieux, oubliant presque que je n'étais pas le vieux que je suis.

Claude MONET
*Lettre à Gustave Geoffroy*,
7 décembre 1908.

Les Français de Venise se retrouvaient sur la place Saint-Marc, après leur dîner dans une modeste pension, ou dans une princière salle à manger, heureux d'échapper à quelque hôtesse titrée ; certains venaient du palais Dario, « penché comme une courtisane sous le poids de ses colliers » (on adorait D'Annunzio !) ; d'autres du palais Polignac, ou celui de la Mula, apportant de chez la comtesse Morosini (qui osait se coiffer d'un bonnet de doge) les dernières nouvelles de la Cour de Berlin dont la Mula était la caisse de résonance. Nous prenions des *granites*, de la glace pilée au café, en compagnie de Mario Fortuny, fils du Meissonier espagnol, devenu Vénitien d'adoption, du peintre d'intérieurs Francis Lobre et de sa femme, médecin d'Anna de Noailles (alors un titre de gloire), du décorateur Drésa, de Rouché, pas encore le maître de l'Opéra, directeur de cette *Grande Revue* où débutaient Maxime Dethomas et Giraudoux ; d'André Doderet qui à force de traduire D'Annunzio avait fini par lui ressembler ; se joignaient à nous quelques fonctionnaires des Beaux-Arts, collègues de mon père : Roujon, Havard, Henry

Marcel (père de Gabriel), directeur des Beaux-Arts, les frères Baschet, Roger Marx (père de Claude).

C'étaient là de vraies personnes, pas des vedettes internationales comme ceux qui occuperaient Venise plus tard, au temps des Ballets russes (...).

Paul MORAND
*Venises*, 1971.

Le premier membre de la famille Marmont qui soit allé à Venise, la ville des chats, des amoureux fervents et des savants austères, c'était Melchior, et c'était à Venise qu'il avait vu pour la dernière fois Charlie Chaplin vivant. On avait projeté *Les Lumières de la ville* sur un écran géant dressé au fond de la place Saint-Marc, et Chaplin était apparu à un balcon, ovationné par une foule si dense que les pigeons n'arrivaient plus à se poser.

François WEYERGANS
*La Démence du boxeur*, 1992.

## *Venise face au progrès*

Nous arrivons à Mestre en pleine nuit. Mais il y a des lampes à arc. Elles illuminent une très grande raffinerie de pétrole. C'est la fable moderne. Je ne suis pas intransigeant. Quand on avait besoin des dieux pour vivre, on dressait des temples sur tous les promontoires ; aux siècles de plaisir on construisait des petits palais dans tous les bosquets. Aujourd'hui, on fait des barrages et des silos métalliques pour engranger du matériel. C'est la nécessité qui fait le pittoresque et même la beauté ; elle n'est jamais gratuite.

Jean GIONO
*Voyage en Italie*, 1954.

Il a existé un projet de joindre Venise à la Terre ferme par une chaussée. Je m'étonne que la République au temps de sa puissance n'ait pas songé à conduire des sources à la ville, au moyen d'un aqueduc. Le canal aérien courant au-dessus de la mer dans les divers accidents de la nuit et du jour, du calme et de la tempête, voyant passer les vaisseaux sous ses portiques, aurait augmenté la merveille de la cité des merveilles.

(Note de Paris, 1841)

Venise va cesser d'être la ville des féeries : on prépare un pont qui la réunira à Fusina : un conduit, non suspendu dans les airs sur des arcades, amènera obscurément au palais Ducal, le long d'un viaduc, des eaux cachées ; un chemin de fer déposera les voyageurs à l'entrée du pont. Venise, devenue cité continentale, verra peu à peu se combler ses canaux ; des rues les remplaceront, et, au lieu de gondoles, des omnibus transporteront les habitants à travers les lagunes. C'est encore une des merveilles du vieux monde qui périra avec moi.

François-René de CHATEAUBRIAND
*Mémoires d'outre-tombe*, 1850.

Ce que le rail avait commencé, le pneu l'achève. Le sol prend sa revanche sur la mer ; les partisans de la terre ferme ont gagné, dès 1931, l'emportant sur Mussolini qui, en artiste, voulait couper Venise du sol italien.

Au pied d'un garage pour mammouths, l'Europe se jette sur Venise, la gobe hâtivement, en repart. Les voleurs de roues de secours, les maquilleurs de plaques de police, les changeurs, les prostituées de l'auto-stop, les faquins ajoutent à la confusion des pèlerins d'une Europe qui essaie de recoller ses morceaux.

Des ponts de briques anciens se croisent avec des passerelles de béton, elles-mêmes surplombées du grand écart des toboggans. Les eurobus, les trains sur roues de caoutchouc à quatre-vingts voyageurs, s'y croisent avec des départs de minibus pour le Népal. Tout ce quartier Santa Croce fume de gaz, d'oxyde de carbone, de vapeurs de cinzano ou de marijuana. Les valises éboulées, tombées des impériales comme les moraines d'un glacier mouvant, les Leica surmontés de Japonais, les cinémas seize millimètres jonchant le sol, les matelas et sacs de couchage roulés, plus ventrus d'ustensiles de cuisine que les cannelloni de hachis, tout converge vers ce pot où bout une humanité qui a roulé toute la nuit, qui essaie d'apercevoir Venise, en ce matin où le soleil n'arrive pas à percer la poussière des kilomètres.

A l'opposé de la basilique de Saint-Marc, le Piazzale Roma, cathédrale des routiers. Il faut choisir entre le musée et la vie.

Paul MORAND
*Venises*, 1971.

Si Venise échappe à certains phénomènes qui paraissaient lui être propres et n'étaient que des mirages littéraires, le privilège intemporel de ses rues interdites aux véhicules l'apparente aux absurdes magnificences du rêve. Et si le scandaleux exemple des motoscaphes conduisait un jour les gondoliers à déshonorer le chef-d'œuvre qu'ils pilotent par l'adjonction d'une motogodille, je me demande s'ils parviendraient à réveiller par leurs pétarades une foule qui doit son aisance chorégraphique à une sorte de somnambulisme.

Jean COCTEAU
Préface de *Venise que j'aime...*, 1957.

L'Américaine, sensible aux éloges que le chevalier faisait de son palais, aborda de suite le problème du nouveau Venise, qu'elle transformait du bout de son éventail en quelques lignes énergiques :

« L'île de la Giudecca devenue vaste entrepôt, reliée à la pointe de la Salute par un pont pareil à celui de la Tamise. La Merceria, élargie de dix mètres, prolongée en ligne droite jusqu'au Rialto sans qu'il en coutât le sacrifice d'une seule église... »

Mais une belle dame brune intervint : Il importait avant tout de créer, concurremment avec la voie ferrée, une chaussée de pénétration de Mestre à Venise permettant aux automobiles d'aborder la ville.

Plus tard on pourrait songer à continuer ce tracé jusqu'au Molo de Saint-Marco où, en fin de compte, devaient un jour aboutir fatalement les voitures, à moins que les aéroplanes...

Le chevalier protesta timidement ; mais la belle dame brune lui coupa la parole avec autorité :

« Il est tout à fait anormal que Venise soit privée de voitures. Pendant tout le Moyen Âge les chevaux, les litières portées par des mulets, circulaient frénétiquement partout. Le doge Michel Steno avait les plus belles écuries de l'Italie. Je vous demande alors pourquoi vous voulez condamner la ville aux seules gondoles et pourquoi il n'y aurait pas un jour des garages d'automobiles tout le long de la Riva Schiavoni. »

L'arrivée dans les salons d'un prince du Nord mit fin à ces propos, et quand la belle dame se fut éloignée :

« Quelle est donc, demanda le chevalier au signor Grava, cette étrangère qui insulte ainsi à l'avenir de Venise. »

Le vieux savant eut un ricanement ironique, puis il prononça avec satisfaction :

« C'est la comtesse Giovanna Cornaro, la dernière descendante des doges... »

Le chevalier manqua de laisser choir sa tasse de thé...

Ferdinand BAC
*Le Mystère vénitien*, 1909.

Dans un palais rose, au-dessus d'une eau noirâtre, une fenêtre est éclairée, je vois un tube au néon suspendu au plafond, je vois passer un homme en veston. Il y a là-dedans un bureau, avec tables, ustensiles divers, lumière de bureau : difficile à croire. Il y a un envers bureaucratique et moderne de Venise impossible à voir, à imaginer. Une ville moderne cachée à l'intérieur de la ville antique.

La lumière au néon, folie nouvelle des Italiens.

Jean-Paul SARTRE
*La Reine Albemarle*
*ou le dernier touriste*, 1952.

*Venise face au progrès*

1937 — Faut-il éclairer Venise au néon ? Les passéistes disent non ; les futuristes leur répondent : « Malgré vous, Saint-Marc resplendit sous nos projecteurs ; grand succès ; les touristes adorent ça. » Les romantiques tiennent bon ; ils défilent ce matin sur la place, derrière une banderole blanche : « *Nous voulons la lune.* »

Paul MORAND
*Venises*, 1971.

*Septième partie*

# LA MORT À VENISE

*La cité irréelle*
*Solitude et paix*
*Le noir visage de la Sérénissime*
*L'île au cimetière*
*La lèpre des pierres*
*Mélancolies*
*Mortelle fascination*
*La mort de Venise ?*
*Les adieux à Venise*

## *La cité irréelle*

A Venise, de même qu'il est impossible de sentir autrement que selon des modes musicaux, de même il est impossible de penser autrement que par images. Elles viennent à nous de toutes parts, innombrables et diverses, plus réelles et plus vivantes que les personnes qui nous heurtent du coude dans la ruelle obscure.

Gabriele D'ANNUNZIO
*Le Feu*, 1899.

L'éclat multicolore de la surface plane de l'eau, la ville qui s'élève comme dans un rêve sur un fond de ciel bleu foncé, avec le Palais des Doges au premier plan, le globe aux reflets aveuglants de la Dogana et, derrière celui-ci, l'élégante coupole de la Salute ; puis s'ajoutant à cela le parfum âpre de l'eau, l'éclat de la voile rouge et le passage silencieux des plus grands bateaux ; tout ce tableau est d'une si fascinante beauté que l'on croit rêver et que l'on craint constamment que l'image de la ville des merveilles, qui se dresse sur l'eau et semble tellement irréelle, puisse soudain disparaître comme le jeu de l'irisation sur un nuage au soleil.

Hermann HESSE
*Voyages en Italie*, 1901.

Je fus réveillé à l'aube
Par le timbre d'un carreau.
Craquelin de craie qui trempe,
Venise flottait sur l'eau.

Aucun bruit. Mais comme en rêve,
J'avais entendu un cri
Qui troublait encore la grève
Comme un signe évanoui.

Cri lointain d'une victime ?
Trident du scorpion, sous lui
Le miroir des mandolines
Apaisé, dormait sans bruit.

Fourche fichée dans la brume
Jusqu'au manche, il se taisait,
Et le Grand Canal en fuite,
Ricanant, se retournait.

Loin, près du débarcadère,
Du rêve naissait le vrai,
Et Venise, Vénitienne,
Paraissait plonger du quai.

Boris PASTERNAK
« Venise », *Le Commencement*,
1912-1914.

Il y a certainement dans Venise un *manque de réalité* qui la rend sinistre. On croirait un mirage né d'un miroitement pâle du ciel dans l'eau. Et je me sens moi-même mirage très souvent. Tout va disparaître : restera l'eau.

Jean-Paul SARTRE
*La Reine Albemarle*
*ou le dernier touriste*, 1952.

Mes souvenirs, rapidement déformés par mon instinct, me présentèrent une Venise qui n'existe nulle part. Aux attraits que cette noble cité offre à tous les passants, je substituai machinalement une beauté plus sûre de me plaire, une beauté selon moi-même. Ses splendeurs tangibles, je les poussai jusqu'à l'impalpable beauté des idées, car les formes les plus parfaites ne sont que des symboles pour ma curiosité d'idéologue.

Et cette cité abstraite, bâtie pour mon usage personnel, se déroulait devant mes yeux clos, hors du temps et de l'espace. Je la voyais nécessaire comme une Loi ; chaîne d'idées dont le premier anneau est l'idée de Dieu. Cette synthèse, dont j'étais l'artisan, me fit paraître bien mesquine la Venise bornée où se réjouissent les artistes et les touristes.

Maurice BARRÈS
*Un homme libre*, 1889.

Je pensais, là-haut[1], au mot de Byron : « Seule la nature ne ment pas »,... sauf Venise, qui fait mentir la nature et la surpasse ; seul l'homme a osé ce défi aux lois physiques, architecturales ; qui d'autre — sauf l'hirondelle construisant son nid — sait faire du dur avec du mou ? Qui eût osé patrouiller dans cette boue ?

1. Du haut du Campanile.

*La mort à Venise*

« L'objet est toujours moins sombre que son reflet », disent les peintres ; seul le reflet de Venise, dans notre mémoire, est plus léger que la réalité.

Qui recommencerait cela ?

Paul MORAND
*Venises*, 1971.

## *Solitude et paix*

C'est bon pour un repos après une grande douleur. Il faut y laisser bercer sa vie. Pour un long travail aussi. La ville du silence.

Emile ZOLA
*Mes voyages*, 1894.

Il était venu à Venise non seulement pour purger sa prose de mots comme *chrysoprase* et *améthystine*, mais aussi pour purger son âme des fantasmes intimes qui la hantaient. Il était venu là, en dernière analyse, pour y trouver la paix de l'esprit. Il y avait encore des souvenirs qui le faisaient gémir dans son sommeil ou qui, à l'état de veille, resurgissaient avec une telle force qu'il lâchait son couteau et sa fourchette et sentait comme une boule de chiffons sanglants bloquée au fond de sa gorge. Sous le coup d'évocations aussi intenses, le mandarin vêtu de tweed se levait brusquement et allait faire les cent pas sur le balcon en exhalant à mi-voix des imprécations.

Pour être encore plus explicite, c'était ici, à Venise, qu'elle avait choisi de tout lui dire, ce qui expliquait l'emprise sur lui du lieu.

Lawrence DURRELL
*Monsieur ou le Prince des Ténèbres*, 1974.

J'ai lu le Président de Brosses et pratiqué Casanova, mais Venise me suffit en elle-même et je n'ai pas besoin de son passé pour subir le charme de son vivant enchantement.

Oui, et je tiens à le bien établir, mon amour pour Venise fut toujours un amour sain et simple, un amour familier, exempt de snobisme et d'esthétisme, exempt aussi de romantisme, réaliste si l'on peut dire et fait de convenances à la fois spontanées et réfléchies. Venise me plaît infiniment. J'aime son climat, sa couleur, sa lumière. Le genre de vie qu'elle permet et qu'elle impose s'adapte à mes goûts. J'y jouis d'un bien-être particulier au milieu des choses qui occupent agréablement mes yeux et mes pensées. Nulle part, mes journées ne s'écoulent avec une plus douce facilité et la solitude même y est sans amertume. Nul lieu au monde où l'on s'appartienne mieux à soi-même et où l'on se supporte avec moins d'ennui.

Henri de RÉGNIER
« L'entrevue », *Histoires incertaines*, 1919.

## *Le noir visage de la Sérénissime*

C'était une Venise mauvaise qui se révélait tout à coup à eux, si bien que leur anxiété les aurait unis s'ils avaient pu véritablement se comprendre, une Venise où, d'un ciel bas et noir, tombait une pluie cinglante et glacée ; une Venise où un vent mauvais sifflait rageusement à travers les ruelles étroites, où tout était arrêté, interrompu, où les gens qui travaillaient sur les canaux se serraient, sans clients, désolés, ennuyés et cyniques, sous les arcades et les ponts.

Henry JAMES
*Les Ailes de la colombe*, 1902.

L'orage, qui tirait à sa fin, illuminait encore le ciel de quelques lueurs livides qui nous trahissaient des perspectives profondes, des dentelures bizarres de palais inconnus. A chaque instant l'on passait sous des ponts dont les deux bouts répondaient à une coupure lumineuse dans la masse compacte et sombre des maisons. A quelque angle une veilleuse tremblait devant une madone. Des cris singuliers et gutturaux retentissaient au détour des canaux ; un cercueil flottant, au bout duquel se penchait une ombre, filait rapidement à côté de nous ; une fenêtre basse rasée de près nous faisait entrevoir un intérieur étoilé d'une lampe ou d'un reflet, comme une eau-forte de Rembrandt. Des portes, dont le flot léchait le seuil, s'ouvraient à des figures emblématiques qui disparaissaient ; des escaliers venaient baigner leurs marches au canal et semblaient monter dans l'ombre vers des babels mystérieuses ; les poteaux bariolés où l'on attache les gondoles prenaient devant les sombres façades des attitudes de spectres.

Au haut des arches, des formes vaguement humaines nous regardaient passer comme les mornes figures d'un rêve. Parfois toutes les lueurs s'éteignaient, et l'on avançait sinistrement entre quatre espèces de ténèbres, les ténèbres huileuses, humides et profondes de l'eau, les ténèbres tempêtueuses du ciel nocturne et les ténèbres opaques des deux murailles, sur l'une desquelles la lanterne de la barque jetait un reflet rougeâtre qui révélait des piédestaux, des fûts de colonne, des portiques et des grilles aussitôt disparus.

Théophile GAUTIER
*Voyage en Italie* — *ITALIA*, 1852.

Pâle dans le calme de l'après-midi, l'estuaire portait légèrement ses îles comme le ciel porte ses nuages les plus doux. Les longues bandes minces du Lido et de la Terre-ferme avaient l'inconsistance de ces débris noirâtres qui flottent en cordons sur les eaux apaisées. Torcello, Burano, Mazzorbo, San-Francesco-del-Deserto, vus de loin, présentaient l'apparence, non de rivages abordables, mais de pays submergés dont les cimes dépasseraient la surface de l'eau comme des hunes de navires coulés à pic. Faibles étaient les traces laissées par les hommes sur cette solitude plane, comme les lettres rongées par le temps sur les pierres sépulcrales.

Gabriele D'ANNUNZIO
*Le Feu*, 1899.

Au retour, du côté du couchant, le ciel est comme une braise, et le rempart de maisons, de tours et d'églises raye la rougeur ardente de sa noirceur opaque. C'est vraiment l'image d'un monstrueux incendie, comme il y en eut dans les bouleversements du globe lorsqu'une éruption de lave crevait la végétation séculaire. Il semble qu'une fournaise déchaînée flamboie là-bas, hors de la portée des yeux ; mais à portée des yeux sont les volées d'étincelles avec l'écarlate sombre des troncs qui brûlent encore, et les charbons éteints, affaissés, entassés par l'écroulement et le craquement des grandes forêts. Leurs ombres funèbres s'allongent à l'infini dans l'eau rougeâtre et vont se perdre dans la nuit, qui a déjà posé son linceul sur la haute mer.

Hippolyte TAINE
« À Venise », *Voyage en Italie*, 1866.

Désespoir d'une beauté qui s'en va vers la mort. Est-ce le chant d'une vieille corruptrice ou d'une vierge sacrifiée ? Au matin, parfois, dans Venise, j'entendis Iphigénie, mais les rougeurs du soir ramenaient Jézabel...

Maurice BARRÈS
« La Mort de Venise », *Amori et dolori sacrum* », 1903.

L'eau rend triste à sa manière. A Venise on se gonfle d'eau peu à peu. On devient un gros fruit plein d'eau comme ceux de Californie. L'eau délave, pâlit, distend. Sans arrêt on voit une matière subtile, hésitante, recommencée, toujours recommencée mais aussi toujours inachevée, les reflets plombés : je veux, je ne veux pas, je veux JE VEUX, je ne veux pas je veux DANSER Je ne veux pas danser Je veux DANSER, DANSER, DANSER, voilà une pensée d'eau, embarrassée de son contraire, s'en écartant, le rejoignant, oscillation perpétuelle. On la sent même sous ses pieds, toutes les places, comme la nef de Saint-Marc, sont effondrées, ou soulevées, gondolées, mon hôtel tremble sur ses bases au passage du vaporetto, tout Venise oscille sous les pieds comme un ponton, on est envahi par la douce hésitation des choses naturelles, on devient une fleur d'eau, une douce angoisse hésitante et aqueuse, un écœurement léger et sucré, une tristesse de prisonnier qui ne voit plus clair en lui-même, une vie sans avenir, voilà le sentiment qu'on a à Venise. On y est coupé du monde. Je ne sens point grouiller le monde autour d'elle, au contraire on imagine une nappe infinie et lunaire d'eau morte. On est un peu dans la lune.

Jean-Paul Sartre
*La Reine Albemarle*
*ou le dernier touriste*, 1952.

Vous aviez eu un trouble quand la gondole, longeant les murailles nues du Campo Santo, avait entendu se mêler au glissement de son eau le chant des morts évadé de l'abîme. Il s'élevait, murmurant et sublime, pareil à ces musiques de l'air qui ne s'accordent qu'une fois et qui meurent. Fallait-il que vous fussiez prête au sortilège pour que celui-ci, le plus mystique, le plus insaisissable de tous fusant de la magnificence des eaux, pût contraindre votre âme à l'écouter !

L'Adriatique, l'Adriatique, les rives heureuses où l'on maudit la fuite des jours, pourquoi leur avoir préféré ces pauvres tombes dégradées que vous ne voyiez même point à fond, mais que vous pressentiez et qui, étant la racine de Venise et sa gloire, finissaient de vous la faire aimer ? Nous voguions parmi la décomposition universelle, parmi la dispersion folle des molécules dans l'éther, et vous, Eline, vous aviez la joie de rénover votre vie dans cette mort, de monter auguste, purifiée, radieuse, belle d'une virginité de trente ans, aux accents de cette mélodie de songe qui vous faisait si chastement quitter la terre.

Ah ! comme il eût fallu peut-être jeter les rames alors, mon amie, et les laisser comme notre suprême cadeau d'amants à cette merveilleuse nature que nous ne pouvions plus supporter !

*Le noir visage de la Sérénissime*

Ces chants qui nous appelaient, cette molle ondulation qui écrasait ses remous contre la barque, cet éclatant soleil qui semblait vouloir fondre nos chairs et nous en délivrer, ces marais assoupis, cette ville expirante, incapable, l'on eût dit, d'endurer plus longtemps la nostalgie du gouffre et impatiente de s'y dissoudre, — tout ne nous criait-il pas que ce n'était point mourir, que s'enfoncer ainsi lentement, très lentement, sans affres, dans la douce limpidité de l'inconnaissable ? (...)

Petits rios épuisés de vivre, rives accablées du Lido, silence intercesseur, et vous, chant des morts évadé de l'abîme, n'étions-nous donc pas assez purs, que vous ayez refusé de nous river pour toujours au néant de vos méditations ?

Louis de ROMEUF
« Venise », *L'Âme des villes*, 1910.

## *L'île au cimetière*

A Venise, c'est le jour. Il est blanc. Il est un reflet du jour. Des coups de mer durs et plats s'écrasent sur le sable de la grande plage froide et vide du Lido. Le sable est gris et sale ; il creuse des caniveaux où les pieds s'enfoncent. C'est une lumière indécise qui flotte. On ne voit plus l'espace entre le ciel et la mer. L'image de nos deux corps s'estompe sur la plage comme une mémoire qui s'efface au début du sommeil. Des déchets alimentaires, des bouteilles de plastique moulé, des os même parsèment le sable d'hiver. On renifle la mort un peu partout comme au cimetière de San Michele perdu en temps de brume dans les cèdres et les cyprès.

Alain VIRCONDELET
*Amore Veneziano*, 1979.

Dans la lumière du soleil, dans la splendeur du ciel azuré, de l'eau bleue où dansent les reflets roses des architectures, dans l'impalpable poussière d'arc-en-ciel qu'est ici l'atmosphère, c'est une longue file de gondoles noires... Deux, en tête, attirent tout d'abord l'attention. Dans le *felze* de la première, deux prêtres en surplis s'entrevoient ; la proue est chargée de fleurs fraîches disposées en gerbes et en couronnes. Sur le drap noir qui recouvre le *felze*, brille une immense croix d'argent.

Dans son sillage, poussée par quatre gondoliers en uniforme noir, glisse la gondole portant le cercueil sous un baldaquin fleuri comme une barque de fêtes des fleurs. A la proue, un ange déploie des ailes argentées que le soleil fait éblouissantes. A la poupe, se dresse une croix noire.

(...)

En vérité, la mort ici ne doit être qu'un prétexte pour donner aux Vénitiens l'agréable spectacle de corbeilles fleuries promenées sur le Grand Canal. Il y a si peu de jardins à Venise !

Jean de LA HIRE
*A Venise, dans l'ombre de Byron*, 1915.

C'était une magnifique matinée ensoleillée et légèrement brumeuse. Les canaux du centre de la ville étaient animés, encombrés ; des cris et des odeurs fortes venaient des marchés au poisson et aux fruits. Le cortège avait atteint les canaux périphériques plus larges et moins fréquentés, débouchant enfin au bord de la lagune immobile et plate. La longue file des gondoles noires et lentes comme des fourmis suivit la barque jusqu'à l'île San Michele où les assistants débarquèrent devant les immenses jardins de la lagune peuplés de tombes pressées. Puis ce fut l'inhumation, les hommes regardaient, très droits, le chapeau contre l'estomac, les femmes tordaient leurs mouchoirs.

Pier-Maria PASINETTI
*Rouge vénitien*, 1960.

A l'arsenal je n'étais pas loin de l'île Saint-Christophe qui sert aujourd'hui de cimetière. Cette île renfermait un couvent de Capucins ; le couvent a été abattu et son emplacement n'est plus qu'un enclos de forme carrée. Les tombes n'y sont pas très multipliées, ou du moins elles ne s'élèvent pas au-dessus du sol nivelé et couvert de gazon. Contre le mur de l'Ouest, se collent cinq ou six monuments en pierre ; de petites croix de bois noir avec une date blanche, s'éparpillent dans l'enclos : voilà comme on enterre maintenant les Vénitiens dont les aïeux reposent dans les mausolées des *Frari* et de *Saint Jean et Paul* : la société en s'élargissant s'est abaissée ; la démocratie a gagné la mort.

A l'orée du cimetière, vers le Levant, on voit les sépultures des Grecs schismatiques et celles des protestants ; elles sont séparées entre elles par un mur ; et séparées encore des inhumations catholiques, par un autre mur ; tristes dissentiments dont la mémoire se perpétue dans l'asile où finissent toutes querelles. Attenant au cimetière grec, est un autre retranchement qui protège un trou où l'on jette aux limbes les enfants mort-nés : heureuses créatures ! vous avez passé de la nuit des entrailles maternelles à l'éternelle nuit, sans avoir traversé la lumière !

Auprès de ce trou gisent des ossements bêchés dans le sol comme des racines, à mesure que l'on défriche des tombes nouvelles : les uns, les plus anciens, sont blancs et secs, les autres, récemment déterrés, sont jaunes et humides. Des lézards courent parmi ces débris, se glissent entre les dents, à travers les yeux et les narines, sortent par la bouche et les oreilles des têtes, leurs demeures ou leurs nids. Trois ou quatre papillons voltigeaient sur des fleurs de mauves entrelacées aux ossements ; image de l'âme sous ce ciel qui tient de celui où fut inventée l'histoire de Psyché. Un crâne avait encore quelques cheveux de la couleur des miens : pauvre vieux gondolier, as-tu du moins conduit ta barque, mieux que je n'ai conduit la mienne ?

Une fosse commune reste ouverte dans l'enclos ; on venait d'y descendre un médecin auprès de ses anciennes pratiques. Son cercueil noir n'était chargé de terre qu'en dessus, et son flanc nu, attendait le flanc d'un autre mort pour le réchauffer. Antonio avait fourré là sa femme depuis une quinzaine de jours, et c'était le médecin défunt qui l'avait expédiée : Antonio bénissait un Dieu rémunérateur et vengeur, et prenait son mal en patience.

Les cercueils des particuliers sont conduits à ce lugubre bazar dans des gondoles particulières et suivis d'un prêtre dans une autre gondole. Comme les gondoles ressemblent à des bières, elles conviennent à la cérémonie. Une nacelle plus grande, *omni-*

*bus* du Cocyte, fait le service des hôpitaux. Ainsi se trouvent renouvelés les enterrements de l'Égypte, et les fables de Caron et de sa barque.

François-René de CHATEAUBRIAND
*Mémoires d'outre-tombe*, 1850.

Je pense à un enterrement que j'ai vu passer, sur le Grand Canal. Il y avait d'abord un vaporetto chargé de monde qui remorquait une grande barque ornée de figures dorées. Sur cette barque, qui était un peu comme le Bucentaure des Pompes funèbres, se dressait le catafalque avec ses draperies noires lamées d'argent, sur lequel s'amoncelaient des couronnes et des fleurs. A cette barque de deuil étaient attachées des gondoles, une dizaine au moins, pleines de gens, qui formaient cortège. Et cette flottille allait lentement, en apparat funéraire, sur l'eau égayée d'un clair soleil, sur l'eau que le sillage du vaporetto faisait clapoter à la rive avec un bruit de linge mouillé, comme un claquement de mouchoirs trempés de pleurs.

Henri de RÉGNIER
*L'Altana ou la vie vénitienne*,
octobre-novembre 1907.

Il arpenta lentement les avenues de cyprès entre les tombes des petits enfants, aux étendards bleus ou blancs, et les tombes d'adultes, marquées de souvenirs plus sombres. Tout autour de lui, il y avait des patriciens apportant des brassées de cierges colorés et de somptueuses guirlandes d'orchidées et d'immortelles, ou des plébéiens accroupis, sarclant les mauvaises herbes et traçant des dessins touchants avec des chrysanthèmes à bon marché et des veilleuses à deux pour un sou. Ici, il y avait un garçon boulanger et un petit télégraphiste, repeignant le poteau de la tombe de leur père avec une boîte de noir et une bouteille de peinture dorée. Là, se tenaient une demi-douzaine de gondolieri ribauds, vénaux, malhonnêtes et paillards, silencieux et seuls, accroupis sur leurs genoux pervers, autour de la tombe d'un camarade.

Frederick ROLFE, baron CORVO
*Le Désir et la poursuite du Tout*, 1934.

# *La lèpre des pierres*

Filomeno se tourna vers les lumières et il lui sembla tout à coup que la ville avait énormément vieilli. Des rides apparaissaient sur le visage de ses murs fatigués, fissurés, crevassés, souillés par l'herpès et les champignons, antérieurs à l'homme, qui avaient commencé à ronger les choses dès le premier instant de leur création. Les clochers, les chevaux grecs, les pilastres syriaques, les mosaïques, les coupoles et les emblèmes, qui illustraient à profusion les affiches répandues dans le monde entier pour attirer les porteurs de *travellers checks* avaient perdu dans cette multiplication d'images, le prestige de ces lieux saints qui exigent de ceux qui veulent les contempler l'épreuve de voyages hérissés d'embûches et de périls. On avait l'impression que le niveau des eaux avait monté. Le passage des barques à moteur augmentait l'agressivité de vaguelettes courtes, mais tenaces et régulières, qui se brisaient sur les pilotis, les piliers de bois et les étais qui surélevaient les demeures momentanément égayées de-ci, de-là, par des maquillages de maçonnerie et les effets d'une chirurgie esthétique due à de modernes architectes. Venise semblait s'enfoncer, d'heure en heure, dans ses eaux troubles et houleuses. Une grande tristesse planait, ce soir-là, sur la cité malade et minée.

Alejo CARPENTIER
*Concert baroque*, 1974.

Venise, cette Londres du Moyen Age, tombait pierre à pierre, homme à homme. La sinistre verdure que la mer entretient et caresse au bas des palais était alors aux yeux du prince comme une frange noire que la nature y attachait en signe de mort. Enfin un grand poète anglais était venu s'abattre sur Venise comme un corbeau sur un cadavre, pour lui coasser en poésie lyrique, dans ce premier et dernier langage des sociétés, les stances d'un *De Profundis* ! De la poésie anglaise jetée au front d'une ville qui avait enfanté la poésie italienne !... Pauvre Venise !

Honoré de BALZAC
*Massimilla Doni*, 1839.

CANAREGGIO — Le quartier Mouffetard de Venise. — Du plâtre gris, vieux de plusieurs siècles, des façades de brique qui ont reçu le soleil de l'an 1400, des maisons usées par des successions de générations, et des dessus de portes qui s'en vont pierre par pierre, et d'anciennes fenêtres ogivales murées, et des cheminées à entonnoir entièrement égueulées, et des grilles de balcon descellées, pendantes sur le canal : tout un quartier fruste, comme une sculpture antique, mangée par la pluie et le soleil. — Des ponts croulants, étayés sur des pilotis, et l'eau croupie des canaux, laissant une ligne verte aux maisons, dont les volets de vieux bois pourri sont couleur de boue.

Çà et là, des *campi*, de petites places mélancoliques, à la verdure noire d'un cyprès, à l'herbe maigre des cours où le pied de l'homme ne passe plus, et où quelquefois, mise sur le côté, se trouve la carcasse d'un bateau abandonné, autour de laquelle jouent de petits garçons, encapuchonnés jusqu'au derrière dans des tartans en loque, ou bien gisent quelques fragments de mobiliers hétéroclytes. Le silence des villes mortes, dans ces rues moroses, et partout les fonds briquetés et roux, tels qu'ils seprésentaient au Tintoret, de sa fenêtre du Campo degli Mori.

Edmond et Jules de GONCOURT
*L'Italie d'hier — Notes de voyages*, 1855-1856.

Ce Palais Arminati eût été une fort belle demeure si son état d'extrême délabrement n'en eût fait une sorte de ruine pompeuse et caduque. Les dalles de marbre du vestibule étaient pour la plupart fendues et descellées. Les statues qui garnissaient les niches manquaient trop souvent de nez ou de bras. Les marches du vaste escalier étaient branlantes. On respirait une odeur de saumure et de moisi. Les salons que nous traversâmes étaient pleins de meubles boiteux et dédorés ; au mur les tentures pendaient en lambeaux. Certains cadres ne contenaient que des toiles noircies ou écaillées. C'était une promenade fantastique que nous faisions à travers ces galeries délabrées, et toujours escortés de ces escogriffes en livrées trop larges. Enfin nous parvînmes à un boudoir rond entièrement en miroirs, mais si verdâtres et si ternes que l'on s'y reflétait avec des airs de fantômes.

Henri de RÉGNIER
*Le Voyage d'amour*
*ou l'initiation vénitienne*, 1930.

Des restaurations, à Venise, il faut en faire, il n'y en aura jamais assez. Si ce n'est qu'à Venise, ces murs qui accompagnent nos souffrances sont les plus aquatiques, les plus lumineux, les plus poudreux du monde ; chaque chantier qui s'ouvre ou se ferme parmi eux, chaque façade qui change de couleur, finit par dégager une telle charge d'angoisse et d'espérance...

Paolo BARBARO
*Lunaisons vénitiennes*, 1990.

*La mort à Venise*

Je hume, avec une dévotion perverse, les odeurs de la vase chaude, la puanteur crépusculaire de la Reine, l'aigre relent de la journée, des écorces, des zestes, de la saumure, tout ce qui flotte entre les murailles. On aspire la vie cachée du canal, avec une certaine horreur de s'y plaire, comme on soulève les linges secrets de la chair qui nous tente : et parce qu'elle est vivante, nous voulons la connaître jusque dans son infamie.

André SUARÈS
*Voyage du Condottiere — Vers Venise*, 1910.

# *Mélancolies*

Connais-tu ma sœur Mélancolie, ma blonde sœur, qu'a gravée l'allemand Albert Dürer. Moi, je suis Dona Moestitia de Venise, dogaresse, veuve de la République. Je guéris de penser, — et de vivre !

Edmond et Jules de GONCOURT
« Venise la nuit », *L'Italie d'hier — Notes de voyages*, 1855-1856.

Ma mère ne devait pas être loin de la gare. Bientôt elle serait partie. Et c'était déjà la Venise où je resterais sans elle, qui s'étendait devant moi. Non seulement elle ne contenait plus ma mère mais comme je n'avais plus assez de calme pour laisser ma pensée se poser sur les choses qui étaient devant moi, elles cessèrent de plus rien contenir de moi ; bien plus elles cessèrent d'être Venise ; comme si c'était moi seul qui avais insinué une âme dans les pierres des palais et l'eau du Canal.

Marcel PROUST
*Albertine disparue*, 1925.

Quand le vent de minuit passe sur les tilleuls et en secoue les fleurs sur les eaux ; quand le parfum des géraniums et des girofliers monte par bouffées, comme si la terre exhalait sous le regard de la lune des soupirs embaumés ; quand les coupoles de Sainte-Marie élèvent dans les cieux leurs demi-globes d'albâtre et leurs minarets couronnés d'un turban ; quand tout est blanc, l'eau, le ciel et le marbre, les trois éléments de Venise, et que du haut de la tour de Saint-Marc une grande voix d'airain plane sur ma tête, je commence à ne plus vivre que par les pores, et malheur à qui viendrait faire un appel à mon âme ! je végète, je me repose, j'oublie.

George SAND
*Lettres d'un voyageur*, 1837.

Accablé d'idées mélancoliques, il errait dans les rues de Venise. Il fréquentait les cafés, les jardins et tous les lieux consacrés au plaisir ; mais nulle part il ne trouvait le repos qu'il cherchait.

Un soir il s'était arrêté plus longtemps que les autres curieux dans l'un de ces beaux jardins qui font l'ornement de Venise. Après avoir erré de bosquets en bosquets, il se coucha au bord de la mer. Sa vue était fixée sur les vagues qui reflétaient les rayons de la lune.

« Il y a quatre ans », dit-il en poussant un profond soupir, « que pour la première fois je pris un baiser sur les lèvres de Valeria. Il y a quatre ans que j'entendis le premier aveu de son amour. Oh ! combien le ciel était pur ! Combien cette soirée fut délicieuse ! »

Il s'arrêta et se livra aux souvenirs mélancoliques que lui retraçait son imagination.

Tout était calme et silencieux autour de lui.

Matthew Gregory LEWIS
*Le Brigand de Venise*, 1804.

La mer a sa mécanique comme l'amour ses symboles.
Quel affairement quand se lève un rideau rouge
ou quand sur ce devant de scène vide
gronde une rumeur de statue, pétales d'iris, cimeterres,
colombes qui descendent et doucement se posent.
Fabriquer avec des lavallières un caillebotis verdâtre.
Le moisi sur ma joue rappelle le temps passé
et une goutte de plomb bouillonne dans mon cœur.
J'ai porté la main au cœur, et la pendule corrobore
le discours des nuages et leur veillée rigide.
Une marée monte, roses équilibristes
sur l'arc voltaïque de la nuit à Venise
cette année de mon adolescence perdue,
marbre dans le Palais des Doges comme l'observait Pound,
et la masse d'un cercueil dans les canaux denses.
Allez plus au-delà, plus loin encore, profond dans la nuit,
sur le tapis du Doge, ombres tissées,
princes ou néréides que le temps a détruits.
Pureté d'un nu ou d'un adolescent mort
dans les immenses salles du souvenir dans la pénombre.
Y ai-je été ? Dois-je croire que j'étais lui,
et que c'est cette douleur qui tourmentait ma peau ?
Que j'étais fragile alors, et pour quelle raison. Le plus vrai,
flocons qui vous distinguez dans le parc enneigé,
est-ce celui qui aujourd'hui reçoit ainsi votre amour sur sa face
ou celui qui là-bas à Venise mourut de beauté ?
Les pierres vivantes parlent d'un souvenir présent.
Tout comme la veine presse ses conduits de sang,
va, vient et remonte à nouveau vers la planète
de même s'épand la vie en étoffe silencieuse,
le passé s'affirme en moi en cette heure incertaine.
J'ai tant écrit, et j'avais tant écrit alors. Je ne sais
si cela en valait la peine ou si cela la vaut. Toi, pour qui
ma vie est plus certaine, et vous, qui entendez
dans mon vers une autre sphère, vous savez son signe ou son art.
Dis-le donc, ou dites-le et peut-être
tromperez-vous doucement ma tristesse. Nuit, nuit à Venise
cela fait cinq ans — pourquoi si loin ? — je suis

celui que je fus alors, je sais la tension et la blessure
de la beauté pure comme alors, violon
qui fend en deux l'air d'une nuit d'été
quand le monde ne peut supporter son désir
d'être beau. Moi je pleurais, accoudé au balcon
comme dans un mauvais poème romantique, et le vent
soulevait des remous de fumée bleue et de camphre.
Dans les alcôves, sous le granit humide,
voguait un archange ou un saule, un cygne ou un coursier de flammes.
Je pleurai, pleurai, pleurai.
Et comment cela a-t-il pu être si beau et si triste ?
Eau et rubis froid, transparence diabolique
gravaient dans ma chair un tatouage de lumière.
Nuit glacée, nuit ardente, nuit mienne
comme si je la revivais maintenant ! Qu'il est douloureux et doux
d'avoir laissé derrière la Venise où tous
pour notre châtiment, nous fûmes adolescents,
et de nous traquer maintenant à travers les salles vides
en troupe de cavaliers que dissout un miroir
niant, avec son double, la réalité de ce poème.

Pere GIMFERRER
*Ode pour Venise*
*face à la mer des théâtres*, 1969.

Que vous écrire de Venise ? Quand je regarde la mer si triste, je pense à vous et à tout ce que ces lieux ont vu de plus charmant dans la vie. Ne craignez rien pour le pont. Il ne déparera point Venise. C'est une artère de plus pour amener le sang au cœur. Comme tout change ! Hélas ! nous-mêmes ne changeons-nous pas ? Suis-je ce que j'étais lorsque je vous ai connue ? Il faut bien qu'il en soit ainsi, car la vie serait trop triste s'il restait un point qui n'eût pas changé. Adieu, Venise que je ne reverrai plus sans doute. Il n'y a que vous, Juliette, que je ne puis pas consentir à quitter. Votre pensée et votre écriture même m'attendaient ici. J'ai baisé respectueusement votre lettre dans la ville des souvenirs. Je vous quitte en jetant un regard sur cette triste mer qui ne se souvient déjà plus de lord Byron. J'ai chargé hier au soir le plus beau soleil couchant de vous dire tous mes adieux et de vous faire tous mes amours...

François-René de CHATEAUBRIAND
*Lettre à Madame Récamier*,
8 juin 1845.

Bien des fois, quand la lumière horizontale du soir incendiant Venise magnifie la pointe de la Dogana et la Salute, qui est en somme une fort médiocre église, à l'heure où les magies du soleil descendent sur le canal cependant que les miasmes s'en exhalent, j'ai entendu les airs du carnaval de Venise, ces airs nostalgiques qui retentissent d'une génération à l'autre, et j'ai vu les grandes ombres qui chargent d'un sens riche ces espaces plats. Elles filaient comme les nuages, mais nuages elles-mêmes, à bien examiner, elles font ici l'essentiel et le solide, tout le poids dont Venise aggrave les prédispositions de ses dignes visiteurs.

Les ombres qui flottent sur les couchants de l'Adriatique, au bruit des angélus de Venise, tendent à soumettre les âmes.

Maurice BARRÈS
« La Mort de Venise », *Amori et dolori sacrum*, 1903.

Les heures passent. La lumière se fait plus douce, et le crépuscule approche. L'odeur des fleurs et la plainte de l'eau entrent par les fenêtres ouvertes. Le ciel s'assombrit sur les verdures immobiles. Lentement dans ma pensée la maison couleur de rose séchée se confond avec le blanc palais de marbre qui mire dans le Grand Canal sa façade de tubéreuse. L'enchantement de Venise m'environne de son sortilège, et soudain m'apparaissent, en un raccourci mystérieux, les jours et les heures de ma vie vénitienne, et tous les visages aimés ou amis qui en furent la joie ou le plaisir. Je revois mon étroite chambre de l'Hôtel Regina qu'emplissaient à minuit les cloches de la Salute ; je revois le mezzanino aux beaux stucs du Palais Vendramin ai Carmini ; je revois toute Venise, ses églises, ses palais, ses jardins, sa Lagune ; je revois l'humble Casa Zuliani et le Palais Venier et la chambre des fièvres heureuses au cher Palais Dario, et ce clair de lune où, pour la première fois, je suis monté sur l'altana, toutes les heures et tous les jours d'où sont nés ces feuillets où j'ai tenté, en souvenir de ceux et de celles dont la présence me rendit chers ces temps heureux, en l'honneur de Venise et en mémoire de moi-même, de fixer, comme dans un miroir, les reflets de ce passé dont les images vivantes survivent à la cendre des années mortes.

Henri de RÉGNIER
*L'Altana ou la vie vénitienne*, 1899-1924.

Elle est faite pour les mélancoliques. Elle les flatte si doucement ; elle les pelote ; s'ils se livrent à ses caresses ils sont consolés ; et si elle ne les console pas, ils y jouissent de leur peine. Elle berce toutes les déceptions...

André SUARÈS
*Voyage du Condottiere — Vers Venise*, 1910.

Après qu'ils eurent tenu conseil au cabaret, Vincent se remit sur la piste du Bozza, et le découvrit, à l'entrée de la nuit, dans les grands vergers qui s'étendent le long des lagunes, au faubourg de Santa Chiara. Le Bozza côtoyait lentement une haie verdoyante entrecoupée de beaux arbres fruitiers qui se penchaient avec amour sur les ondes paisibles. Un silence profond régnait sur cette cité bocagère, et les dernières rougeurs du couchant s'éteignaient au loin sur le clocher rustique de l'île de la Certosa.

De ce côté, Venise a la physionomie aussi naïve et aussi pastorale qu'elle l'a coquette, fière ou terrible en d'autres sites. On n'y voit aborder que des barques pleines d'herbes ou de fruits : on n'y entend d'autre bruit que celui du râteau dans les allées ou du rouet des femmes assises au milieu de leurs enfants sur le seuil des serres ; les horloges des couvents y sonnent les heures d'une voix claire et quasi féminine, dont rien n'interrompt la longue vibration mélancolique. C'est là qu'en d'autres jours le chantre de *Childe Harold* vint souvent chercher le sens de certains secrets de la nature : grâce, douceur, charme, repos, mots mystérieux que la nature, impuissante ou impitoyable à son égard, lui renvoyait traduits par ceux de langueur, tristesse, ennui, désespoir.

George SAND
*Les Maîtres mosaïstes*, 1836.

Nous sommes prévenus de l'arrivée du vaporetto par le halètement que j'ai entendu tout à l'heure. Le ponton où nous attendons tangue sous nos pieds à son approche comme si nous étions en pleine mer. On embarque plus facilement qu'on ne monte en autobus ailleurs, mais, tout de suite après, c'est le bateau, pour si petit qu'il soit, avec tout l'appareil mélancolique habituel. Oui : pour s'engager sur dix mètres d'une eau qui a à peine un mètre cinquante de profondeur, on est *joué dans les hasards*. On sent qu'on est sur une matière qui ne porte que par artifice ; ce n'est plus le pavé qui n'engloutit rien, sauf intervention du diable (et c'est très rare). Si l'on ne comprend pas ce que je dis, il faut observer les petits amoureux de Venise quand ils se séparent après le rendez-vous du soir. Je veux parler de l'ouvrier plombier, du manœuvre maçon ou du petit télégraphiste. C'est Paul et Virginie. C'est la mort dans l'âme. L'un est dans le bateau, l'autre est resté sur l'estacade. On peut vraiment parler de *consternation peinte sur le visage*. On ne sent jamais cette *fin de tout* à Paris ou à Londres, nulle part sur terre ferme où l'on ne sait qu'à défaut de moyens mécaniques, on aurait toujours, en dernier ressort, la ressource de courir pour rejoindre celle qu'on aime. Ici, il y a, tout le long du jour, cent petites séparations *définitives* de cette sorte. C'est une source de mélancolie pour tout le monde. Comme on craint le ridicule, on l'attribue à l'air des lagunes.

Jean GIONO
*Voyage en Italie*, 1954.

C'est la descente du grave et mélancolique Grand Canal : à gauche et à droite, de magnifiques palais ; silence absolu, rien que le doux glissement des gondoles, les coups de rames. De larges ombres lunaires.

Je monte dans le palais muet : de grandes salles, de vastes galeries, habitées par moi seul. La lampe brûle ; je prends un livre, lis un peu, réfléchis profondément. Tout est silencieux... (...)

La lune a décrû maintenant.

Je ne me sens pas très bien, depuis quelques jours : il m'a fallu renoncer à ma promenade du soir. Il ne me reste rien que ma solitude et mon existence sans avenir !

Richard WAGNER
*Journal — Venise*, septembre 1858.

Dissipation de soi. Peut-être est-ce là le terme qui rend le mieux l'action dissolvante des spectacles de Venise. Evaporation lente, consciente, d'elle-même jouissante, désagrégation en éléments impalpables et même volatils, participation disséminatrice de l'être à l'univers sous les formes les plus flatteuses pour les sens.

Lucien FABRE
*Bassesse de Venise*, 1924.

## *Mortelle fascination*

J'ai aimé Venise dès mon enfance. Elle m'apparaissait comme une ville féerique, douce au cœur, s'élevant de la mer avec la grâce majestueuse des hautes murailles liquides que le vent soulève sur les flots. La joie y régnait, les trésors de la terre venait y affluer. Le génie d'Otway, de Radcliffe, de Schiller, de Shakespeare, avait gravé sa brillante image dans mon esprit. Hélas !... et quand je l'ai vue dans sa ruine, je m'y suis attaché plus encore. Peut-être m'est-elle plus chère en son deuil que lorsque je la rêvais dans sa gloire et dans sa merveilleuse splendeur.

Lord BYRON
*Childe Harold*, chant IV, 1818.

Venise. Cette ville qu'on empêche de mourir et qui pourrit vivante dans ses eaux sales, je ne puis trouver le moyen de m'y attacher. Je la vois pour la seconde fois et sa beauté a quelque chose qui m'horrifie. C'est un visage sur lequel s'agrandissent, se multiplient des taches de décomposition, et l'amour qu'on lui porte m'a toujours semblé un amour de nécrophile. Rien de plus mélancolique à mes yeux que le soleil sur ces vieilles pierres.

Julien GREEN
*Journal*, avril 1931.

La place est vide, les quais déserts.
Les murs des cafés sont plus peuplés que les cafés :
une houri y joue du luth pour un Mustapha
accoutré comme elle.
Ô dix-neuvième siècle ! l'appel de l'Orient ! Ô
l'exilé sur son roc ! et, ô, la lune, comme un leucocyte
dans les chants des rimeurs consumés de phtisie,
assurant qu'ils meurent d'amour.

Joseph BRODSKY
« Strophes vénitiennes »,
*Vertumne et autres poèmes*, 1982.

Ce n'est pas pour rien que même les peuples montagnards se représentent la mort comme une barque. Dans Venise, soit qu'on circule sur l'eau, soit que ce qu'on désire se trouve de l'autre côté d'un canal, c'est chaque jour un millier de petites morts. On y prend vite goût. De là, le reste du monde aboli, ce qui est si délectable, et l'habitude de la nonchalance en tout. *Time is not money* dans les Champs-Elysées. *Finita la Commedia* ; à quoi bon courir ?

Jean GIONO
*Voyage en Italie*, 1954.

C'est cette idée de la mort, qui s'est développée en moi douloureusement d'expérience en expérience depuis mon enfance, qui m'ordonne de supporter la petite mort humblement pour devenir digne de celle qui nous veut grands.

Je n'ai pas honte, Chère, d'avoir pleuré un autre dimanche dans la gondole froide et trop matinale qui tournait et tournait toujours, passant par des quartiers vaguement ébauchés qui me semblaient appartenir à une autre Venise située dans les limbes.

Et la voix du barcaiolo qui demandait le passage au coin d'un canal restait sans réponse comme en face de la mort.

Rainer Maria RILKE
*Lettres à une amie vénitienne*,
décembre 1907.

C'est à Venise, le sais-tu ? que Wagner eut ses premiers colloques avec la mort, il y a plus de vingt ans aujourd'hui, à l'époque de *Tristan*. Consumé par une passion sans espoir, il vint à Venise pour y mourir en silence, et il y composa ce délirant second acte qui est un hymne à la nuit éternelle. Aujourd'hui son destin le ramène sur les lagunes. Le sort a décidé, ce semble, qu'il aurait ici sa fin, comme Claudio Monteverde. N'est-ce pas d'un désir musical que Venise est pleine, d'un immense et indéfinissable désir ? Tous les bruits s'y transforment en voix expressives. Ecoute !

Gabriele D'ANNUNZIO
*Le Feu*, 1899.

Ici s'achèvera *Tristan*, — malgré les tourmentes du monde. Et avec lui, si je peux, je m'en reviendrai, pour te voir, pour te consoler, pour te rendre heureuse ! Cela s'évoque à moi comme le plus beau, le plus sacré des désirs ! Allons, valeureux Tristan, allons vaillante Isolde ! Assistez-moi, venez au secours de mon ange ! Ici votre sang cessera de couler, ici les blessures guériront et se fermeront. D'ici le monde apprendra la haute et noble détresse de l'amour le plus sublime, les plaintes de la plus douloureuse des voluptés. Et, rayonnant comme un Dieu, en santé morale et physique, pur, tu me reverras alors, moi, ton humble ami !

Richard WAGNER
*Journal — Venise*, septembre 1858.

« Je circule dans le palais sans m'en lasser. Comment le pourrais-je ? Il me convient si bien. Je l'adore, continua-t-elle, et je n'ai absolument aucune envie de l'abandonner.

— C'est ce que je sentirais si j'avais votre chance. Cependant, avec toute cette chance, toute une vie ici !... Est-ce vraiment ce que vous aimeriez ?

— Je crois que j'aimerais, répondit un instant après la pauvre Milly, y mourir. »

Ce qui le fit, exactement, rire. C'était ce qu'elle voulait de ceux qui l'aimaient : ces manières agréables et douces, sans ténèbres profondes. « Oh ! l'endroit ne vaut pas cela ! Mourir demande un choix tout spécial ! Mais ne pouvez-vous garder ce palais ? C'est, vous savez, tout à fait l'endroit qui vous convient, vous satisfaites à toutes les obligations de la célébrité du lieu, vous le remplissez, le peuplez à vous seule, et vous pourriez faire bien pire — pour vos amis, veux-je dire — que de vous montrer ici trois ou quatre mois par an. Mais pour le reste du temps, je ne trouve pas que ce serait indiqué. Nous avons d'autres occupations pour vous.

— Est-ce une occupation pour moi, demanda-t-elle en souriant, que de me tuer ?

— Prétendez-vous que c'est ce que nous ferions en Angleterre ?

— C'est qu'en vous observant, j'ai peur. Vous êtes trop, et trop nombreux pour moi. L'Angleterre fourmille de questions. Venise est davantage, comme vous dites, mon genre. »

Henry JAMES
*Les Ailes de la colombe*, 1902.

Ceux qui ont besoin de se faire mal contre la vie, de se déchirer sur leurs pensées, se plaisent dans une ville où nulle beauté n'est sans tare. On y voit partout les conquêtes de la mort.

Maurice BARRÈS
« La Mort de Venise », *Amori et dolori sacrum*, 1903.

J'ai horreur des êtres qui ne se possèdent plus. Et Venise nous offre le défilé de tous les ilotes de la littérature. Ils ont crié, ils se sont battu les flancs, ils nous ont donné la pitoyable image des frénésies. Maux organiques, cela. Diathèses. Et ils l'ont fait se croyant beaux, se jugeant riches. C'est ici le privilège inestimable de l'erreur : au moment qu'ils étalaient devant nous ce qu'ils pensaient être des trésors sans seconds, ils touchaient, les misérables, le fond même de la pauvreté.

Lucien FABRE
*Bassesse de Venise*, 1924.

Aujourd'hui c'est la Toussaint !

Je me suis réveillé d'un sommeil court, mais profond, après des tourments prolongés et terribles, tels que je n'en ai jamais encore éprouvés. J'étais installé au balcon et regardais le Grand Canal, avec le courant de ses ondes noires au-dessous de moi ; un vent d'orage soufflait. Mon saut, ma chute, on n'aurait rien entendu. Ce saut m'aurait délivré de toutes mes souffrances. Je fermai le poing, pour me hisser par-dessus la balustrade... Etait-ce possible — en songeant à toi, à tes enfants ?...

Le Jour de la Toussaint est arrivé !...

Repos éternel à toutes les âmes !

Je sais maintenant, qu'il me sera donné encore de mourir entre tes bras !

Richard WAGNER
*Journal — Venise*, novembre 1858.

## *La mort de Venise ?*

Souvent des nuages violets, tels que ceux qui flottent sur les toiles de Tintoret, s'amassent sur la ville ; leurs lignes droites sont comme tracées à l'équerre. La lumière se concentre alors dans une étroite bande à l'horizon. C'est avec une netteté incroyable que les objets se détachent sur cette zone ; mâts, cordages, vergues, avirons, tout est gravé au burin dans un ciel de cuivre. Du fond des vagues bronzées sortent le palais des doges, le campanile de Saint-Marc avec son ange d'or, puis, dans les îles, les dômes de Saint-George, du Redemptor et des Citelle. La ville tout entière surgit de cette mer empourprée, comme la création de l'un de ses peintres. Au milieu de cet éclat, on éprouve une impression de détresse qui ne se retrouve qu'à Rome ; mais cette impression est beaucoup plus extraordinaire à Venise, car là il n'y a point encore de ruines. Les palais, quoi qu'on en dise, sont entiers. A cette magnificence seigneuriale qui faisait, dans Venise, une fête éternelle, le temps n'a rien ôté encore. C'est au milieu de cette fête que la ville a été frappée ; elle est morte debout.

Edgar QUINET
*Allemagne et Italie*, 1839.

La vie vénitienne, dans le sens large d'autrefois, a depuis longtemps connu sa fin, et actuellement le caractère essentiel de la plus mélancolique des cités réside simplement dans le fait qu'elle est la plus belle des sépultures. Nulle part ailleurs le passé n'a été enseveli avec une telle tendresse, ni une telle tristesse dans la résignation et dans le souvenir. Nulle part ailleurs le présent ne se trouve aussi étranger, aussi semblable à une foule envahissant un cimetière sans couronnes pour les tombes. Nulle fleur dans ses mains mais, sans doute par compensation — et la chose est certainement mieux adaptée —, de l'argent et de petits guides rouges. Le sempiternel traînement de pieds des visiteurs irresponsables forme la vie contemporaine de Venise. Tout le reste n'en est que la répercussion. Le vaste mausolée a un tourniquet à sa porte et, pour un tarif donné, un fonctionnaire en uniforme miteux vous y introduit afin que vous constatiez à quel point tout y est mort. De cette constatation, de cette froide curiosité, proviennent toute l'activité, toute la prospérité, toute la vitalité du lieu. Les boutiquiers et les gondoliers, les mendiants, les figurants, en dépendent pour vivre ; ce sont les gardiens et les huissiers du grand musée — eux-mêmes, jusqu'à un certain point, sont objets d'exposition.

Henry JAMES
*Heures italiennes*, 1909.

Ce qui fait sa force, son isolement au milieu du flot, fait aujourd'hui sa faiblesse et sa mort. Aucune résurrection possible. C'est une ville bibelot, une ville curiosité qu'il faudrait mettre sous verre. Elle sent elle-même sa fin, et elle ne veut pas qu'on la modernise, car ce serait la tuer plus vite. Les propriétaires des palais ne réparent rien, jettent les hauts cris, quand on parle de remettre les pierres qui tombent : cela détruit la patine, il ne faut toucher à rien, parce qu'on abîmerait le bibelot. Il faut dire que Venise sent parfaitement qu'on vient la voir pour sa seule curiosité : elle ne vit plus que pour l'étranger et ce serait le mécontenter, l'éloigner, que de lui abîmer son bibelot.

Emile ZOLA
*Mes voyages*, 1894.

Venise, quand je vous vis, un quart de siècle écoulé vous étiez sous l'empire du grand homme, votre oppression et le mien ; une île attendait sa tombe ; une île est la vôtre : vous dormez l'un et l'autre immortels dans vos Sainte-Hélène. Venise ! nos destins ont été pareils ! mes songes s'évanouissent, à mesure que vos palais s'écroulent : les heures de mon printemps se sont noircies, comme les arabesques dont le faîte de vos monuments est orné. Mais vous périssez à votre insu ; moi, je sais mes ruines ; votre ciel voluptueux, la vénusté des flots qui vous lavent, me trouvent aussi sensible que je le fus jamais. Inutilement je vieillis ; je rêve encore mille chimères. L'énergie de ma nature s'est resserrée au fond de mon cœur ; les ans au lieu de m'assagir, n'ont réussi qu'à chasser ma jeunesse extérieure, à la faire rentrer dans mon sein. Quelles caresses l'attireront maintenant au dehors, pour l'empêcher de m'étouffer ? Quelle rosée descendra sur moi ? quelle brise émanée des fleurs, me pénètrera de sa tiède haleine ? Le vent qui souffle sur une tête à demi dépouillée, ne vient d'aucun rivage heureux !

François-René de CHATEAUBRIAND
*Mémoires d'outre-tombe*, 1850.

Parfois, je cherche à me faire saigner, en m'imaginant que Venise meurt avant moi, qu'elle s'engloutit, n'ayant finalement rien exprimé, sur l'eau, de sa figure. S'enfonçant, non pas dans des abîmes, mais de quelques pieds sous la surface ; émergeraient ses cheminées coniques, ses miradors, où les pêcheurs jetteraient leur ligne, son campanile, refuge des derniers chats de Saint-Marc. Des *vaporetti* penchés sous le poids des visiteurs sonderaient la surface où se délaie la fange du passé ; des touristes se montreraient du doigt l'or de quelques mosaïques, entre cinq ballons de water-polo flottants : les dômes de Saint-Marc ; la Salute servirait de bouée aux cargos, au-dessus du Canal des bulles monteraient, dégagées par les hommes-grenouilles cherchant à tâtons les bijoux des Américaines dans les coffres d'un Grand Hôtel immergé. « Quelle prophétie a jamais détourné un peuple du péché ? » dit Jérémie.

Venise se noie ; c'est peut-être ce qui pouvait lui arriver de plus beau ?

Paul MORAND
*Venises*, 1971.

« Non, ce n'est pas Giuliano qui m'a réveillée, répondit-elle, ce doit être quelqu'un qui chantait sur le canal. Je rêvais... » Ils se regardèrent un peu confus, comme deux êtres qui se sont rencontrés par hasard dans la nuit, chacun rempli encore de sa solitude. « J'ai rêvé de Venise. Je voyais des rangées de palais au bord du canal et il me semblait qu'ils s'enfonçaient dans l'eau, ou plutôt on ne s'en apercevait pas, mais je savais qu'ils s'enfonçaient. »

Pier-Maria PASINETTI
*Rouge vénitien*, 1960.

La fièvre était dans Venise comme la cartouche de dynamite obscure dans la roche. Tout est brisé, vole dans les airs ; puis c'est l'anéantissement. Couche-toi, Venise, sous ta lagune. La plainte chante encore, mais la belle bouche est morte. L'Océan roule dans la nuit. Et ses vagues en déferlant orchestrent l'éternel motif de la mort par excès d'amour de la vie.

Maurice BARRÈS
« La Mort de Venise »,
*Amori et dolori sacrum*, 1903.

— Tout le romantisme de notre ville n'existe que dans vos imaginations ! Vos perpétuelles extases devant notre « agonie » nous horripilent, Monsieur, et nous exaspèrent. En réalité nous subissons tout cela à notre corps défendant ; mais l'heure est proche où Venise transformée redeviendra le premier port du monde. Et ce jour-là...

— ...Il ne viendra plus personne.

Ferdinand BAC
*Le Mystère vénitien*, 1909.

Si tout le peuple émigrait, abandonnant ses demeures, attiré aujourd'hui vers d'autres rivages comme autrefois son héroïque jeunesse fut tentée par la courbe du Bosphore, au temps du doge Pietro Ziani, et si la prière cessait de frapper l'or sonore des mosaïques, et si la rame cessait de perpétuer par son rythme la méditation de la pierre muette, Venise n'en resterait pas moins une Cité de Vie. Les créatures idéales que protège son silence, vivent dans tout le passé et dans tout l'avenir. Toujours nous découvrons en elles de nouvelles concordances avec l'édifice de l'univers, des rapprochements imprévus avec l'idée née la veille, des annonces claires de ce qui n'est chez nous qu'un pressentiment, d'ouvertes réponses à ce que nous n'osons pas demander encore.

Gabriele D'ANNUNZIO
*Le Feu*, 1899.

La mort à Venise. Excellente clé que Barrès et Thomas Mann ont forgée pour vous ; à la condition que vous écartiez négligemment les 390 000 Vénitiens, que vous restiez sourds aux bruits de la vie populaire, une des plus gaies, une des *seules* gaies d'Italie, et que vous ignoriez les fastes de l'étranger. À ce moment-là, pas d'erreur, Venise sera tout à fait morte. Seulement, à ce compte-là il n'y a pas une ville au monde qui ne se peuplera de cadavres si vous répandez sur elle une poignée de l'insecticide touristique. Quand le touriste a tué les Tolédans ou les habitants de Séville, la vie revient se venger, la nuit, par les morsures des punaises. N'importe : le touriste est un homme de ressentiment. Il tue. Il ne *sent* pas les Vénitiens qu'il coudoie, il ne les *voit* pas. Ou alors il n'établit pas de rapport entre eux et Venise, sauf à trouver peut-être le profil de quelque doge à un mendiant (horrible manière d'accabler ce mendiant sous la destinée magnifique du doge et d'ensorceler le doge, de lui assurer une métempsycose douloureuse, d'en faire une créature immortelle et déchue).

Jean-Paul SARTRE
*La Reine Albemarle*
*ou le dernier touriste*, 1952.

C'est dans la ville la plus morte qu'on se sent le plus vivre, quand on est un homme vivant. De là, que Wagner m'est si cher à Venise. Je n'y peux voir que lui. Le reste ne compte guère, non pas même Goethe, patient et sage, qui ne se lasse jamais de marquer ses pas, fût-ce dans l'onde fugitive. Wagner n'y vient pas bercer ses vapeurs et promener en gondole ses entorses sentimentales. Mais pliant un grand amour sous lui comme une monture rétive, il choisit le brasier de Venise pour y enfermer les amants tragiques, pour les abîmer sur eux-mêmes, pour qu'ils y portent leurs fureurs au comble de la vie, où il faut que le délire tue et que Tristan s'anéantisse. La mort n'est pas l'excuse de la passion : elle en est aussi la fin.

À Venise, Wagner immole ses héros ; et lui-même redouble de puissance et de vie.

André SUARÈS
*Voyage du Condottiere — Vers Venise*, 1910.

Venise morte ? Non ! elle ne mourra jamais, si les Vénitiens ne veulent pas qu'elle meure. Tant qu'ils laisseront debout leurs palais, vétustes et magnifiques ; tant qu'ils ne combleront pas ces canaux où le soleil, la lune, les étoiles, les nuages et la nuit elle-même font succéder sans trêve des féeries de lumières et d'ombres, de couleurs vives et de grisaille ; tant qu'ils ne planteront pas une cheminée d'usine à la place du Campanile, qu'ils ne feront pas une halle du Palais des Doges et une gare de la basilique Saint-Marc ; tant qu'ils ne jetteront pas des transbordeurs électriques entre le Palais Grimani et Santa Maria della Salute, entre la Piazzetta et San Giorgio Maggiore ; tant qu'ils laisseront debout leurs milliers de maisons solides, lépreuses, déjetées, rutilantes et splendides ; enfin, tant qu'ils aimeront et respecteront leur passé, tout en accueillant avec mesure les transformations vivifiantes du progrès, Venise ne mourra pas. Ressuscitée d'entre les villes mortes, ranimée, enrichie par son activité commerciale, Venise restera belle, de sa légendaire et poétique beauté !...

Jean de LA HIRE
*A Venise, dans l'ombre de Byron*, 1915.

La comtesse Cornaro s'approcha de lui et, persuasive :

— Vous voyez bien que nous sommes d'une autre essence que vous. Regardez ! Voilà toute ma patrie ! Elle tient entre deux colonnes de granit, entre un lion et un dragon ! Là, il n'y a point de place pour des rêves. Il faut agir ou mourir.

Elle demeura un instant encore debout sur la dernière marche de l'embarcadère, et prit congé de l'étranger. Puis elle sauta lestement dans sa gondole. S'adressant à ses deux rameurs qui, le chapeau à la main, attendaient respectueusement leur maîtresse, elle cria joyeusement :

— *Avanti !* ...

Ferdinand Bac
*Le Mystère vénitien*, 1909.

## *Les adieux à Venise*

Adieu cher campo San Mosé, où nous avons passé de si douces heures ; adieu les couchers du soleil derrière la Salute, les effets de lune sur le grand canal, les belles filles blondes des jardins publics, les gais dîners sous les pampres de Quintavalle ; adieu le bel art et la splendide peinture, les palais romantiques du moyen âge et les façades grecques de Palladio ; adieu les tourterelles de Saint-Marc ; adieu les goëlands de la lagune, les bains de mer sur la plage du Lido, les promenades à deux dans les gondoles ; adieu Venise, et si c'est pour toujours, adieu ! comme disait lord Byron du haut de sa lèvre dédaigneuse.

Le chemin de fer nous emporte, et déjà la Vénus de l'Adriatique a replongé son corps rose et blanc sous l'azur de la mer.

Sortir de gondole pour monter en chemin de fer est une action discordante. Ces deux mots ne semblent pas faits pour se trouver ensemble. L'un exprime le romantisme des souvenirs, l'autre le prosaïsme de la réalité.

Théophile Gautier
*Voyage en Italie — Italia*, 1852.

L'heure du train s'avançait. Ma solitude irrévocable était si prochaine qu'elle me semblait déjà commencée et totale. Car je me sentais seul, les choses m'étaient devenues étrangères, je n'avais plus assez de calme pour sortir de mon cœur palpitant et introduire en elles quelque stabilité. La ville que j'avais devant moi avait cessé d'être Venise. Sa personnalité, son nom me paraissaient comme des fictions mensongères que je n'avais plus le courage d'inculquer aux pierres. Les palais m'apparaissaient réduits à leurs simples parties et quantités de marbre pareilles à toutes autres, et l'eau comme une combinaison d'hydrogène et d'azote, éternelle, aveugle, antérieure et extérieure à Venise, ignorante des Doges et de Turner. Et cependant ce lieu quelconque était étrange comme le lieu où on arrive et qui ne vous connaît pas encore, comme un lieu qu'on a quitté et qui vous a déjà oublié.

Marcel PROUST
*Albertine disparue*, 1925.

Quand vous quittez finalement ces eaux, après avoir caché votre chapeau de paille dans vos bagages, pour gagner le large, l'éblouissement de l'antique Venise s'attarde dans votre esprit. Vous garderez dans vos narines son odeur de vase, d'encens, de poisson, de vieillesse, de crasse et de velours. Le doux clapotement de ses arrière-canaux trouvera toujours un écho dans votre mémoire. Et, où que vous puissiez aller, vous sentirez à chaque instant, quelque part derrière vous, une présence faite de reflets roses jouant sur les toits crénelés, les dômes, les gréements de bateaux et les clochers contournés de la Sérénissime.

Oui, Venise est romantique à souhait ! C'est vraiment la ville des désirs ardents et du vin généreux. Il n'est pas étonnant que le mari de George Eliot soit tombé dans le Grand Canal.

James MORRIS
*Visa pour Venise*, 1964.

Pauvre Venise ! J'ai le cœur navré, ce diable de pays m'a bouleversé. Je n'en ai pas dormi la première nuit. J'y suis arrivé de soir, tu ne t'imagines pas quelle bonne bouffée j'y ai aspirée. (...)
Comme on vivrait bien à Venise ! Ah ! oui ! en ai-je laissé partout, de mon cœur. Mais ici j'en laisserai un grand morceau.

Gustave FLAUBERT
*Lettre à Maxime du Camp*, 30 mai 1851.

Donc, en votre nom, mon amie[1], j'ai dit adieu à ma rêveuse Venise. Comme un monde nouveau m'entourent les bruits de la rue, la poussière et la sècheresse, et déjà Venise me semble appartenir à un royaume chimérique.
Vous entendrez un jour un rêve que, là-bas, j'ai retenu en musique !

Richard WAGNER
*Journal — Venise*, mars 1859.

Je sens s'écouler en moi les semaines après les semaines,
Et je ne puis pas, Venise, me séparer de toi :
Et tandis que retentissent les noms de Fusina et de Mestre,
Il me semble qu'un frisson pénètre en mon cœur.

August von PLATEN
*Sonnets vénitiens*, 1824.

Pourtant tout mon Être encore aujourd'hui n'est qu'un seul désir : d'être à Venise. Pas même auprès de vous[2] : (je vous sens

1. Mathilde Wesendonk.
2. Mimi Romanelli.

si près partout et notre vie fut longue de bonheur et de souffrance) ; mais pour m'agenouiller dans une église à l'heure des Vêpres, mais pour rester sur les Zattere longtemps, mais pour passer par les calli familiers où on pourrait vous rencontrer, mais pour voir de loin la Maison rose qui me semble la première qui fut érigée dans les lagunes ; le commencement et la mère de tous les palazzi et de toutes ces églises où des merveilles survivent. Mais pour ne pas souffrir toute cette nostalgie — .

Rainer Maria Rilke
*Lettres à une amie vénitienne*, 1907-1912.

J'aime de plus en plus imaginer, maintenant, que je n'ai pas quitté Venise, que j'habite en permanence au 8 de la Piazza San Agostino. En regardant les arbres, ici, à Paris, je me dis que les canaux sont tout près, au-delà du vert des feuillages, de l'autre côté de l'acacia brillant, en face de l'appartement... Je vais descendre les yeux fermés et me retrouver tout à coup dans l'éblouissement de la Giudecca, devant les bateaux entrant et sortant, îles flottantes... Je finis par être étonné de voir quand même des voitures, je ne comprends plus l'agitation de la circulation ni l'insignifiance des murs. Je crois entendre les mouettes. J'ai une sorte de bleu latent dans les yeux. Je suis resté là-bas fermé, penché le plus souvent sur le secrétaire Empire, attendant que le jour finisse, que l'ombre épaississe, que le matin perce, rose, au-dessus des toits de brique, là, devant moi...

Philippe Sollers
*Le Cœur absolu*, 1987.

Un azur profond enivrait mes yeux, des impressions de fraîcheur, d'éblouissante lumière tournoyaient près de moi et, dans mon désir de les saisir, sans oser plus bouger que quand je goûtais la saveur de la madeleine en tâchant de faire parvenir jusqu'à moi ce qu'elle me rappelait, je restais, quitte à faire rire la foule innombrable des wattmen, à tituber comme j'avais fait tout à l'heure, un pied sur le pavé plus élevé, l'autre pied sur le pavé plus bas [1]. Chaque fois que je refaisais rien que matériellement ce même pas, il me restait inutile ; mais si je réussissais, oubliant la matinée Guermantes, à retrouver ce que j'avais senti en posant ainsi mes pieds, de nouveau la vision éblouissante et indistincte me frôlait comme si elle m'avait dit : « Saisis-moi au passage si tu en as la force, et tâche à résoudre l'énigme de bonheur que je te propose. » Et presque tout de suite je la reconnus, c'était Venise, dont mes efforts pour la décrire et les prétendus instantanés pris par ma mémoire ne m'avaient jamais rien dit et que la sensation que j'avais ressentie jadis sur deux dalles inégales du baptistère de Saint-Marc, m'avait rendue avec toutes les autres sensations jointes ce jour-là à cette sensation-là, et qui étaient restées dans l'attente, à leur rang, d'où un brusque hasard les avait impérieusement fait sortir, dans la série des jours oubliés.

Marcel PROUST
*Le Temps retrouvé*, 1927.

---

1. Dans la cour de l'hôtel de Guermantes.

# *Épilogue*

La seule façon de traiter Venise comme elle le mérite est de lui donner l'occasion de répéter ses atteintes — c'est de s'y attarder, d'y rester, et d'y revenir.

Henry JAMES.

# *Bibliographie*

Anonyme, chanson populaire de Vénétie (début du XXe siècle), in *La Table des Doges* de Pino Agostini et Alvise Zorzi, Casterman, 1992.

Aragon, Louis, *Les Voyageurs de l'impériale*, Gallimard, 1942.

Arétin, Pietro Aretino dit l', *La Courtisane*, 1534.
— *Lettres*, Actes Sud, 1985, traduction de Jean-François Peyret et Valentina La Rocca.

Bac, Ferdinand, *Le Mystère vénitien*, Bibl. Charpentier, Fasquelle, 1909.

Baedeker, K., *L'Italie, Manuel du Voyageur*, Paul Ollendorff, 1870.

Balzac, Honoré de, « Massimilla Doni » (1839), in *Œuvres complètes* mises en ordre par Emile Régnault, Paris, Hippolyte Souverain, 1836-1840.
— « Lettre à la Comtesse Clara Maffei » (1837), in *Revue de France*, 1er décembre 1927.

Barbaro, Paolo, *Lunaisons vénitiennes*, La Stampa, Turin, 1990 ; La Découverte, 1992, traduction de Muriel Gallot.

Barnatán, Marcos Ricardo, *Prière à Venise*, 1966, traduction de Nadia Mekouar.

Barrès, Maurice, « La Mort de Venise », in *Amori et dolori sacrum*, Paris, F. Juven, 1903 ; Plon, 1921.
— *Un homme libre*, Paris, Perrin, 1889.
— *Carnet de 1902*, Fonds Maurice-Barrès, Bibl. nationale.
— *Dix jours en Italie*, Paris, G. Grès, 1916.

Beckford, William, *Voyage d'un rêveur éveillé* (1783), José Corti, 1989, traduction de Roger Kann.

Bellay, Joachim du, *Regrets*, 1558.

Bertrand, Aloysius, *Gaspard de la Nuit*, Paris, Labitte, 1842.

Brizeux, Auguste, « Le Lido », in *Œuvres complètes*, Paris, Michel Lévy frères, 1860.

Brodsky, Joseph, *Acqua alta*, Gallimard, 1992, traduction de Benoît Cœuré et Véronique Schiltz.

— « Strophes vénitiennes », in *Vertumne et autres poèmes* (1982), Gallimard, 1993, traduction d'Hélène Henry.

Brosses, Charles de, *Lettres familières écrites d'Italie en 1739 et 1740*, publiées pour la première fois sur les manuscrits autographes par M.R. Colomb, Paris, A. Levavasseur, 1836.

Butor, Michel, *Description de San Marco*, Gallimard, 1963.

Byron, George Gordon, Lord, *Childe Harold*, chant IV (1818), Paris, Alphonse Lemerre, 1891, traduction de Daniel Lesueur.

— *Beppo, histoire vénitienne* (1818), L'Âge d'homme, 1988, traduction de Jean Malaplate.

Calvino, Italo, *Les Villes invisibles*, Einaudi, 1972 ; Le Seuil, 1974, traduction de Jean Thibaudeau.

Carpentier, Alejo, *Concert baroque* (1974), Gallimard, 1976, traduction de René L.F. Durand.

Casanova de Seingalt, Giovanni Giacomo Girolamo Casanova, dit Jean-Jacques, *Histoire de ma vie*, première publication posthume en 1822 ; Plon, 1960.

Cassiodore, Flavius Magnus Cassiodorus, « Lettre aux tribuns maritimes », (537-538), in *Histoire de la République de Venise* de Pierre Daru, Firmin-Didot, 1853.

Chase, James Hadley, *Voir Venise... et crever*, Gallimard, 1954, traduction de Janine Hérisson.

Chasles, Philarète, *Portraits contemporains, mœurs et théâtre*, Paris, Amyot, 1875.

Chateaubriand, François-René de, *Mémoires d'outre-tombe*, Bruxelles, 1850 ; Flammarion, 1982.

— « Lettre à Bertin de Trieste, 30 juillet 1806 », in *Mercure de France*, 16 août 1806.

— « Lettre à Madame Récamier du 8 juin 1845 », Archives de Léningrad, *Bulletin Chateaubriand n° 1*, Flammarion, 1982.

— « Lettre à Madame Récamier du 12 septembre 1833 », in *Correspondance*, Flammarion, 1982.

Chénier, André de, « Près des bords où Venise... », in *Œuvres poétiques*, Alphonse Lemerre, 1874.

Cinzio, *Giraldi*, « Histoire du Maure et de Desdémone », Monte Regale (1565), in *Conteurs italiens de la Renaissance*, Gallimard, Bibl. de la Pléiade, 1993, traduction d'André Boronad.

Cocteau, Jean, *Le Tour du monde en 80 jours*, Gallimard, 1936.
— Préface de *Venise que j'aime...*, d'André Fraigneau, Sun, 1957.

Colet, Louise, *L'Italie des Italiens*, Paris, E. Dentu, 1862-1864.

Comisso, Giovanni, *Au vent de l'Adriatique* (1928), Le Promeneur/Quai-Voltaire, 1990, traduction de Marie-France Sidet.
— *Les Agents secrets de Venise* (1962), Le Promeneur/Quai-Voltaire, 1990, traduction de Lucien Leluc, Christian Paoloni et Soula Aghion.

Commynes, Philippe de, *Mémoires* (1524-1528), Paris, A. Langellier, 1539.

D'Annunzio, Gabriele, *Le Feu* (1899), Calmann-Lévy, 1929, traduction de G. Hérelle.

Dante Alighieri, « Enfer », chant XXI, *La Divine Comédie* (1304-1307), Gallimard, Bibl. de la Pléiade, 1965, traduction d'André Pézard.

Da Ponte, Lorenzo, *Mémoires* (1823-1827), Mercure de France, 1988, traduction de M.C.D. de la Chavanne.

Daru, Pierre, *Histoire de la République de Venise*, Firmin-Didot, 1853.

Delavigne, Casimir, *Marino Faliero*, Paris, Ladvocat Libraire, 1829.

Dürer, Albrecht, « Lettre à Willibald Pirckheimer du 7 février 1506 », in *Venise 1500*, Autrement, 1993, traduction de Philippe Braunstein.

Durrell, Lawrence, *Monsieur ou le Prince des Ténèbres* (1974), Gallimard, 1976, traduction de Henri Robillot.

Fabre, Lucien, *Bassesse de Venise*, Paris, Gallimard, Nouvelle Revue Française, 1924.

Faure, Élie, *Histoire de l'art*, Denoël, 1927.

Fioravanti, Leonardo, « Du mode de faire une eau blonde en usage à Venise » (1675), in *Les Femmes blondes selon les peintres de l'école de Venise*, Paris, A. Aubry, libraire-éditeur, 1865.

Flaubert, Gustave, « Lettre à Maxime du Camp » (30 mai 1851), in *Correspondance I*, Gallimard, Bibl. de la Pléiade, 1973.

Fortini, Pietro, « Antonio Angelini et la Flamande » (XVIe siècle), in *Conteurs italiens de la Renaissance*, GALLIMARD, Bibl. de la Pléiade, 1993, traduction de Mireille Blanc-Sanchez.

Foscolo, Ugo, *Les Dernières Lettres de Jacopo Ortis* (1816), Ombres, 1986, traduction de Julien Luchaire.

Fruttero & Lucentini, Carlo et Franco, *L'Amant sans domicile fixe* (1986), Le Seuil, 1988, traduction de François Rosso.

Gautier, Théophile, *Voyage en Italie — ITALIA*, Lecou, 1852.
— *Émaux et Camées*, Paris, Charpentier, 1852.
— *Lettre à la Présidente* (1850), Imprimerie du Musée secret du Roi de Naples, 1890 ; Éditions Sauret, Monaco, 1993.

Gimferrer, Pere, *Ode pour Venise face à la mer des théâtres* (1969), traduction de Nadia Mékouar.
— *Fortuny* (1983), Le Seuil, 1992, traduction de Mathilde Bensoussan.

Giono, Jean, *Voyage en Italie*, Gallimard, 1954.

*Il Giunchi, — le Véritable Guide des voyageurs en Italie avec la description des routes et des postes le tout tiré des meilleurs auteurs*, Rome, Il Giunchi, chez Joseph Nave marchand d'estampes & livres, au Cours, vis-à-vis le Palais Fiani, 1787.

Goethe, Johann Wolfgang von, *Epigrammes vénitiennes* (1790), Aubier Montaigne, 1982, traduction de Roger Ayrault.
— *Voyage en Italie* (1816-1817), Honoré Champion, 1930, traduction de Maurice Mutterer.

Goldoni, Carlo, *La Donna di garbo* (1743).
— *Mémoires* (1761-1768), Aubier, 1992.

Goncourt, Edmond et Jules de, *L'Italie d'hier — Notes de voyages 1855-1856*, Charpentier et Fasquelle, 1894.

Goudar, Ange, *L'Espion chinois, ou l'envoyé secret de la cour de Pékin pour examiner l'état présent de l'Europe*, Cologne, 1766 ; rééd. Horizon Chimérique.

Gozzi, Carlo, *Mémoires inutiles* (1797-1798), Phébus, 1987, traduction de Nino Franck.

Gracq, Julien, *Lettrines*, José Corti, 1967.

Green, Julien, *Journal* (avril 1931), in *Œuvres complètes IV*, Bibl. de la Pléiade, 1975.

Gusman, Pierre, *Les Villes d'art célèbres — Venise*, H. Laurens, 1913.

Hemingway, Ernest, *Au-delà du fleuve et sous les arbres* (1950), Gallimard, 1965, traduction de Paule de Beaumont.

Heredia, José Maria de, « La Dogaresse », in *Les Trophées* (1893).

Hesse, Hermann, *Voyages en Italie* (1901), José Corti, 1992, traduction de François Mathieu.
— « Le nain Filippo » (1903), in *Les Frères du soleil*, Calmann-Lévy, 1976, traduction d'Edmond Beaujon.

Hofmannsthal, Hugo von, *La Mort du Titien* (1892), Gallimard, 1979, traduction de Colette Rousselle.

Houssaye, Arsène Housset dit, *Voyage à Venise*, Paris, F. Sartorius, 1850.

Hugo, Victor, *Angelo, tyran de Padoue* (1835).

James, Henry, *Les Papiers de Jeffrey Aspern* (1887), Stock, 1992, traduction de M. Le Corbeiller.

— *Les Ailes de la colombe* (1902), Robert Laffont, 1947, traduction de Marie Tadié.

— *Heures italiennes* (1909), La Différence, 1985, traduction de Jean Pavans.

La Hire, Jean de, *A Venise, dans l'ombre de Byron*, Albin Michel, 1915.

Larbaud, Valery, « Le Masque », in *A.O. Barnabooth*, Bruges, impr. Ste-Catherine, 1913 ; rééd. Gallimard.

Lecomte, Jules, *L'Italie des gens du monde — Venise*, Hippolyte Souverain, 1844.

Lewis, Matthew Gregory, *Le Brigand de Venise* (1804), Paris, Dentu, 1806, traduction anonyme.

Lorrain, Jean, *Monsieur de Phocas*, Paris, Paul Ollendorff, 1901.

Mann, Thomas, *La Mort à Venise* (1912), Arthème Fayard, 1971, traduction de Félix Bertaux et Charles Sigwalt.

— « Déception » (1896), in *Déception et autres nouvelles*, Albin Michel, 1957, traduction de Louise Servicen.

Marai, Sandor, *La Conversation de Bolzano* (1940), Albin Michel, 1992, traduction de Natalia Zaremba-Huzsvai et Charles Zaremba.

Marinello, G. *Gli Ornamenti delle Donne* (1562), in *Les Femmes blondes selon les peintres de l'école de Venise*, Paris, A. Aubry, libraire-éditeur, 1865.

Maupassant, Guy de, « Venise », in *Gil Blas*, 5 mai 1885.

Mauriès, Patrick, *Quelques cafés italiens*, Quai Voltaire, 1987.

Melville, Herman, *Carnets de voyage* (1856-1857), Mercure de France, 1993, traduction de Philippe Jaworski.

Meyer, Frédéric-Jean-Laurent *Voyage en Italie*, Paris, Henrichs, 1803.

Molmenti, P.G., *La Vie privée à Venise depuis les premiers temps jusqu'à la chute de la République*, Venise, Ferdinand Ongania, 1882.

Monet, Claude, « Lettre à Gustave Geoffroy du 7 décembre 1908 », in *Monet et Venise* de Philippe Pinguet, Herscher, 1986.

Montesquieu, Charles-Louis de Secondat, baron de, *Lettres persanes*, Amsterdam, P. Brunel, 1721.
— *Voyages* (1728-1731), publiés par le baron Albert de Montesquieu, Bordeaux, impr. de G. Gounouilhou, 1894-1896.

Morand, Paul, *Venises*, Gallimard, 1971.

Morris, James, *Visa pour Venise*, Gallimard, 1964, traduction de George Magnane.

Musset, Alfred de, *Contes d'Espagne et d'Italie* (1829), in *Œuvres complètes*, Paris, Alphonse Lemerre, 1876.
— « Le Fils du Titien », in *La Revue des Deux Mondes*, 15 mars 1838.

Nietzsche, Friedrich, « Chansons du Prince hors la loi », in *Le Gai Savoir* (1881-1887), Gallimard, 1950, traduction d'Alexandre Vialatte.

Noailles, Anna de, *Les Vivants et les Morts*, Arthème Fayard, 1913.

Nonn, Eric, *Venise interdite*, Claire Martin du Gard & Cie, 1990.

Palazzeschi, Aldo, *Le Doge*, Flammarion, 1967, traduction de Simone de Vergennes.

Pasinetti, Pier-Maria, *Rouge vénitien* (1960), Albin Michel, 1963, traduction de Denise van Moppès.
— *Partition vénitienne*, Liana Levi, 1993, traduction de Françoise Brun.

Pasternak, Boris, *Le Commencement* (1912-1914), Gallimard, 1982, traduction de Michel Aucouturier.

Pellico, Silvio, *Mes Prisons* (1832), Charpentier, 1844, traduction de M. Antoine de Latour.

Perrot, M., *Nouvel Itinéraire portatif d'Italie*, Paris, H. Langlois Fils & Cie, 1827.

Pétrarque, Francesco Petrarca, *Lettre concernant le legs de sa bibliothèque à la ville de Venise*, contenue dans la *Chronique* de Marin Sanuto et traduite par Pierre Daru dans son *Histoire de la République de Venise*, Firmin-Didot, 1853.

Peyre, Yves, *Venise réfléchie*, Éditions du Limon, 1988.

Platen, August von, *Sonnets vénitiens* (1824), Orphée/La Différence, 1993, traduction de Dominique Le Buhan et Eryck de Rubercy.
— *Journaux* (1896-1900), *ibid.*
— *Lettre à ses parents* (1824), *ibid.*

Pontoux, Claude de, *Œuvres*, Lyon, Benoist Rigaud, 1579.

Pouchkine, Alexandre, « Près des bords de Venise... », in *Poésies* (1827), Gallimard, 1994, traduction de Louis Martinez.

Proust, Marcel, *A la recherche du temps perdu* : *Du côté de chez Swann* (1913), *Albertine disparue* (1925), *Le Temps retrouvé* (1927), Gallimard, Bibl. de la Pléiade, 1987-1989.

Quinet, Edgar, *Allemagne et Italie*, Paris, 1839.

Radcliffe, Ann Ward, *Les Mystères du château d'Udolphe* (1794), José Corti, 1984, traduction de Nicolas Fournier.

Régnier, Henri de, *Histoires incertaines*, Mercure de France, 1919.
— *Le Voyage d'amour ou l'initiation vénitienne*, Mercure de France, 1930.
— *L'Altana ou la vie vénitienne, 1899-1924*, Mercure de France, 1928.

Rénier-Michiel, comtesse, « Réponse à la lettre de M. de Chateaubriand sur Venise », in *Giornale dell' Italiana Letteratura*, 1806.

Rilke, Rainer Maria, *Correspondance avec Marie de La Tour et Taxis*, Albin Michel, 1960, traduction de Pierre Klossowski.
— *Lettres à une amie vénitienne*, Arcades/Gallimard, 1985.

Rolfe, Frederick (baron Corvo), *Le Désir et la poursuite du Tout* (1934, posthume), Gallimard, 1963, traduction de Jules Castier.

Romeuf, Louis de, « Venise », in *L'Âme des villes*, Perrin, 1910.

Roudaut, Jean, *Trois villes orientées*, Gallimard, 1967.

Rousseau, Jean-Jacques, *Les Confessions*, Paris, Poinçot Fils, 1789.

Ruskin, John, *Les Pierres de Venise* (1851-1853), H. Laurens, 1912, traduction de Mathilde P. Crémieux.
— *Le Repos de Saint-Marc* (1877-1884), Hachette, 1908, traduction de K. Johnston.
— *Les Peintres modernes* (1843-1860), Paris, H. Laurens, 1914, traduction de G. Cammaerts.

Saint-Didier, Alexandre de, *La Ville et la République de Venise*, Paris, Guillaume de Luynes, 1680.

Sand, George, *Les Maîtres mosaïstes*, Paris, Bonnaire, 1836.
— *Lettres d'un voyageur*, Paris, Bonnaire, 1837.
— *Histoire de ma vie*, Paris, V. Lecou, 1854-1855.

Sannazaro, Jacopo, « Venise » (XVI^e siècle), poème cité par Pierre Daru dans son *Histoire de la République de Venise*, Firmin-Didot, 1853.

Sartre, Jean-Paul, « Venise de ma fenêtre » (1953), ou *Situations*, IV, Gallimard, 1964.
— *La Reine Albemarle ou le dernier touriste* (1952), Gallimard, 1991.

Savinio, Alberto, *Encyclopédie nouvelle*, Gallimard, 1980, traduction de Nino Franck.

Shakespeare, William, *Le Marchand de Venise* (1596-1597), traduction de François-Victor Hugo.

— *Othello* (1604), traduction de François-Victor Hugo.

Simenon, Georges, *Mémoires intimes*, Presses de la Cité, 1981.

Sollers, Philippe, *Le Cœur absolu*, Gallimard, 1987.

— *La Fête à Venise*, Gallimard, 1991.

Staël, Mme de, *Corinne ou l'Italie*, Paris, H. Nicolle, 1807 ; Folio, 1985.

Stendhal, Henri Beyle dit, *Rome, Naples et Florence*, Delaunay, 1817-1826.

Suarès, André, *Voyage du Condottiere — Vers Venise*, Paris, E. Cornely, 1910 ; Granit, 1984.

Taine, Hippolyte, *Voyage en Italie*, Paris, L. Hachette, 1866 ; Éditions Complexe, 1990.

Thuillier, Jean, *Campo morto*, José Corti, 1992.

Turner, J.M.W., « Illusions de l'Espoir », poème paru in *Turner*, catalogue de l'exposition de la Royal Academy de 1843, Office du Livre, 1979, traduction de Martine Leroy et Dominique Emsens.

Twain, Mark, *Le Voyage des innocents* (1869), Maspero/La Découverte, 1982, traduction de Fanchita Gonzalez Batlle.

Van Bulderen, Henry, *Nouveau Voyage d'Italie, avec un mémoire contenant des avis utiles à ceux qui voudront faire le même voyage*, La Haye, H. Van Bulderen éditeur, 1698.

Vircondelet, Alain, *Amore Veneziano*, Stock, 1979.

Voltaire, François-Marie Arouet dit, *Candide ou l'Optimisme*, Genève, Cramer, 1759.

Wagner, Richard, *Ma Vie* (1870-1874), Buchet/Chastel, 1978, traduction de Martial Hulot.

— *Journal — Venise* (1858-1859), parution 1986, traduction de G. Khnopff.

Weyergans, François, *La Démence du boxeur*, Grasset & Fasquelle, 1992.

Young, Arthur, *Voyages en Italie et en Espagne pendant les années 1787 et 1789*, Paris, Guillaumin & Cie, 1860.

Zangwill, Israël, *Rêveurs du Ghetto* (1898), Editions Complexe, 1994, traduction de Marie-Brunette Spire.

Zola, Emile, *Mes voyages — Lourdes, Rome. Journaux inédits*, Paris, G. Charpentier et E. Fasquelle, 1894.

# *Index des auteurs cités*

# *Table*

*Troisième partie*

## *LES ORIENTS DE VENISE*



*Quatrième partie*

## *LA RÉPUBLIQUE GLORIEUSE*



*Cinquième partie*

## *LA FÊTE À VENISE*

*Sixième partie*

## VIVRE À VENISE



*Septième partie*

## LA MORT À VENISE

*Cet ouvrage a été imprimé par la*
*SOCIÉTÉ NOUVELLE FIRMIN-DIDOT*
*Mesnil-sur-l'Estrée*
*pour le compte des Éditions Albin Michel*
*en mars 1996*

***Imprimé en France***
**Dépôt légal : avril 1996**
**N° d'édition : 15240 - N° d'impression : 34083**